精益之路
——企业运营深度实践

金春姬　著

中国电力出版社
CHINA ELECTRIC POWER PRESS

内 容 提 要

　　精益思想是企业高效运营的利器，能够让企业事半功倍地找到发展战略、方法与路径。本书的核心内容围绕北京东方中科集成科技股份有限公司（文中简称"东方中科"）精益管理实践展开，从精益管理体系建设、精益工具开发和实践、精益文化构建、精益人才培养等多个维度，全面总结了精益思想在公司内落地、扎根和壮大的过程，并通过这些实践经验和经典案例，为东方中科未来精益管理工作的开展提供指导。

　　本书适合有从传统管理方式向精益管理方式转变想法，以及处于精益转型初期的企业管理者和精益管理工作者阅读，可为他们提供有益的参考和帮助。

图书在版编目（CIP）数据

精益之路——企业运营深度实践/金春姬著．—北京：中国电力出版社，2023.6
ISBN 978-7-5198-7833-7

Ⅰ．①精…　Ⅱ．①金…　Ⅲ．①企业经营管理－研究　Ⅳ．①F272.3

中国国家版本馆 CIP 数据核字（2023）第 084705 号

出版发行：中国电力出版社
地　　址：北京市东城区北京站西街 19 号（邮政编码 100005）
网　　址：http://www.cepp.sgcc.com.cn
责任编辑：张富梅　马雪倩
责任校对：黄　蓓　王小鹏
装帧设计：郝晓燕
责任印制：吴　迪

印　　刷：三河市万龙印装有限公司
版　　次：2023 年 6 月第一版
印　　次：2023 年 6 月北京第一次印刷
开　　本：787 毫米×1092 毫米　16 开本
印　　张：11.25
字　　数：249 千字
定　　价：48.00 元

序言一

作为一个国资控股大型综合性科技服务集团的管理者，我见证了集团过去40多年的发展历史：从最初单一从事代理进出口业务的企业发展成为集多业务板块为一体的大型综合性科技服务集团企业。目前，集团旗下参控股企业二十余家，总资产规模超200亿元，年营业总收入超过100亿元。

在这一发展过程中，集团将全部业务下沉到子公司层面，在总部层面形成了以党委、内控审计、财务、企业管理、人力资源、法务、信息化和行政管理八个纵向专业化体系为核心的平台型运营管控体系，有力地支撑了集团业务的高速发展。

在此基础上，如何实现高效的精细化运营管控，以确保集团能够在继续保持较高发展速度的同时有效管控风险，成为管理班子面临的挑战。管理团队开始寻找能够实现这一诉求的管理工具和相应的方法论，与集团旗下控股企业东方中科有着长期业务合作关系的美国丹纳赫集团（以下简称"丹纳赫"）的DBS（丹纳赫商业系统）管理体系因此进入了管理团队的视野。

DBS脱胎于日本丰田集团的精益管理，它所提出的"说到做到""持续改善""拉动"理念都与集团当前的管理需求相匹配，就如量身定做。因此，我们在2018年底启动了集团OBS（东方业务系统）试点工作，东方中科因与丹纳赫的渊源理所当然的成了第一批参与试点的子公司。

四年多的时间验证了我们当初的设想，OBS在东方中科的试点取得了阶段性的成功。在此期间，东方中科管理团队始终参与，和公司全体一线员工一起，克服了外部复杂多变的宏观环境带来的困难，直面公司上市后带来的高成长压力，以及实施OBS初期产生的文化冲突，他们持之以恒，目标坚定，在公司管理水平已经比较成熟和管理指标相对较好的基础上精益求精，实现企业运营效率的显著改善，达到了OBS试点的目标，为下一步集团整体实施OBS奠定了基础，树立了信心。

行百里者半九十，OBS体系建设工作任重道远，期望东方中科能够再接再厉，百尺竿头更进一步，总结经验，逐步形成自主知识体系，不断开发出可重复、可持续、可传授且简洁好用的 OBS 管理工具，持续提升运营效率，在后续推动集团整体 OBS 体系建设过程中发挥更大的作用。

王　戈（党委书记、董事长）

东方科仪控股集团有限公司

2023 年 5 月

序言二

　　我和金春姬女士一起在东方中科共事了近二十年的时间。她在担任公司 OBS 体系负责人之前，担任公司总裁助理兼信息与业务流程总监（CIO），一直负责公司流程体系建设和信息化管理。2018 年是公司进入上市后的新的战略时期，我当时已经接手公司总裁一职，公司面临上市后的诸多挑战，其中管理的规范化，以及如何通过管理和文化输出来保障公司未来战略部署落地成了管理团队的重要挑战。这项挑战实际是一把手工程，需要在公司整体战略清晰的前提下，动用非常多的管理资源来共同推进，而具体的工作需要一个执行力非常强的人来领导。公司基于对金春姬以往流程和信息化管理经验的认可和信任，决定由她来接下这个重担，她当时毫不犹豫地接受了这个挑战。说实话，我当时一方面很佩服她挑战未知领域的勇气，另一方面也对这个项目的难度有所担心。建立新的管理体系是要帮助公司改变基因，真正通过创新来建立新的核心竞争力，而当时我们除了热情和信心，一切都是从零开始，显然她也是下了很大的决心去迎接挑战。

　　东方中科成立于 2000 年，是中国测试测量领域领先的测试技术和科技服务商。作为一家以先进测试技术为核心竞争力的企业，研发的投入和人才的培养一直是我们的工作重点。东方中科始终着力于打造具备共同理念的骨干团队，不断提升企业研发与管理能力，为客户提供更好的服务体验。

　　公司于 2016 年 11 月在深圳交易所 A 股上市。上市后，东方中科面临高速发展的新机遇，打开了通过并购实现跨越式发展的新路径。对此，公司一方面不断加强研发与技术投入，不断建立面向客户的应用解决方案；另一方面，基于战略的落地，通过投资与并购来实现企业整体的战略部署。面对高风险、低成功率的投资并购，我们一直在探索更好的方法。当被并购公司进入东方中科，从其简单的管理环境融入集团化发展的新形势后，如何让其尽快实现战略管理、运营效率等方面的提升，更好地展现自身价值，直至变成集团、股东、员工和所有相关方眼中的管理标杆企业，东方中科要怎样去展开管理赋能工作，这是我们过去的经验中所欠缺的。在公司上市后实际开展的几次并购活动中也确实印证了这一点，包括北京万里红科技有限公司、上海北汇信息科技有限公司等。我们需要找到相对确定的方法论和手段，找到提高并购成功率的管理体系。因此，我们向国际投资并购界的标杆企业丹纳赫学习了其著名的 DBS 体系。

当然，单纯地模仿 DBS 也是不现实的。东方中科不是丹纳赫，不具备 DBS 诞生的时机和条件。我们需要将所学理论融合自身实际，开发适应自身发展的应用理论 OBS。2019 年，东方中科成立 OBS 办公室正是出于这一目的。在公司开展 OBS 的四年间，我们通过逐步探索形成了一套自己的理念、工具与方法论，锻炼出一只能主动思考与改善的团队，培养了一批精益人才，更在公司内初步形成了精益改善文化。东方中科管理体系已经初具雏形。这一切，都离不开 OBS 办公室和公司全体员工的智慧与努力。金春姬女士作为体系的负责人，很好地推动了整个体系的建设，并将这一过程整理成册，这是非常值得肯定的。

回首过去，历次改善的精彩画面似乎还在眼前。远眺前途，东方中科 OBS 建设才刚刚开始，任重道远。我们深知，精益之路永无止境。东方中科将持续以 OBS 支持公司发展与集团化运营，通过 OBS 做好我们的并购管理工作，从而更好地服务于公司的发展战略。

科技无限、服务创新是我们一直秉承的使命，作为一家科技企业我们始终把科研、技术能力作为我们的核心竞争力，而 OBS 是我们在能力建设上最重要的方法论和管理体系。东方中科的精益变革一直在路上⋯⋯

郑大伟（总裁）

北京东方中科集成科技股份有限公司

2023 年 4 月

前　言

随着精益思想在各行业生产系统的成功实践，精益推进者们不断提炼其中的管理思想形成了精益管理理念，并把精益思想和工具运用到企业运营的各项管理活动，不再局限于生产领域。很多诸如商贸、医疗等非生产型服务企业，同样希望通过导入精益管理思想，提升企业运营效率，达到提高顾客满意度、降低成本、提高质量、加快流程速度和改善资本投入，使组织价值实现最大化的目的。

本书聚焦精益管理思想在非生产制造企业的运营管理实践，重点讨论如何运用精益思想和工具，在以信息流为主的服务型企业提高管理效率，获得长期持续增长。

东方中科是中国科学研究院旗下上市公司，国有实际控制企业。公司上市后，各方都对企业运营管理水平提出更高要求。为了更好地支持公司快速发展，东方中科引入精益管理体系并取得了优异的成绩。本书对东方中科精益思想导入初期的工作进行了回顾，是公司推动精益管理工作实践经验的总结、复盘，及知识沉淀。

本书从回顾东方中科精益转型三年实施历程开始，总结工作中的得与失，为后续进一步推动精益管理总结经验。书中总结了东方中科精益管理体系的发展阶段，阐述了体系内各模块的创建与完善过程；展示了精益工具的开发、实践应用及行动指南；总结了精益文化的构建和整体精益氛围的营造过程，描绘了公司精益文化的愿景；同时本书还重点强调了精益管理团队的成长过程，明确了精益经理未来的工作目标和成长路径。本书从体系、工具、文化、人才等多个维度，全面阐述精益管理体系的实践过程，希望对于刚刚踏上精益之路的相关工作者有所帮助。

东方中科实施精益管理的成果是显著的。在体系实施最初的三年，公司通过实施战略部署，建立日常管理体系、组织流程优化、工作标准化等改善相关工作，实现销售收入提升 60%，人均产出提升 80%，库存周转率提升 40%，增幅远超业内平均水平。

"精益的实践是一趟旅程"[1]。精益转型的过程不是一个标准作业可以照搬照抄，而是需要在借鉴前辈经验的基础上，结合企业实际业务和管理目标形成自己的管理体系，通过深入实践并全员参与，实现企业全面发展和成长。

---

[1]　（美）德鲁，等.精益之道，吕奕欣，张素华，李佩芝，等译，北京：机械工业出版社，2017.

编者在本书成文过程中心情非常的忐忑，东方中科推动精益转型仅仅三四年的时间，不论是对专业知识的理解，还是对精益思想的认知，均有提升空间，书中难免存在不足之处，恳请读者朋友予以批评和指正。

编　者
2023 年 6 月

目 录

第 1 章　东方中科三年精益之路回顾

1.1　精 益 之 路 缘 起

1.1.1　精益先驱

丰田汽车公司（Toyota，以下简称"丰田"）早在 20 世纪 50 年代就展开了精益之旅。丰田发展的关键时期正是二战之后日本物资匮乏的年代，故不得不放弃大批量生产方式，制定了全新的生产运营方式。这种新的生产方式以消除浪费，为客户创造价值为核心，秉承持续改善的理念，提升生产效率，降低成本。这种生产方式的运用，使丰田汽车在 20 世纪 70 年代石油危机后得到了高速发展，并引起了美国汽车产业界的关注。他们的一项调查发现，日本丰田汽车公司的生产方式更适合现代制造企业，因此将丰田的生产方式称为"精益生产"。后来，精益生产从最初的生产系统实践，逐步延伸到企业各项管理业务实践，同时也由最初的一种生产管理方法，上升为一种战略管理理念。精益管理能够通过提高顾客满意度、降低成本、提高质量、加速流程运转和改善资本投入，使股东价值最大化。❶

随着丰田的成功，精益生产方式和精益管理理念被广泛学习和实践，并涌现了多个行业精益标杆企业。其中，丹纳赫作为一家跨国综合性制造业公司，业绩成长超越苹果，精益管理能力仅次于丰田。

丹纳赫的总部位于美国华盛顿，员工超过 7 万人。丹纳赫是被公认的全球最成功的实业型并购整合公司。从 1986 年上市到 2021 年底的 35 年内，丹纳赫累计并购企业 600 多家，平均每年并购的企业数量接近二十家。

通过兼并、收购，丹纳赫的总市值已高达 1900 亿美金，约合 1.3 万亿人民币。根据福布斯发布的 2021 年全球企业 2000 强排行榜显示，丹纳赫集团位列全球榜单第 156 位，较去年相比，排名上升 70 位。2021 胡润世界 500 强位列第 52 位。

丹纳赫公司精益管理能力非常出众，学习丰田生产方式，并不断发展出集团狆特的精益管理体系 DBS（丹纳赫商业系统）。

从全球商业并购案例统计来看，并购整合的成功率很低，大约在 34%，其主要原因是不同企业文化难以融合❷。丹纳赫通过公司商业系统（DBS）的运作，避免公司内部运

---

❶ （美）罗伯特・B. 康普（Robert B.Camp）. 精益领导力. 龙红明，译.北京：人民邮电出版社，2017.

❷ 张盛东. 为什么并购的成功率只有 34%. 中国质量报，2004.

营混乱。相反，先进的管理体系使得被并购标的很好地融入公司文化，甚至激发出了被并购标的更强大的潜力，为公司带来了业绩的增长。这种"赋能式"并购使丹纳赫集团的并购成功率远远高于其他企业。因此，丹纳赫也被称为"赋能式并购之王"。

1．丹纳赫的灵魂 DBS

丹纳赫取得如此非凡的成就其中 DBS 功不可没。作为独特管理经营的护城河，丹纳赫对收购后的公司运用 DBS 进行投资后整合，不仅优化营销，还支持企业创新成长，创造企业附加价值，使其高质量发展，最终实现股东回报。

DBS 是一套经过验证的成熟的管理体系，它影响着丹纳赫的文化和绩效等方方面面。丹纳赫用 DBS 指导企业的所作所为、衡量团队的表现，并寻求做得更好的机会，包括对 DBS 自身的改进。

DBS 主要有三个组成部分，分别是精益生产、成长性和领导力，这三部分并不是同时建立的。

起初，在 20 世纪 80 年代，公司通过学习日本持续改善思想（KAIZEN）逐步建立了精益生产体系，形成了 DBS 的雏形。在 2001 年，将精益管理思想延展至市场及营销管理领域，形成了成长性模块。2009 年，DBS 增加了领导力模块，致力于新形势下的组织领导力发展。在 2011 年，DBS 形成了目前的共同目标：领导力、成长性、精益生产三者并重，形成了一个完整的 DBS 系统。丹纳赫前首席执行官拉里曾表示，"DBS 是丹纳赫的灵魂"。

2018 年丹纳赫公司的 CEO Tom Joyce 和 CFO Dan Comas 在对 DBS 的公开分享中提到，"DBS 是我们的竞争优势，或者说是强大的竞争优势。我认为 DBS 对于丹纳赫而言是一种战略杠杆，而这种杠杆可以让被收购企业的潜力得到最大可能的释放。"

丹纳赫认为，DBS 不仅是用来管理的一系列商业模型和工具，还承载着丹纳赫的文化。从 DBS 图标可知丹纳赫对 DBS 文化内涵的思考（见图 1-1）。

图 1-1　DBS 标志❶

---

❶　丹纳赫官网，https://www.danaher.com.cn。

　　蓝色圆环由字母"C"和"D"构成。"C"代表客户（customer），"D"代表丹纳赫（danaher），表达丹纳赫时刻以客户为中心。

　　内部的"CUSTOMERS TALK，WE LISTEN"意在传达丹纳赫以客户为核心的企业文化，倾听顾客的声音，以客户为导向；"KAIZEN IS OUR WAY OF LIFE"意在表达丹纳赫视改善为日常行为方式，通过持续的改善，不断的挑战自我，不断的精益求精，创造持久价值。而 QUALITY（质量）、DELEVERY（交付）、COST（成本）、INNOVATION（创新）代表了丹纳赫集团的真北目标。

　　外部的"THE BEST TEAM WINS"强调员工和团队的重要性，所谓最好的团队才会赢；INNOVATION DEFINES OUR FUTURE，强调只有创新才能持久的发展，没有创新就没有未来。

　　围绕环形的 PEOPLE（人才）、PLAN（计划）、PROCESS（流程）、PERFORMANCE（业绩）构成了 4P 循环，代表着卓越的人才制订杰出的计划，并依靠世界一流的工具执行以构建可持续的流程，从而实现卓越的业绩。卓越的业绩和高期望值吸引着杰出的人才，如此循环。❶

　　2．DBS 八大核心价值驱动因素（CVD）

　　衡量 DBS 完成情况的主要指标是八大核心价值驱动指标（core vaule drives，CVD）。CVD 主要分为客户、员工和股东三部分，见图 1-2。

　　（1）客户：衡量是否对客户履行应尽的责任的两大指标为产品质量和及时交货。质量的提升对客户满意度是至关重要的，及时交货不仅对客户创造价值，同时对公司资金运营效率也有积极的影响。

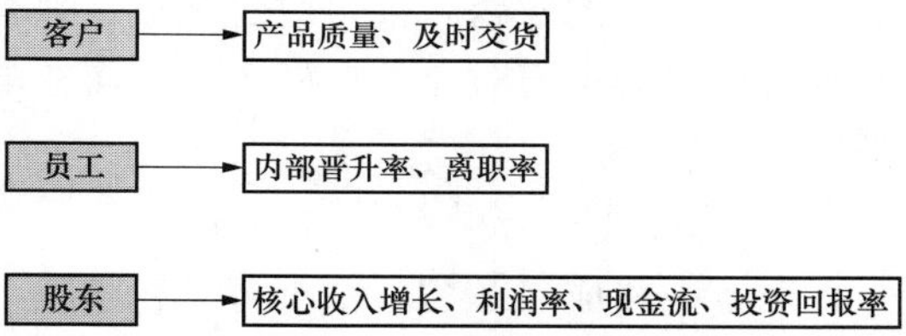

　　（2）员工：主要关注于员工的内部晋升率和离职率，内部晋升代表着内部人才培养的有效性和成功率。离职率代表公司在运营层面有可能出现的问题。

图 1-2　CVD 客户、员工和固定

　　（3）股东：主要包括四个衡量指标，即核心收入增长、利润率、现金流及投资回报率。这些指标都影响公司的行业发展前景及对股东的回报。

　　DBS 是一套卓越的工作方法，它可以为所有运营管理人员提供追求世界一流质量、交货和成本的衡量标准，从而达成卓越的客户满意度和利润增长。

1.1.2　当东方中科遇上 DBS

　　1．东方中科发展需求

　　东方中科作为中国科学院东方仪器进出口公司的下属企业之一成立于 2000 年，是国内领先的电子测试测量综合服务商，于 2016 年在深交所正式挂牌上市。

　　自 2000 年公司成立初期，时任总经理王戈先生就以 MBA 管理思想，逐步建立

❶　丹纳赫官网，https：//www.danaher.com.cn。

了东方中科的运营体系，包括运营会议制度、资金协调机制、流程管理思想等，使公司在管理运营能力上大大领先同行水平。因为有了这些管理运营机制，使得公司在面对多次重大行业变化的时候能够做出前瞻性的运营决策，如客户行业划分、发展系统集成业务、开展科技租赁和测试服务等，并逐步形成测试测量领域综合服务的理念。

2004 年，在公司营业规模还不足 3 亿元时，就非常具有前瞻性地实施了全球先进的企业资源管理系统（ERP）SAP R/3，将公司的信息化基础夯实，实现财务和供应链一体化。通过多维度实时数据分析，对公司决策起到支持作用，同时为公司未来发展打下了信息化基础。ERP 的成功实施，使公司运营能力再上一个台阶。2006 年，公司又实施了客户关系管理系统（CRM 系统），将销售和交付流程打通，提升公司销售管理水平。这些运营机制不断叠加逐步形成了东方中科的核心竞争力，并在上市以后，通过业绩表现可以看出公司的内在管理优势在外部产生了价值。

但是，东方中科这些运营机制未能提炼出一套理论性的，逻辑性的，可复制性的思想。或者说，这套机制能否说明公司的成功是必然的，而且运用这套机制到其他公司也是可重复成功的。

2016 年公司上市后成长压力大大增加，并购无疑是实现高增长的重要路径之一。那么并购之后能否将公司的核心竞争力带到并购的公司中，并复制东方中科的成功和成长成为一个重要的问题。公司对建立自己独有的运营体系的需求日益增强，并开始在业界寻找可以成为学习对象的标杆企业。而在电子测试测量领域有着先进管理经验的企业非丹纳赫莫属。

2．东方中科与丹纳赫的渊源

东方中科成立之初，由于背靠科学院，有着雄厚的资金实力，同时具有分布全国的销售网络，因此获得了世界知名仪器厂商福禄克电子仪器仪表公司、泰克科技（中国）有限公司、是德科技（中国）有限公司等的青睐。东方中科与这些厂商都保持着紧密且良好的合作关系，更是连续多年成为各厂商的中国区代理销售冠军、或荣获最佳销售合作伙伴、中国区合作伙伴突出贡献奖等荣誉。

丹纳赫早在 1991 年就收购了福禄克公司，初步建立了丹纳赫电子测试平台。2016年，丹纳赫斥资 28 亿美元收购泰克公司，时任丹纳赫公司总裁兼首席执行官拉里表示："泰克将大大完善我们现有的电子测试业务。通过应用特有的丹纳赫商业系统（DBS），我们相信丹纳赫和泰克可以继续在现有业务中实现优异的业绩，同时也可密切关注极具吸引力的相关市场，寻求未来的增长机会。"

在泰克公司后续的并购整合过程中，其公司内部大力实施 DBS。这为东方中科近距离深入学习 DBS 提供了有利条件。东方中科也曾与泰克一起组织改善活动，学习相关知识并实践，取得了非常好的效果。

在东方中科与泰克和福禄克合作的过程中，我们可以感受到 DBS 对福禄克、泰克在经营突破、创新成长和运营效率提升等方面的积极影响，是一个东方中科可以参考对标学习的系统。

3．训练带来不一样的体验

由于工作关系，东方中科与福禄克和泰克交流越来越多，逐步受到 DBS 的影响。在以往的工作过程中，使用了个别 DBS 工具，公司也特别邀请过原福禄克资深高级销售经理刘祖友老师为销售团队进行相关的 DBS 工具培训。但是在这期间，公司始终对 DBS 缺乏整体的认识，不能判断 DBS 是不是公司想要的体系。

为了进一步了解 DBS，2018 年 11 月，公司组织了一次面向中高层管理人员为期 5 天的 DBS 训练营，希望通过 5 天的学习和实践，了解什么是 DBS，以及精益思想。

在 5 天的时间里，大家通过理论学习及参与游戏互动，了解了什么是精益原则（识别价值、价值流分析、流动、拉动、尽善尽美）、八大浪费（运输的浪费、库存的浪费、等待的浪费、多余动作的浪费、过多程序的浪费、多度加工的浪费、不良品、未使用的员工创意），并简单了解了 DBS 基础工具。

在这次的学习中，大家都感受到精益管理及 DBS 体系的强大之处。最让人印象深刻的是大家了解到 DBS 的目的是增长和突破，通过设置高目标拉动全员参与实施改善，实现公司的快速成长。这些都激发了所有参加训练营的中高层经理对 DBS 的期待。大家都认为 DBS 体系可以带领公司走向更好的发展前景。

在训练营即将结束的时候，公司领导班子成员一致认为，如果公司未来 10 年想保持持续的增长，依靠公司现有的管理体系是不足以支撑的，而 DBS 体系是一个既有理论和方法，又有工具可以实现落地，而且结果是可以预期的运营管理体系，非常契合东方中科现阶段的发展需要。

4．东方中科 OBS 的目标和定位

齐白石曾说过，"学我者死，像我者生"。所以，即便 DBS 非常强大，并且支持丹纳赫获得巨大的成功，东方中科却不能生搬硬套，而是需要通过对 DBS 的深入学习、实践和总结，建立一个以东方中科业务为基础，形成符合东方中科业务发展和运营模式的 OBS 体系，支持东方中科未来的快速发展，并且可以复制和输出。

在训练营学习的基础上，公司基于对未来发展方向的管理需要，经过反复讨论，确立了 OBS 的目标：

（1）建立东方精益管理体系，提升公司整体实力。可复制的核心竞争力是公司成长和发展的前提，好的管理思想、理念、机制必须要体系化、可输出。

（2）支持公司创新落地，提升公司运营效率，达成公司战略经营目标。通过工具、方法论和体系，实现公司战略落地，并达成目标突破。

（3）建立投资并购管理体系。通过体系高效、高质地完成并购及投后整合，通过持续改善帮助并购企业提升运营效率和经营指标，提升公司投资并购成功率，实现股东长期回报。

（4）人才培养。通过建立并实施 OBS 体系，使员工在持续改善的思想中不断成长，提升发现问题、解决问题的能力，增强组织整体的能力，形成竞争壁垒。同时，通过 OBS 体系下的人才培养，提升内部员工对外输出的能力，提升投后整合成功率。

根据对 DBS 初步的学习，将东方中科 OBS 的定位在以下三个方面：

（1）持续改善：东方业务系统（orient business system，OBS），是东方中科可持续改善的方法和体系。

（2）关注客户：OBS 是旨在实现卓越客户满意度的企业管理系统，不断追求改进质量、交货、成本和效率，并支持创新和成长。

（3）人才培养：OBS 提供为实现具体经营目标所必需的方法和工具，培养和输出未来高管人才，并全员参与。

在建立 OBS 体系上已经达成共识之后，下一步就是尽快推动 OBS 落实。公司决定效仿丹纳赫成立 OBS 办公室，负责全面 OBS 工作推进，并直接向总裁汇报。

公司抽调了两名资深管理人员加入新成立的 OBS 团队，作为全职 OBS 人员。他们当中一人是在公司服务了超过 15 年的物流部经理，另一人是有着超过 20 年销售及销售管理经验的资深销售经理。OBS 办公室主任由有着 15 年以上流程管理及信息化建设经验的总裁助理兼 CIO 担任。到 2018 年底，公司组织了两轮 OBS 训练营，参加范围从中高层经理扩展到核心骨干员工，让大家了解什么是精益管理，什么是 OBS，精益管理能为大家未来的工作和公司的发展带来什么变化。

2019 年 1 月 1 日，东方中科精益之旅正式启程。

1.2　2019 年是精益实践的第一年

1.2.1　从战略部署开始

在完成了两轮训练营之后，从哪里入手 OBS 成为讨论的议题成为关键。根据 DBS 的经验，公司决定从实施 2019 年的战略部署开始入手。因为战略部署在 DBS 体系是一个非常重要的工具，通过设立高目标，拉动公司全面突破和改善。为此，公司组织了一次为期三天的战略部署训练营，目标是通过学习了解战略部署的概念及工具，完成战略部署高级矩阵的分解。参加的人员包括公司总裁办成员、各事业部总经理、总监，以及后台运营部门的各位经理，共有 20 多人。

在三天的训练营，首先了解了什么是战略部署。战略部署的本质是在有了战略规划之后如何帮助战略规划落地的工具。如果公司已经制订了未来三年的战略规划，并设定了规划目标，那么如何将规划目标分解到下一年，并把它落地，就需要用到战略部署工具。因此，战略部署这个工具并不是要去讨论公司的发展方向，而是在已经定下发展战略后，怎么来通过战略部署进行战略规划的年度分解和落实。

战略部署对于公司战略落地非常重要，因为战略部署是通过设置高目标，拉动公司全面的突破和改善。通常来讲，下一年分解的目标是三年战略目标的 50%。通过这样高目标的分解，激发员工寻找新的路径和方法，并形成可持续的流程体系，确保未来可以延续这种增长性，并在此基础上继续突破，以确保实现公司 3 年突破性目标。

战略部署跟我们以往的工作计划分解最大的不同是，由于战略部署制订的是一个非常高的突破目标，通常来讲没有很确定的解决方案，无法轻松地部署，形成工作计划。

举例来说，张某是一个中学英语老师，每月工资大概有 5000 元，他的战略规划是三年以后要在北京买房。以房款 500 万元计算，如果首付 30%，那么需要在三年内攒够 150 万元首付款。在战略部署目标分解时，第一年的战略部署目标为攒够 75 万元。除去平时的房租及生活开销，以北京的生活消费水平，估计到月底 1000 元也剩不下，那么依靠工资是不可能实现这个战略目标的。那怎么才能在三年以后能买房，第一年实现目标呢？张某是英语老师，可能会想到通过利用周末、寒暑假给学生补课获得额外收入，但实际上这样的收入也是有限的，做不到在一年内挣到 75 万元。那么这时就需要寻求一些突破性的方法，也就是寻找过去不曾使用过的方法。他要分析自己的强项，寻找符合自身优势的行业，并做相应的准备，通过改变现有的收入方式，来提升赚钱的能力。张某作为一名英语老师，英语是强项，在跨国贸易领域有一定的机会增加收入。那么可以尝试转行，或尝试跨境直播带货，这些都是突破。为了进入这些行业，可能还要做一些准备工作，这样就全面拉动了自身的能力提升，增强职场竞争力，最终实现生活从此不同。

在学习了战略部署工具之后，团队成员完成了高级战略部署矩阵的分解。

在分解的过程中，首先从公司三年规划进行了 2019 年的目标分解。根据规模和利润的战略目标，从公司发展，以及人才梯队的角度出发，在 2019 年共分解三个目标：销售额提升 40%，净利润提升 50%，准备人才团队。

下一步在年度目标的基础上讨论优先改善项，即在 2019 年应该建立哪些流程和体系去支持销售额、利润还有人才团队的目标。

1．2019 年公司销售额提升 40%

如何才能实现如此高的业绩提升呢？经过大家的反复讨论确定了两个优先改善项，一个是建立大客户销售管理体系，另一个是建立行业化应用的管理体系。

针对大客户和行业化设置了量化目标，大客户的目标是 2019 年收入较 2018 年提升 100%，行业化的目标是 2019 年收入较 2018 年提升 200%。

说起大客户和行业化，其实公司从 2002 年起就做过多次尝试，并且也可以看到很多同行也在做大客户和行业化的一些管理。所以大家都一致认为，想实现销售额大幅的增长，那么大客户和行业化是必须要做的，也是正确的路径。公司曾多次尝试对大客户跟行业化划分并有针对性地进行销售管理，在这方面确实有一些管理思想的沉淀。但是在这一次要更加充分地讨论如何实现大客户和行业化的突破性增长，应该用一种什么样的方法实现大客户跟行业化的业绩突破，并且可持续。这个才是真正的思考和突破，在后续制订行动计划的时候将进行反复的头脑风暴。

2．2019 年公司净利润提升 50%

针对利润提升，制订了两个优先改善项，一个是在准时交货的基础上提升资金周转效率，并制订了两个目标：准时交货率提升 50%，库存周转天数降低 30%。另一个是运用 OBS 方法建立全面降低成本管控的流程，并设置人均销售额增加 50% 的目标。

3．储备人才团队

为了后续人才输出，在人才储备的目标下设置了建立和实施 OBS 选拔流程、人才培养流程，和通过组织改善培养 15 个以上改善组长的目标。

战略部署矩阵分解之后，各优先改善项负责人组织各自团队成员完成了行动计划。

1.2.2　通过价值流绘图寻找改善机会

价值流绘图工具是精益生产系统框架下的一种用来描述物流和信息流的形象化工具，用来识别目前和未来的价值状况，寻求改善机会，设定改善方向、愿景以及行动计划。

为了学习价值流绘图工具，并寻找改善机会，公司组织了为期两天的价值流绘图的培训和实践。

在做价值流绘图之前，首先通过价值对象数量分析，选择优先绘制的价值流。由于当时公司的主要业务模式仍以销售业务为主，因此以 2018 年销售数据对四类销售订单类型进行了价值对象数量分析（数据见表 1-1）。数据显示，订单占比最多的是不带采购的销售订单，即库存产品销售类型，占比 65%；其次是带采购的人民币订单，即人民币合同中带有单对单采购产品的销售订单，需要通过产品采购才能交付客户，此部分占比 29%。这两类订单类型数量总和占到了总订单数量的 94%。由于不带采购的订单执行与库存息息相关，如果有订单却没有货，就会大大影响订单签单率。因此在本次价值流绘图的培训中，除了带采购的人民币订单流程，还选择了备货流程进行价值流分析，寻找改善机会。

表 1-1　　　　　　　　　　2018 年销售数据价值对象数量分析　　　　　　　　（个）

序号	流程	订单数量	占比(%)	流程步骤																	
				接收订单	合同审核	录入订单	采购申请	采购	付款	免表准备	报关	到货通知	收货	跟踪货期	检查全部到货	发货申请	发货	发票申请	发票确认	开票	应收核销
1	不带采购订单	10248	65	1	2	3										4	5	6	7	8	9
2	带采购订单-仅人民币	4561	29	1	2	3	4	5	6			7	8	9	10	10	11	12	13	14	15
3	带采购订单-仅外币	578	4	1	2	3	4	5	6	7	8	9	10	11	12	12	13	14	15	16	17
4	带采购-人民币/外币	371	2	1	2	3	4	5	6	7	8	9	10	11	12	12	13	14	15	16	17
合计		15758	100																		

在两天的培训和实践中，销售订单组进行了现场调研，并绘制了带采购的人民币订单现状图，见图 1-3。

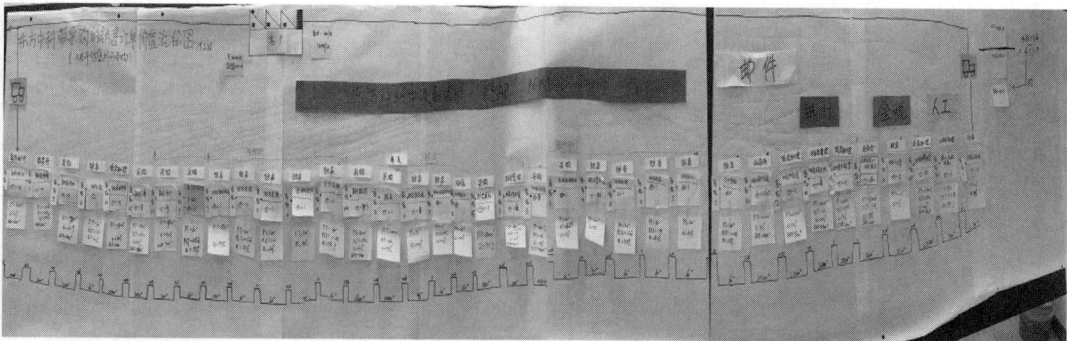

图 1-3　带采购的人民币订单现状图

通过头脑风暴，大家提出改善机会，并完成爆炸图，见图 1-4。完成未来图，见图 1-5。

根据寻找到的改善机会，大家制订了改善计划。改善方向从商务环、采购环、物流环，以及财务环几个价值流环展开。除了点上的改善，发现采购流程整体存在比较大的改善空间，后续需要安排采购流程的总体改善。

1.2.3　TPI 改善提升流程效率

TPI 即事务性流程改善（transactional process improvement）。西方著名学者苛希纳提出一个观点："在管理中，如果实际管理人员数量比最佳人数多两倍，那么工作时间就要多两倍，工作的成本就多了四倍。同理，如果实际管理人员数量比最佳人数多了三倍，那么工作时间就要多三倍，工作成本就多了六倍。"这个观点被称为"苛希纳定律"。

苛希纳定律虽是针对管理层人员而言的，但同样适用于对公司一般人员的管理。在一个公司中，只有每个部门都真正达到了人员的最佳数量，才能最大限度地减少无用的工作时间，降低工作成本，从而达到企业的利益最大化。

在非制造生产工作环境下的办公室工作存在着很多隐性的浪费，例如工作计划性不足、不准确的订单输入、会议时间长、多环节审批、无效的加班等。

TPI 改善工具是一种用于在办公室工作中，分析现有流程，发现、定义和实施新流程的方法，其目的是通过减少浪费，实施标准化工作和建立流程来改善和提高工作效率、质量、交付，并降低成本。对于价值流绘图改善中人民币采购流程的优化，就选择了使用 TPI 工具来完成。

实施 TPI 的主要步骤有：现场巡视、绘制真实的流程图、寻找改善机会、建立应该的流程。

1．现场巡视

走入现场，观察采购员真实的采购流程执行情况，记录每一个细节。记录的动作细节包括不同信息系统的切换、打印、走动（取打印结果、提交发票、盖章等）、流转的表单、检查点等内容，并记录操作时间。

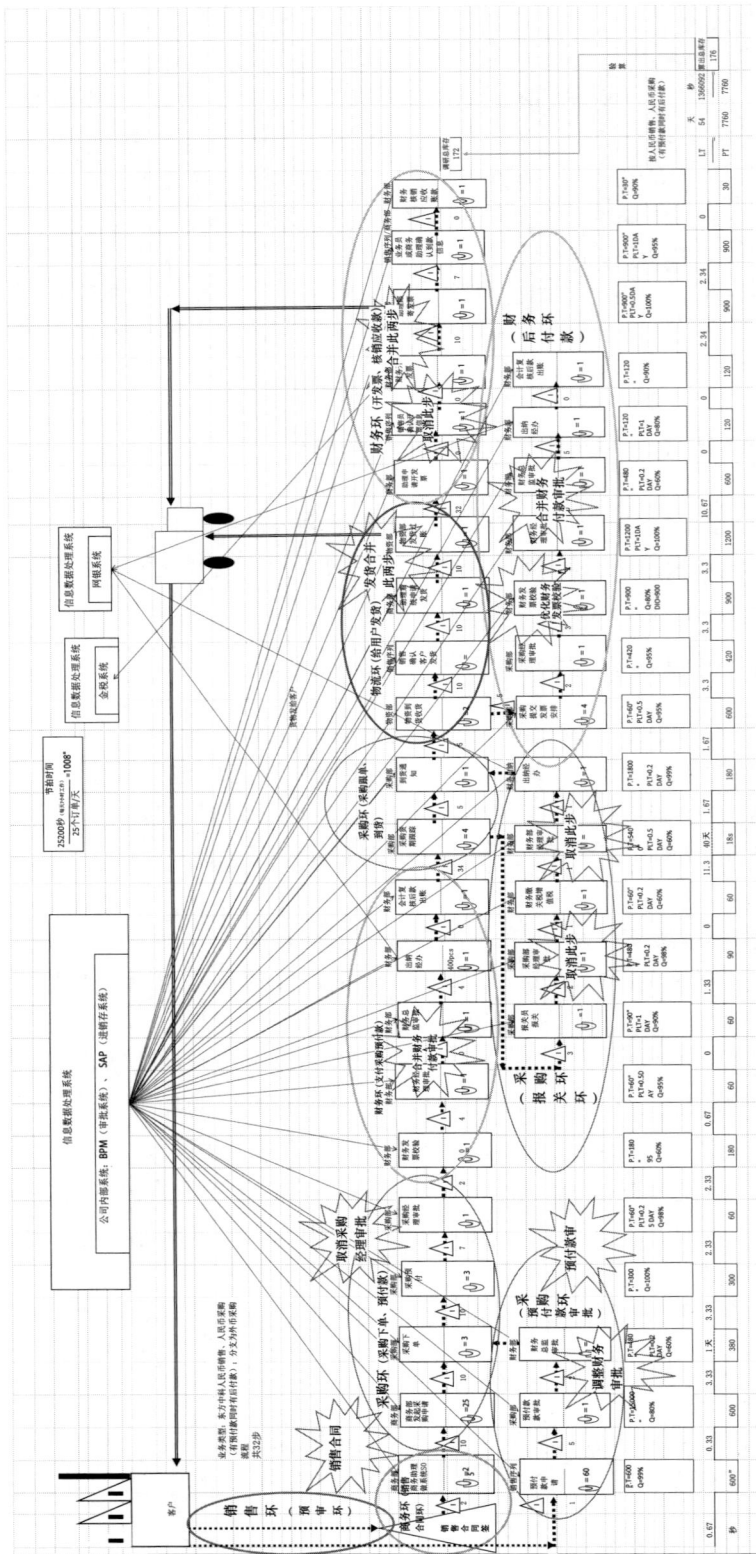

图 1-4　爆炸图示意图

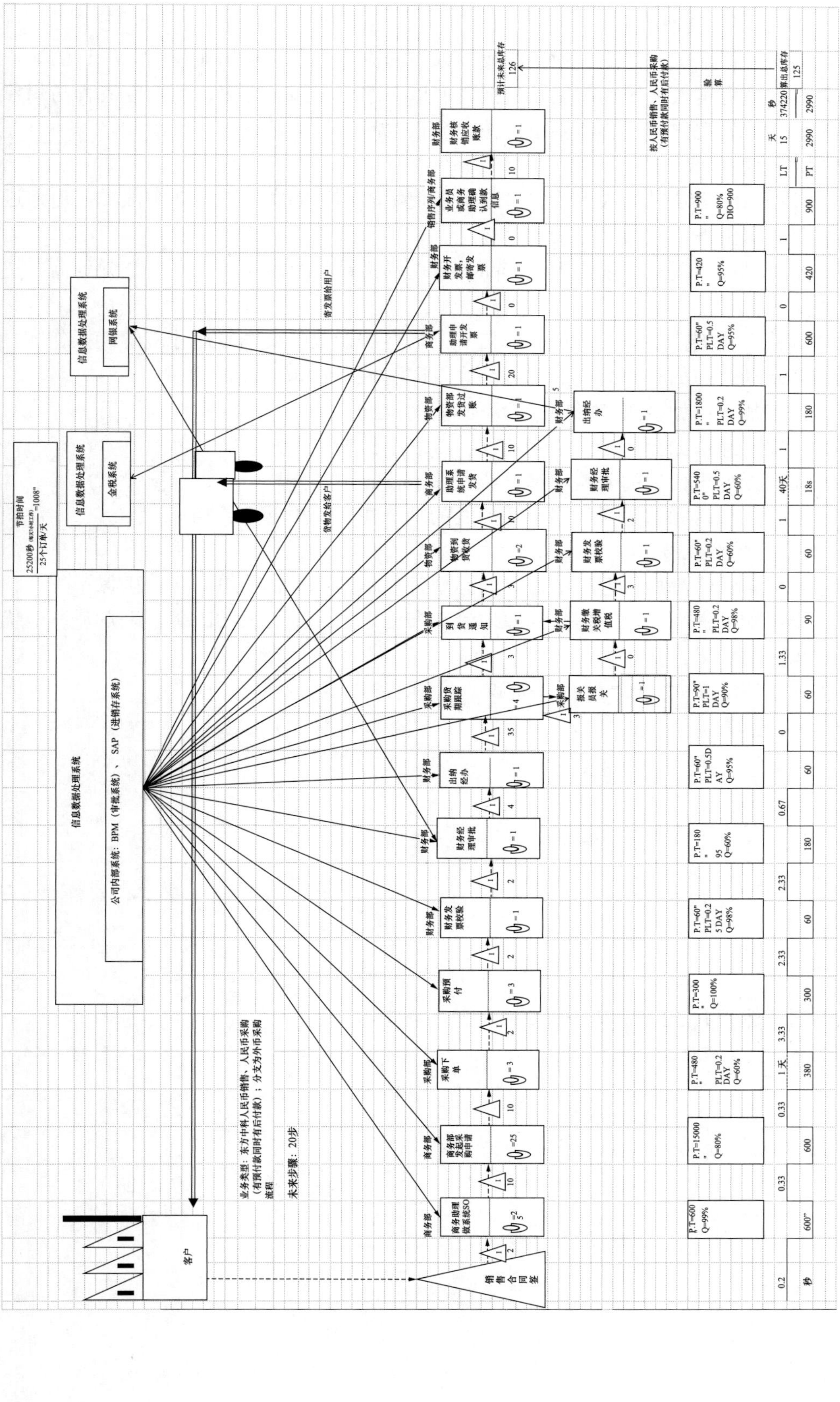

图 1-5 未来图示意图

2．绘制真实的流程图

任何一支流程都有三类流程图，即我们以为的流程图，实际的流程图，应该的流程图。如果之前没有走入现场，可能只是把我们以为的流程画了出来，而实际流程与想象地存在着差异。真实的流程图需要根据在现场记录的过程追踪表来进行绘制。

3．寻找改善机会

根据过程追踪记录寻找八大浪费，除了未使用的员工创意，以下 7 个浪费在追踪过程中都需要辨识出来，并加以记录：

（1）不良品：如提交的采购申请产品物料选择错误，或客户信息不完整导致需要重新沟通确认。

（2）等待：如因需要与业务员确认信息，需要等待业务员回复后才能继续操作。

（3）多余动作：如从办公桌走动到公共打印区域取打印件，再返回。

（4）过度加工：如多级审批中包含不必要的审批。

（5）运输传递：如提交单据给物流部，或表单流转。

（6）库存：如未处理的采购申请，或付款申请。

（7）过量生产：如信息系统中已经开发的功能在实际中并未使用。

4．建立应该的流程

去除浪费，优化流程。把清洁订单的思想带入到订单操作的第一步，确保不生产、不传递、不接受不良品，让流程更高效地流转和运行。经过 5 天的改善，采购流程的优化取得了积极的成果。

改善前：流程共 42 步，14 个判定点，见图 1-6。

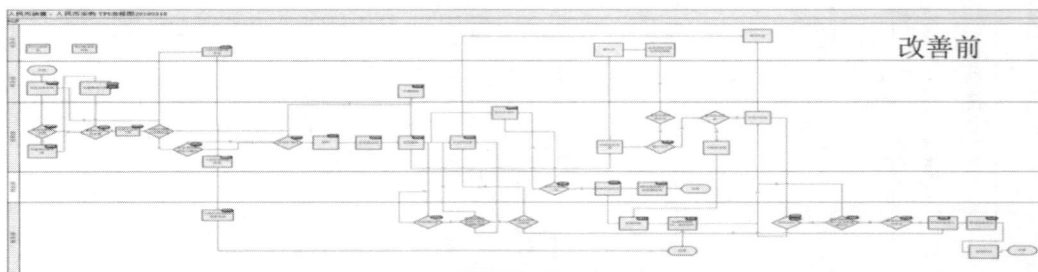

图 1-6　改善前流程示意图

改善后：流程共 32 步，7 个判定点，见图 1-7。

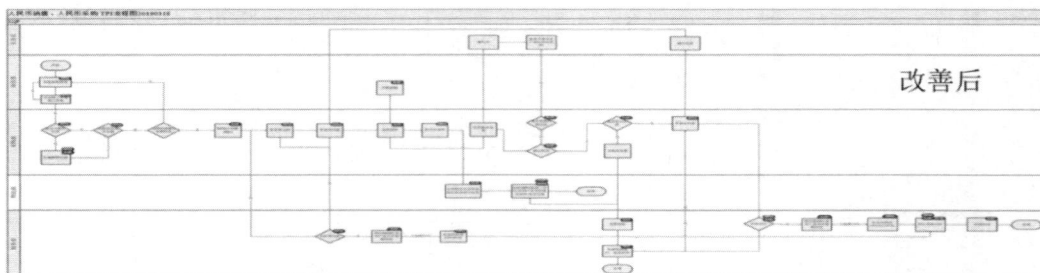

图 1-7　改善后流程示意图

流程单据：改善前线上流转 73 张，检查点 42 个，页面切换 45 次。改善后线上流转 42 张，检查点 25 个，页面切换 23 次。改善前单据展示见图 1-8，改善后单据展示图见图 1-9。

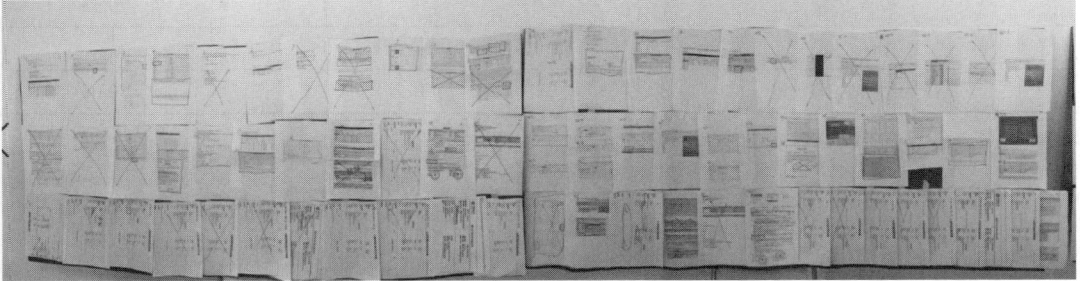

图 1-8　改善前单据展示图

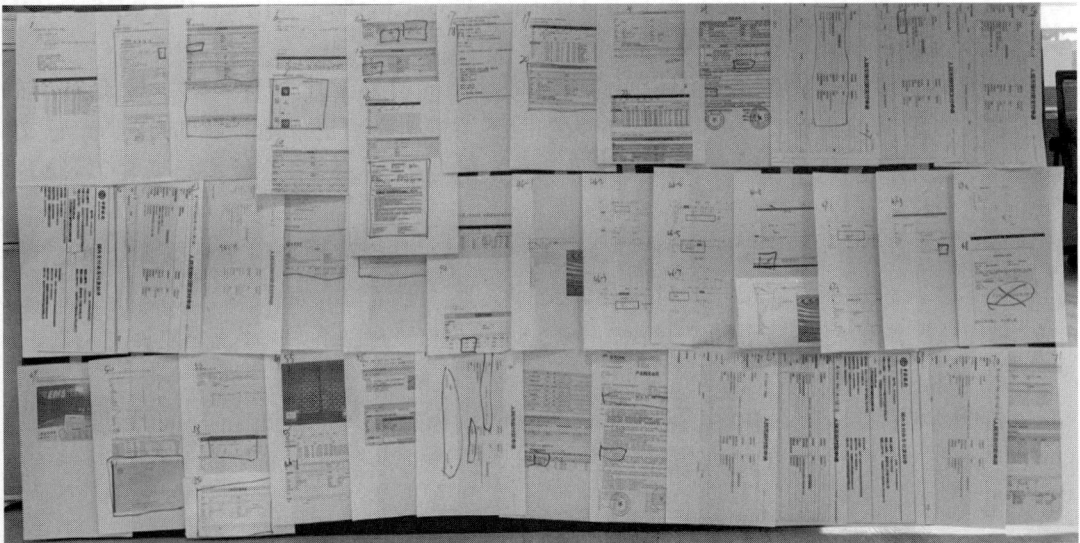

图 1-9　改善后单据展示图

数据汇总：改善目标效率提升 30%，实际平均在 35% 以上，数据汇总见表 1-2。

表 1-2　　　　　　　　　　　数 据 汇 总 表

观察的流程：人民币销售人民币采购订单类型

流程起始：销售发起		观察者：二组	
流程结束：财务付款清账		观察日期：2019 年 3 月 19 日	
数据项	当前流程	应该的流程	改变百分比（%）
总过程时间-操作周期时间的和（s）	7855	4470	43.09
步骤数	85	53	37.65
走动距离（m）	765	485	36.60

续表

数据项	当前流程	应该的流程	改变百分比（%）
交接次数	24	16	33.33
检查次数	27	19	29.63
排队次数	12	11	8.33
在制品，等待数量	310	155	50.00

在学习和完成了人民币采购流程的 TPI 改善之后，公司又针对外币采购流程、外币销售订单流程、应收账款管理流程进行了 TPI 改善，总体效率提升均超过 30%。

1.2.4 5S 改善激发工作思考

5S 是起源于日本的一种用于工作现场管理的工具，它由整理（seiri）、整顿（seiton）、清扫（seiso）、清洁（seiketsu）和素养（shitsuke）五个日语词汇组成。由于这 5 个词的罗马拼音均为 S 开头，故称为 5S。

5S 通常是精益生产制造使用最多也是最先使用的改善工具。但在非生产制造环节的办公室，5S 通常被误解，总是被定义在大扫除的层面。为了更好地理解 5S 的真正意义，OBS 组织了为期两天的 5S 改善，选择了信息技术办公室、财务会计办公室，以及测试实验室作为标杆示范区域。

在改善的过程中，大家认识到，5S 的第一步确实是要清理，但是有原则，即定频、定量、定位。例如办公区域中的订书器、文件夹等，不必每人都配备一套，可以在办公室建立公共区域，将不常用的文具保留一套即可，热水壶也不必每人都准备，存在安全隐患。

此外，建立办公室公共区域对部门工作有着积极的意义。通过在公共区域展示部门绩效目视化，可以使部门会议的效率得到提升。改善前办公室布局见图 1-10，改善后见图 1-11。

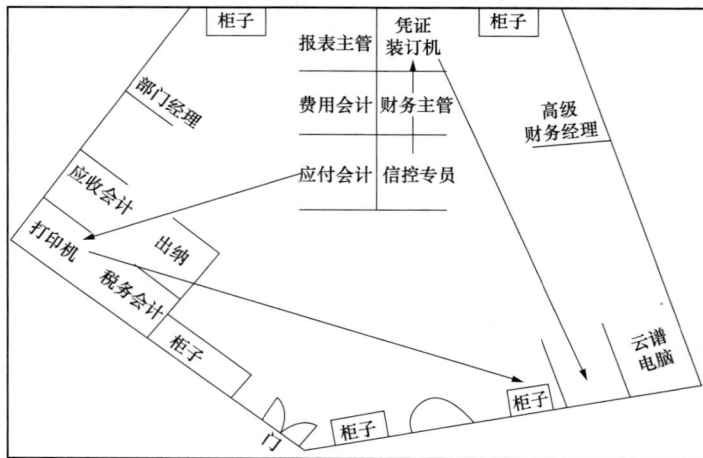

图 1-10　改善前财务会计办公室布局图

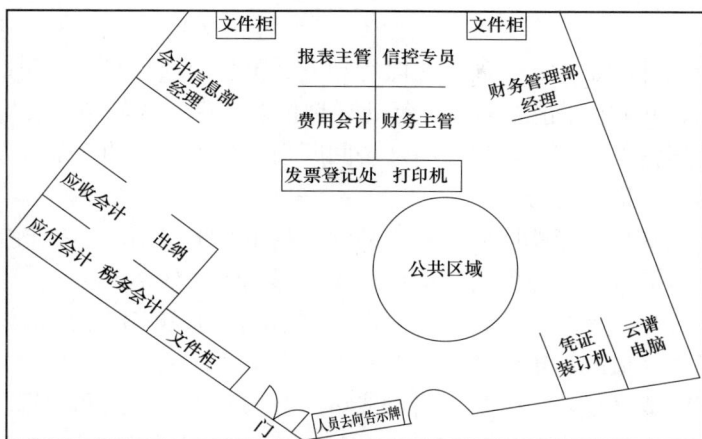

图 1-11 改善后财务会计办公室布局图

5S 改善的难点在于效果维持，财务会计办公室和信息技术部办公室的公共区域改造完毕后，维持得都比较好，实验室维持的相对就差一些。这些需要 OBS 持续跟进，并推动持续改善。

1.2.5 2019 年 OBS 工作复盘

1. 2019 年战略部署复盘

2019 年战略部署总体未达成目标，详见表 1-3。

表 1-3 2019 年战略部署成果

2019 年目标	优先改善项	分解目标	实际达成
销售额提升 40%	优化和实施大客户增长流程和管理体系	大客户 2019 年收入较 2018 年提升 100%	大客户收入较 2018 提升 30%
	建立行业化应用管理体系	行业化客户 2019 年收入较 2018 年提升 200%	行业化客户收入较 2018 年提升 100%
净利润提升 50%	在按时交货的基础上建立和优化运营资金周转效率流程	准时交货率提升 50%	准时交货率提升 15%
		库存周转天数降低 30%	库存周转天数降低 28%
	运用 OBS 建立全面降低成本管控的流程	人均销售额提升 50%	人均销售额提升 20%
储备人才团队	建立并实施 OBS 选拔流程、人才培养流程及精益文化的落地	培养 15 个以上改善组长	培养改善组长 18 人

分析原因，在高管和项目组层面主要有以下几点不足：

（1）公司高层对部分战略部署优先改善项的定义有不同认识，推动过程有反复，延误项目推进进程。

（2）项目组对实现目标没信心。面对较以往任务高出接近 100% 的高目标，缺少突破的方法，自下而上信心摇摆。同时有一定的求稳心态，对变革有所顾虑，影响变革的力度和决心。

（3）部分行动计划未完成，没有按照行动方案推进。项目组及公司高管未按照要求按月进行战略部署回顾，不能及时发现行动计划推进过程中的问题，未及时纠偏。此外，大家对战略部署理解不深刻，未把战略部署回顾当作战略部署的一部分，导致项目推动后期有问题不解决，推动乏力。

（4）激励机制滞后，影响团队积极主动性。从组织形式到激励机制都未能在行动之初就做好准备，达成共识，导致边行动边调整，影响工作效率。

以上几点不足的主要原因在于公司高层对战略部署的理解还比较粗浅。此外 2019 年战略部署启动晚也是造成当年整体推动准备不足的主要原因之一。

经过第一年的战略部署，公司高层对战略部署的价值、方法和逻辑有了一定的了解和认同。对 OBS 办公室来说，对战略部署的辅导方法和逻辑有了清晰的认识，并认识到战略部署回顾的重要性，后续需要持续推进。

2．2019 年 OBS 改善亮点

通过组织价值流绘图和 TPI 改善，对销售订单处理流程、采购流程均做了全流程改善，涉及从销售线索到订单交付、收款的全部环节。以下几个改善取得了比较明显的改善成果：

（1）对销售订单全流程进行了大的调整。在不生产、不传递、不接受不良品的理念下，销售订单处理流程从接受合同开始，增加了"清洁订单"的概念。以往，业务员在签订合同之后将合同交给商务助理进行订单执行。发货前，助理往往需要与业务员索要客户发货地址。发货后，助理还需要与业务员索要开票信息，为避免产生退票，需要与业务员再次确认。在订单执行过程中，助理需要多次与业务员反复沟通。改善后，业务员需要在签订合同时，与客户确认好这些信息，避免订单进行过程中再次询问、确认的反复沟通，大幅提升流程效率。同时针对清洁订单，由于信息完整准确，可交由商务部门提供增值服务，直接协助业务员给客户发货并开具发票，释放销售人员合同签订后参与合同履行的工作时间。

（2）发票单件流大大减少了业务员和助理的浪费。以前财务部打印发票是批量作业，即每天打印两次，打印出的发票放在一个文件筐里，由助理或业务员到财务部领取发票，领取的时候需要从文件筐里找到对应的发票，并在领取本上登记发票号。助理或业务员领取这些发票后，到业务系统中通过发票号找到对应的订单，以及发票邮寄地址，打印快递单，然后将发票放入对应的信封中，最后将快递信封放到前台，完成发票邮寄工作。

开票流程改变为单件流处理之后，财务部发票岗还是每天处理两次，但每次处理的时候，第一步打印发票，然后另一台打印机直接打出对应的快递单；第二步，将发票装入快递信封，将快递单贴在信封上，封上信封，完成一张发票打印工作。然后再处理下一张发票。由于取快递的小哥每天上门取一次快件，因此只要在小哥来之前完成当日的打印发票工作就可以了，所以虽然不是完全的单件流，但是结合了小批量处理，是可以完全满足业务要求的。

这个流程的改善看似发票岗做的工作比以前多了，但是大大减少了助理和业务员的工作浪费，去除了运输（领取发票）、等待（等待发票打印）、多余动作（查找、登记、查地址）等浪费，大大提高了整体的工作效率。

（3）运营例会建立标准流程。以前公司的销售运营以事业部为单位进行，总裁进行单独的工作沟通。为了提升沟通效率，建立了月度营销例会，由总裁、事业部经理和后台运营部门共同对上一个月的营销情况和下个月的预测进行分析。

此外，针对资金协调运营会的流程进行了梳理。公司的资金协调运营会机制已经运行了十几年，主要目的是控制超期应收和库存，以及对采购付款进行资金管理。由于运行的时间比较长，参会人员已经忘了有些会议内容的初衷是什么，应该由谁来负责收集数据和分析，造成有的环节只是在会上念一念数字，失去了协调的意义。针对这个情况，OBS 组织改善，重新梳理了会议流程、明确了内容和责任人，同时确定了汇报模板，以确保内容符合目的和要求。通过此次调整，事业部增强了库存周转及应收管理意识，加强了这部分的管理力度。

3．OBS 办公室成长复盘

OBS 办公室成立一年，有两名全职的 OBS 执行经理。在这一年中，OBS 执行经理虽然在专业上有一定的成长，但仍有许多不足。通过大家的反思，认为以下几个方面有改善空间：

（1）自身定位摇摆，不清晰。一方面，两位 OBS 执行经理在精益管理专业知识水平上与其他员工一样，都在同一个起跑线上。由于一开始无法给出专业的指导，大家存在一定的挫败心理，缺乏自信心，在工作推动上比较被动。此外在工作推进过程中缺少与高管、战略部署项目组的主动沟通，工作推动乏力。同时，由于这个岗位是新增的岗位，大家缺少中长期职业规划目标，缺少努力的方向。针对这些情况，2019 年底，OBS 办公室做了一次针对 OBS 执行经理工作复盘，明确了职业发展方向，达成个人和组织共同成长的职业发展目标。同时调整被动心态为主动心态，本着学习成长的心态看待工作，看待失败。

（2）战略部署推动力度不足。前期没有充分认识到战略部署回顾的价值，没有推动高管推进战略部署回顾，没有坚定推动纠偏。面对战略部署项目负责人的未按行动计划执行，或不进行战略部署回顾，OBS 办公室并没有推动改善，经常妥协。面对推动过程中的问题态度不够坚决。后续要推动战略部署回顾，确保战略部署按计划落实，及时发现和解决战略部署推动过程中的问题。

（3）日常改善缺少规划。2019 年是精益部署的第一年，大家对精益转型整体理解不足，对教练的安排和讲解理解并不深刻。全年 OBS 整体推进以学习工具为主，没有围绕战略部署开展。此外改善的量也不多，经验积累不足。此外，改善新闻跟进和改善后效果保持跟踪几乎没有进展，主要是因为缺少跟踪的意识和方法。再有，每次改善之后，OBS 办公室人员与改善组长沟通和总结不足，对改善活动本身没有提升。

（4）对标准化工作认知不足。在 2019 年，并未理解什么是标准化工作，以及标准化工作价值和意义，也就没有全面推动标准化工作。

（5）OBS 人员自身学习和探索不足，缺乏实践。首先 OBS 执行经理缺少课程学习和实践后的总结复盘，辅导能力提升慢。其次，与辅导老师沟通学习不充足，只是老师讲什么记什么。由于没有提前设置学习目的和目标，学习过程中缺少主动性，不知道跟老师学什么，提不出问题，造成对专业知识理解不到位、缺乏知识互联。再有，由于自己做教练次数少，导致缺少辅导经验，辅导能力不足。后续要加强 OBS 人员的精益管理理论学习、加强提炼总结能力，以及提升通过提问激发员工思考的能力。

2019 年是东方中科精益转型的第一年。如认知曲线一样（见图 1-12），大家经历了最初对 OBS 的热情，慢慢到否定、拒绝、挫折。随着 OBS 改善的进行，大家看到一些成果，逐渐有了一点信心，逐步开始尝试。2019 年底开始走出低谷，迈向未来。

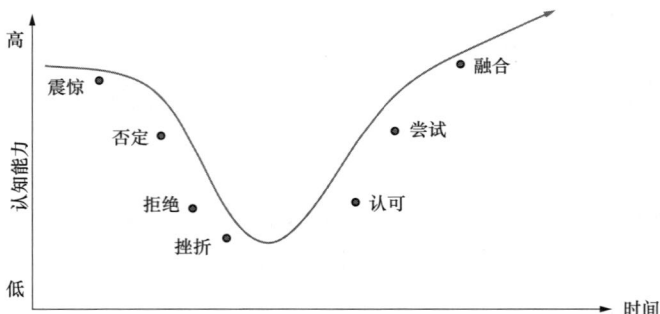

图 1-12   认知曲线

1.3   2020 年是疫情下的 OBS 推进

1.3.1   疫情下的 OBS 工作计划

2019 年在外部老师的带领和帮助下，公司完成了多项改善。虽然有些改善包括战略部署效果并不理想，但总体取得了一定的成果，也得到了很多同事的认可。这使得 OBS 办公室有了一定的信心，也有了盲目的自信。认为只要按照这些套路继续做下去，精益转型指日可待。

2020 年伊始，从武汉到全国暴发新冠肺炎疫情。一时间，正常上班都成了一种奢望，公司开始居家办公。由于 OBS 改善更多的是集体现场活动，因此一直到 4 月份，都未能组织 OBS 改善活动。在居家办公期间，为了提升 OBS 办公室专业能力，OBS 办公室进行了专项的专业书籍的精读和读书分享活动。在几个月的时间里，OBS 办公室成员精读了《精益的转变》《企业精益转型领导之道》《丰田套路》等专业书籍，并在总裁办公会内部为高管进行了分享。又在自我学习的基础上，对公司中层经理分享了《学习型管理》《精益人才梯队》等书籍。

OBS 办公室通过学习认识到，就 2019 年来说，改善的数量远远不够，在《企业精益转型领导之道》中提到，为了实现高目标增长，被证实有效地实施持续改善数量是每年公司总人数的十分之一。按照公司 240 人计算，每年的改善数量应达到 24 次，而 2019 年只做了 11 次，差距较大。没有足够的改善活动，一方面在精益知识普及和文化推广上力度不足，另一方面，OBS 执行经理的专业能力和辅导能力提升也受到影响。

通过读书和学习，我们认识到了自己的不足，从不知道自己不知道慢慢走向知道自己不知道。随着密集的读书学习，并不断地反思，OBS 办公室制订了 2020 年疫情下的工作计划。

（1）制订全员 OBS 学习计划：

1）制订 OBS 人员能力提升计划，通过读书学习理论知识，并以读书分享的形式提升讲课和表达能力，然后通过改善活动实践精益知识。

2）制订高管精益领导力提升计划，使领导班子成员加强精益知识的学习，了解精益领导力与传统领导力的区别，并在日常工作中加以落实，从而逐步实现从上到下的精益领导力传递。同时再次明确公司总裁在公司精益转型中的定位，即 OBS 第一人，未来的精益专家。制订 OBS 与总裁的沟通计划，保证总裁对 OBS 改善的时间投入，确保全程参加改善的数量，以提升 OBS 专业水平。

3）制订全员培训计划，通过多种途径传播精益知识，提升员工对精益思想的理解。

（2）通过全面推动标准化工作夯实精益管理基础：

1）所谓"没有标准化工作就没有改善"。明确公司推动标准化工作的目标，制订标准化工作推动中长期规划。

2）根据计划全面推动改善标准化工作，在公司内部建立工作标准。

3）OBS 办公室建立标准化工作的标准流程，确保推动标准化工作的质量和效率。

（3）根据公司精益转型目标和现状的差距分析，制订行动计划弥补差距：

1）在充分了解认知精益转型不同阶段的实质和工作重点的基础上，制订并推动公司精益转型中长期规划。

2）通过推动 PDCA 思想和 A3 思考法，转变员工思考和行为的方式，提升员工解决问题的能力，建立学习型组织。

3）通过定期读书会、公众号等多种形式推动精益文化建设。

1.3.2　战略部署二级分解

在 2019 年 9 月份，公司启动了 2020 年战略部署相关工作，并于 10 月底完成了 2020 年战略部署高级矩阵分解。

针对"运用 OBS 建立全面降本提效管控体系"优先改善项设置了 2020 年年度目标："整体资金运营周转率提升 15%"。资金运营效率主要体现在库存周转天数、应收周转天数和应付周转天数。总体资金运营效率定义为资金周转天数，定义公式如下：

$$资金周转天数＝库存周转天数＋应收周转天数－应付周转天数$$

为了更好地推进资金效率提升，"运用 OBS 建立全面降本提效管控体系"项目组将该目标进行了二级分解，制订优先改善项和目标分别为：

（1）建立提升库存周转效率管理体系。目标：库存周转天数减少 15%。

（2）建立提升应收账款周转效率管理体系。目标：应收账款周转天数减少 15%。

（3）建立提升应付账款周转效率管理体系。目标：应付账款周转天数延长 15%。

三个二级项目组均组建了改善项目团队，并通过 A3 报告的形式对现状和问题进行了分析，制订了行动计划。

1．寻找影响应付账款周期的根本原因

在应付账款项目组的 A3 报告中，项目团队对 2019 年采购数据进行了数据分析，从采购类别、供应商类别、付款条件、预付款和金额等维度进行分析和比较。针对预付款的数据又做了进一步分析，产生预付款的主要原因除了主流厂商的合约条款之外，主要有两个：

（1）供应商重复采购率不高，与供应商之间缺乏信任，导致预付款产生。通过调查发现，由于历史操作的延续性，公司的采购部门缺乏对供应商的管理和要求，采购行为更多是针对业务员的要求进行下单，经常使用客户或业务员指定的供应商，所以谈判空间小。同时，采购部也无法为业务员提供更好的采购渠道，致使业务员只能自己寻找供应商，无法确保客户供货时效和产品质量。

（2）员工工作负荷大，没有时间与供应商谈判，导致付款条件不好。通过现场调查发现，采购员因为货期的原因反复与业务员和供应商沟通，造成工作浪费，其中有相当一部分原因是业务员对客户过度承诺货期，造成采购过程中由于无法满足货期而反复沟通。针对这种情况，采购部采取临时措施，给业务员发布了货期指导，减少这部分情况的发生。采购员工作负荷大还有一类原因是采购流程复杂，系统单据制作烦琐，操作时间长。

此外，在采购人员现场调查中还发现由于没有供应商管理体系，整体采购下单流程效率低，风险管控不足。在采购流程中，由于对供应商没有分级管理，所有供应商处理方式基本相同，并凭采购员个人经验处理供应商谈判过程。其次，由于没有采购供应商评价体系，对供应商缺少历史评价、能力评估等综合绩效管理，基本上是针对当前采购价格、账期一次性选择供应商。由于没有供应商历史记录和评价，只能参考近期是否发生过问题，以避免采购风险。此外，即便年度采购额大而且采购稳定的供应商也没有采用签约管理，无法实现集中采购，并挖掘供应商潜力。同时，采购员对供应商选择没有决策权，优先参考业务员意见，损失了最优采购的机会。

根据以上的分析判断，应付账款二级战略部署主要的突破目标是：

（1）建立供应商管理体系，一方面建立供应商评价体系，降低采购风险，提升采购效率，另一方面拓展供应商渠道，挖掘合作供应商潜力。

（2）在供应商管理的基础上，重构采购流程，通过供应商管理策略，提高人员效率、提升采购质量、防范采购风险。

2．采购下单流程重构

在确定了采购管理流程重大调整方向之后，项目组对采购流程进行了重构。

（1）项目组与采购部门人员共同探讨，并明确了供应商管理的愿景：

1）建立战略供应商发展规划，本着长期合作、互惠互利、共同发展原则，建立供应商策略，维护供应商关系。

2）拓展供应商渠道，发展新供应商的同时，努力挖掘合作供应商潜力：针对常卖的产品发展集中采购供应商；针对采购量多的产品，与生产厂商建立合作关系；针对不常卖的产品，发展打包商。

3）通过供应商管理策略，提高人员效率、提升采购质量、防范采购风险。通过供应商框架协议，简化谈判过程，提高人员效率；通过不断减少单对单采购供应商数量，优化采购质量，防范采购风险。

（2）成立了采购管理委员会，负责确定采购供应商策略、评估选入及退出供应商、供应商定期评审，即定方向、控制及协调。采购管理委员会成员包括高层管理人员、采购、销售、技术、财务等部门人员，共同协作完成相关工作。

（3）提出供应商管理体系模型。体系包括：

1）供应商准入标准，用于防范采购风险。

2）供应商评估方法及结果，包括供应商分级定义、分级评估标准和流程、退出机制及黑名单。此部分帮助采购过程中选择最优供应商、提高人均效率、降低采购成本、提高资金使用效率、提升风险管控能力。

3）供应商关系信息库，包括供应商代理产品信息、历史成交记录、渠道拓展、其他注意事项，以及实地考察结果等。通过建立供应商关系信息库提高采购效率，并提高公司竞争力。

在以上基础上，项目组组织了采购流程改善，对采购流程进行重构。

（1）项目组对采购部人员组织了现场调研，收集采购人员认为在采购流程中的浪费。这些浪费包括采购申请不清洁造成的重复沟通、供应商到货不及时造成的反复沟通、大批量到货时与库房或供应商多次沟通、表单制作过程中数据二次整理等。同时，采购部员工对供应商管理的必要性达成共识，并认可为供应商评估增加额外的记录工作。

（2）再次探讨供应商管理支持业务达成的逻辑。

1）供应商有很多静态信息，包括供应商资质、注册信息、供应商类别等。

2）供应商有我们已知的代理品牌，通过日常沟通和关系管理，可以获得更多的供应商代理信息，同时通过战略合作，深度挖掘供应商代理范围。

3）供应商有很多动态信息，包括采购谈判过程中的价格、付款条件、成交记录及供应商技术服务记录等，这些信息汇总之后，形成供应商评价，进入到供应商信息库中。

这些信息汇总之后形成供应商完整的信息库。当业务员需要寻找采购渠道的时候，可以快速地选择更优的供应商，提升客户交付的质量。供应商管理流程示意图见图 1-13。

经过和项目组共同讨论，针对下单流程进行了调整，原采购下单流程见图 1-14，改善后流程图见图 1-15。

（1）鼓励通过框架协议与供应商达成合作协议，协议供应商采购流程快速而且直接，这样既能提升采购效率，又可对供应商进行集中管理，挖掘供应商潜力。

（2）在采购处理流程中新增供应商管理岗，负责向采购员推荐优质供应商，同时收集、整理供应商过程信息，评估供应商质量。

（3）采购员新增谈判记录环节，通过三方比价，选择最优供应商签订采购合同，并为后续供应商评估提供数据依据。

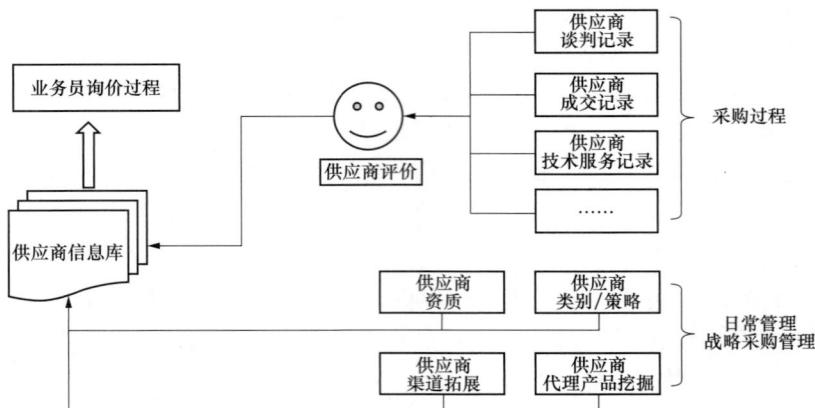

图 1-13　供应商管理流程示意图

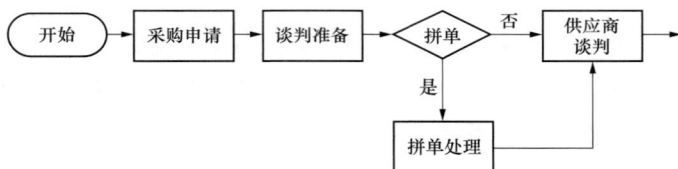

图 1-14　原采购下单流程（部分示意）

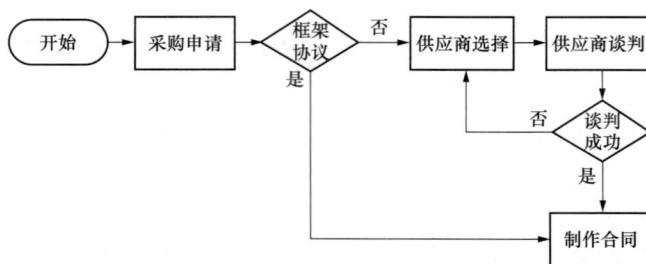

图 1-15　调整后的采购下单流程（部分示意）

流程调整之后，推进了供应商框架协议的签署，提高这部分供应商的采购效率。采购部开始收集供应商动态信息，为后续建立供应商评估体系做准备。

1.3.3　开发流程标准化工具 BPA

不论是建立标准作业，还是事务性流程改善，都涉及流程的梳理。通常一个中小企业的流程数量在百级。如此多的流程如何清晰地展示并管理，一定要通过工具来完成。

为了更好地管理流程，OBS 办公室联合信息技术部，针对流程建模工具进行了开发，并对流程建模进行了标准化定义。

1. 科学的流程管理架构

通常来讲一个中等规模的企业大概有 200～300 个流程。这么多的流程如何进行高效管理呢？过去通常是通过绘图软件将每一个流程图作为一个文件存储起来，这样不仅效率低，而且很难看到公司流程的全貌。

为了更高效地展示公司流程全貌，OBS 借鉴了美国生产率和质量中心（APQC）业务流程分层结构，很好地解决了企业流程分层管理问题[1]。其流程分层结构见图 1-16。

2. 通过 BPA 工具支持流程全面管理

业务流程分层结构，虽然解决了企业流程管理问题，但如何应用和展示是需要工具来支持的。流程建模（business process analysis；BPA）工具就非常好地支持了业务流程分层管理落地。

通过 BPA 工具，可以将企业流程分层级梳理、查询，并将岗位职责、风险均统一在一个信息化平台上，便于使流程管理人员、流程操作者、业务管理者、人力资源人员共享查看，对岗位职责梳理、建立流程型组织有非常大的帮助。

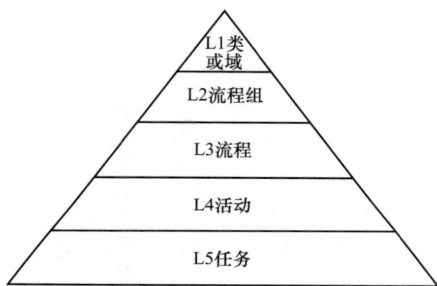

图 1-16　美国生产率和质量中心（APQC）流程分层结构

以东方中科为例，通过 BPA 建模，可以完成从 L0 到 L3 的全流程梳理，根据不同的价值链进行业务流程分析，见图 1-17。

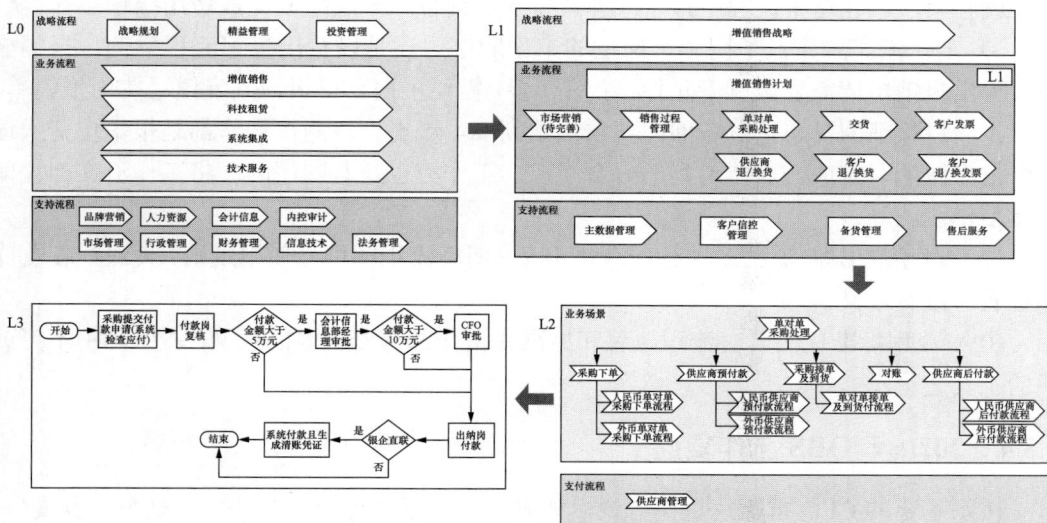

图 1-17　东方中科 BPA 模型示意图

❶　陈立云，罗均丽. 跟我们学建流程体系. 北京：中华工商联合出版社，2014.

在信息系统中，业务流程可以分层来进行汇总和管理，并分门别类地查看，通过 BPA 工具，大大提升了流程管理的效率。BPA 系统展示图见图 1-18。

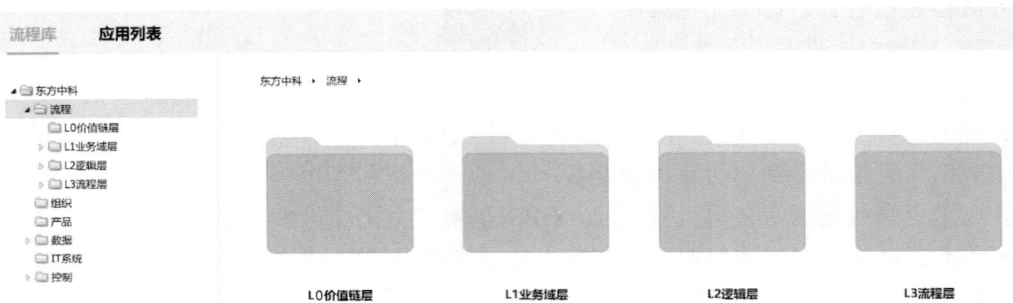

图 1-18　BPA 系统展示示意图

3．BPA 流程梳理的标准化操作

有了工具，还需要有标准化的操作来完成流程梳理工作。

（1）明确流程和工作流的定义。流程和工作流经常被人搞混，甚至有些讲解流程管理的文章和书籍也没把这两件事区别开。如果流程和工作流不分清楚，后续在梳理流程和建立标准作业时就会造成工作界限不清晰。

1）流程。流程是不同岗位为了完成一个共同的工作目标而进行的协同工作。流程是有一定工作顺序的。比如以费用报销流程举例，报销流程的开始是报销人提出报销申请，然后领导需要对报销申请进行审批，审批后，财务费用岗进行报销账务处理，处理完成后，提交到财务部经理审核，财务部经理审核通过后出纳进行支付，此时一个报销流程就结束了。在这个流程中，一共涉及了 5 个岗位，一起协同完成费用报销工作。

2）工作流。工作流是同一个岗位的工作顺序。还是以费用报销流程举例，报销申请人提出报销申请需要做以下几件事：第一步，需要根据公司报销制度填写费用报销单，第二步，将报销的发票按财务部门要求粘贴到 A4 纸上。这两步动作都是报销申请人这个岗位上做的，完成之后传递到下一个岗位。工作流也是有顺序的。将工作流文档化即为标准作业。

（2）对绘制 BPA 流程图进行标准化定义，明确流程图符号使用规则，使流程在制作和查看时没有歧义。

BPA 流程标准化工具对流程改善和标准化工作都有着重要的意义，是 OBS 不可或缺的工具之一。

1.3.4　2020 年 OBS 工作复盘

桥水基金的 CEO 雷·达里奥曾说，如果你现在不觉得一年前的自己是个"蠢货"，那说明你这一年没学到什么东西。

2020 年的疫情给了 OBS 办公室一个停下来思考的机会。读书让 OBS 办公室有了思想上的成长，对精益管理的认知又进了一步。但是，越是深入地学习，越是能理解辅导老师曾经提点过的观点和注意的事项。很多问题老师早就说过，只不过当时由于认知不到位，无法理解其中的奥义。2020 年是一个经常在捶胸顿足中度过的一年。

1．2020 年战略部署复盘

由于疫情的关系，2020 年战略部署在年初几乎没有什么推进。战略部署目标结果可以用"血淋淋"来形容，不论是大客户、行业化、创新业务还是资金效率提升，都未能达成目标。

分析原因，除了疫情的影响，主要的原因有以下几个方面：

（1）2020 年大客户和行业化体系建设是 2019 年的战略部署的工作延续。上一年虽然对大客户和行业化的定义进行了明确，激励机制也已经推出，但未能建立与之匹配的流程体系，更多的还是在点上的业绩，不可复制。所以当疫情来临的时候，对业绩的负面表现马上体现出来。

（2）资金效率指标对比 2019 年有一定的进步，但远远没有达到年度目标。三个二级项目组都学习了 A3 报告工作方法，并尝试通过 A3 报告分析目标和现状，找到差距。

1）应收项目组运用 A3 思考法分析现状，从应收账款事前、事中、事后进行分析，通过走入现场，对 20 多名销售进行调研，锁定事前控制不足问题并分析了问题根本原因。但行动计划多为临时对策，围绕超期应收事后管理展开。针对事前管理分析和对策不到位。

2）应付项目组用 A3 思考法分析现状及根本问题，锁定问题是缺少供应商管理策略及采购部人效低。提出建立供应商管理体系，并重构采购流程。但是在推动的过程中受到采购部门内部人员的阻碍，由于反复沟通，推动过程比计划延迟。同时，由于对供应商管理没有实际经验，需要不断探索，推动也比较缓慢。

3）库存项目组基本没有什么推进进展，也未能找到根本原因，所以相关工作推进几乎停滞。

（3）创新业务未纳入战略部署的回顾中来，被当作日常业务管理进行跟进，缺少精益思想和工具的运用。

2．2020 年 OBS 工作亮点

2020 年 OBS 工作取得的改善成果虽然不多，但是有一些 OBS 的创新工作还是值得总结的。

（1）流程建模工具 BPA 的完全理解和应用。BPA 工具的开发用了 3 个多月的时间。OBS 办公室与信息技术部一起学习和挖掘 BPA 的宝藏功能。从理论学习到案例实践，从相互争论到形成结论，从流程小试到在采购流程重构时的完全应用，最终形成了 BPA 流程梳理工具的标准化应用规范，不仅发挥了流程管理的价值，也形成了东方中科流程梳理的标准工具，被纳入 OBS 工具体系中。

（2）首次完成标准作业实施，并建立了标准作业实施标准流程。自从通过读书学习真正认识到标准化是改善的基础之后，OBS 办公室建立了标准作业 SOP 的模板，并形成了标准作业建立的八步法，即：

1）确定流程。完成流程节点梳理，完成 BPA 流程图。

2）确定工作流。确定每个流程节点的工作顺序，并在 BPA 上进行标注。

3）完成标准作业。组织改善团队现场书写标准作业，并通过小组讨论确定工作流的关键点。

4）标准作业验证。通过本部门非本岗位人员依据标准作业完成相关操作来验证并修订标准作业。

5）标准作业培训。完成相关岗位的标准作业培训。

6）标准作业检查修订。主管定期巡检，发现标准作业的执行问题。

7）标准作业修订。解决问题，并更新标准作业。

8）提升标准。去除工作流中的浪费，提升工作标准。

以上八步前四步通过组织改善活动集中完成，后面四步由主管和部门经理后续工作中推进。

标准作业八步法的建立形成了公司标准化工作推动的基础，为 2021 年快速推进标准化工作做好了准备。

（3）通过读书会的形式传播精益知识。精益知识的获得渠道除了参加改善，还可以通过读书来获得。为了使大家更方便地理解精益思想，OBS 学习樊登读书的方式，对精益管理书籍进行读书分享。在 2020 年 OBS 办公室组织了超过 7 场读书分享，涉及 40 多人次，从骨干员工到部门经理，也包括公司高管。读书分享的价值不仅在于高效地学习书中的内容，还因为是以公司实际案例的方式进行精益知识的传递，让大家更容易理解 OBS 知识。

图 1-19　东方精益公众号界面

（4）东方精益公众号改版运营。东方精益公众号是 OBS 办公室成立时，为了宣传精益知识创办的，由 OBS 办公室运营。公众号一般发送一些改善汇报的内容，关注的人比较少。为了便于参加培训改善的员工了解一些工具的使用方法，以及更好地宣传精益知识，OBS 办公室对东方精益公众号进行改版，增加了"精益课堂""改善工具""好书推荐"几个栏目，撰写精益知识相关的文章，推动精益思想传递。公众号界面见图 1-19。

3．OBS 办公室成长复盘

在 2020 年，OBS 办公室对什么是 OBS 体系有了一些认识，并开始着手改善工具标准课件的整理，对改善活动进行了标准化，使每次的改善效率有所提升。

（1）完成改善标准作业梳理。OBS 办公室经常组织开展改善活动，那么改善应该包括哪些标准的环节，使用什么标准的模板，如何组织开展，如何协助配合，如何组织改善汇报，如何做好总结和宣传？这些环节纷纷杂杂，需要通过标准作业，并结合检查清单进行标准化。

首先，我们对改善的流程进行了梳理，涉及岗位包括改善需求提出人、OBS 办公室主任、改善教练、改善助教、改善组长。改善活动流程图见图 1-20。

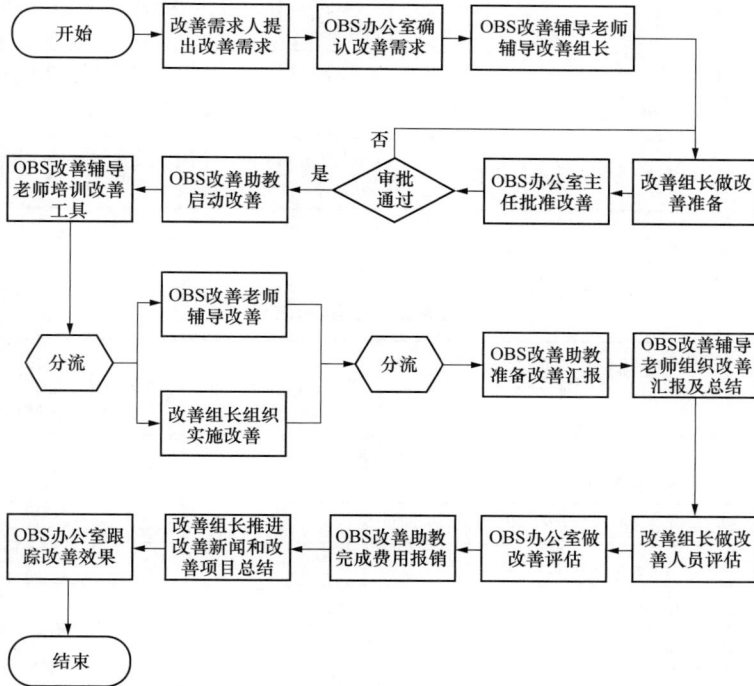

图 1-20　改善活动流程图

随后，根据不同岗位的工作流，一共梳理了 16 个标准作业和 3 个工作清单。改善教练涉及的 6 个标准作业，列表见表 1-4。

表 1-4　　改善教练涉及标准作业列表

序号	改善教练	标准作业
1	辅导改善组长的标准作业	辅导改善标准作业，使组长了解改善过程和组长职责
2	培训改善工具的标准作业	针对本次改善的改善工具，对全体改善组员进行讲解，确保团队成员正确理解改善工具，并学会正确使用
3	辅导改善的标准作业	在改善过程中对工具使用的辅导、答疑和改善过程控制
4	组织改善汇报及改善活动总结的标准作业	辅导、审核小组改善汇报文件、材料 组织实施现场改善汇报
5	改善总结及改善计划的标准作业	组织全员总结会，收集改善意见（课件、时间安排、过程、辅导等），提升改善活动效果
6	跟踪改善结果的标准作业	收集组长改善新闻跟进情况，更新《改善新闻跟踪表》 评估改善项目结果

涉及改善组长的 4 个标准作业，见表 1-5。

表 1-5　　　　　　　　　　　改善组长涉及标准作业列表

序号	改善教练	标准作业
1	改善准备的标准作业	前期数据分析,明确改善目标,确定改善团队,确定改善日程
2	实施改善的标准作业	根据日程计划组织改善团队按计划推进改善活动
3	评估改善团队的标准作业	根据团队表现评估改善团队成员
4	推进改善新闻和改善项目总结的标准作业	对改善新闻进行推进,改善结束后对改善项目总体进行总结

改善教练工作清单和指引,见表 1-6。

表 1-6　　　　　　　　　　　改善教练工作清单和指引

序号	检查	项目	计划完成时间	辅导具体内容 (什么时间、完成什么内容辅导,问题和结果记录)
1	☐	辅导组长改善流程的标准作业和改善工具及需要的改善准备		
2	☐	辅导组长完成现状调研和工作计划时间表		
3	☐	辅导组长完成改善准备表		
4	☐	培训教材 PPT 等资料准备		
5	☐	组织培训完成		
6	☐	辅导改善完成		
7	☐	改善汇报前打印《改善汇报日程》		
8	☐	组织改善汇报完成		
9	☐	组织改善活动总结、记录《改善活动总结》		
10	☐	完成改善汇报微信公众号发布		

改善组长工作清单和指引,见表 1-7。

表 1-7　　　　　　　　　　　改善组长工作清单和指引

序号	检查	项目	具体内容 (什么时间、完成什么工作内容,问题和结果记录)
1	☐	学习改善和工具相关内容	
2	☐	完成改善组长工作计划时间表	
3	☐	完成改善准备工作部署和改善准备	
4	☐	完成改善准备表和改善小组沟通	
5	☐	组织改善完成	
6	☐	改善汇报文件准备和小组汇报准备	
7	☐	评价改善团队	
8	☐	改善新闻推进和总结	

助教工作清单和指引（17 项），见表 1-8。

表 1-8 助教工作清单和指引

序号	检查	项目	具体操作要求
1	☐	会议室申请	
2	☐	改善通知发布	
3	☐	打印教材	两张 PPT 打印一页，单面打印，打印地点联系 OBS 办公室
4	☐	打印证书	
5		办公用品	
	☐	——文具盒（白板笔：黑×2、蓝×1、红×1，小白板笔黑×10，剪刀，签字笔×6，铅笔×6，尺子，橡皮、计算器、转笔刀）	
	☐	——白板	到 OBS 办公室领取
	☐	——报事贴	
	☐	——米尺	
	☐	——展示板	
6	☐	改善场地布置	
7	☐	餐食统计	
8	☐	培训前投影仪＋扩音器准备（备用电池）	
9	☐	茶点——咖啡、纸杯、搅拌勺、茶包、手撕面包	助教购买，OBS 报销费用
10	☐	外请老师预订酒店（标准和地点询问 OBS 办公室）	
11	☐	改善汇报会议室申请	
12	☐	腾讯会议申请	
13	☐	完成改善汇报通知发给 OBS 办公室主任	
14	☐	改善汇报场地布置	
15	☐	带改善证书和拍照用短横幅	
16	☐	准备播放电脑、投影仪及扩音器（含备用电池）	
17	☐	改善费用统计和报销	

通过对改善活动进行标准化，使改善工作以标准的工作方法复制和输出，成为 OBS 第一个可以输出的工具体系。

4. 专业能力的成长

通过两年的学习和自我提升，OBS 办公室内部的专业水平已经有了一定积累。整体上看，OBS 办公室可以独立完成的改善活动有：新员工半天到一天 OBS 体验营、TPI 改善、标准作业建立、BPA 流程梳理、制订战略部署行动计划等。在建立日常管理体系、解决问题等方面辅导能力不足，是 2021 年的学习突破重点。

2020 年因疫情关系，改善活动的推动受到一定的影响，但总体来说，开启了标准化工作，对什么是标准化，以及标准化的价值有了比较清晰的认识。战略部署一如既往推动乏力，OBS 办公室时间精力短缺也是原因之一。所以将 OBS 工作进一步标准化也是提高 OBS 工作效率的方法之一。

1.4 2021 年是标准化工作元年

1.4.1 建立销售管理标准化体系

销售体系能不能进行标准化工作？当然能。但是对这个结论的认知却是一个变化的过程。在 2020 年刚刚启动标准化工作的时候，公司负责销售业务的副总对于销售过程进行标准化工作的态度是拒绝的。他认为销售过程中每个业务员都是个性的，客户也是不同的，无法用一个标准的方式来进行销售活动管理。再者，东方中科的传统业务是针对工业品的销售活动，精细化的管理对于增加销售业绩影响不大。

但是当面临地域扩张、地区经理短缺、销售人员能力参差不齐、新人培养慢等这些问题，销售副总对销售管理标准化的价值做了重新思考。

通常来讲，每个地区都有一两个特别优秀的业务人员，每年都能超额完成销售任务。但同时，各个地区也有完不成任务的业务员，有的甚至完成不到 50%。以往都是对连续不能完成业绩的业务员进行淘汰，但单单靠更换业务员效率是非常低的。首先电子测试测量行业业务员招聘就不是非常容易，有些地区半年招不到人是非常常见的现象。没有人更谈不上完成业绩。所以造成地区经理不敢轻易淘汰业务员，即便只能完成 50% 也比没有这 50% 要强。另外，一个新的业务员最快也要 6 个月才能出业绩，一年的成长期是平均水平。那么如何才能拉升业务员整体销售水平呢？不求达到优秀业务员水平，即使能从不及格拉升到平均分，对于地区业绩会有非常大的提升。

针对地区经理短缺及新经理培养问题，建立地区经理的管理标准化无疑是解决的途径之一。以往对于地区的管理，事业部通常只是关注业绩结果。对于从外部招聘的地区经理，销售过程管理更多依赖其以往的团队管理经验。有些地区经理是从团队内部提拔的，以往没有销售管理经验，这时要么依葫芦画瓢，以前的经理怎么管自己就怎么管，要么就凭自己的悟性，建立自己的管理方式。如此一来，对于公司来说，新任地区经理的成功就变得非常玄幻。运气好，新招聘或内部提拔的经理能力和悟性都还不错，那么地区业绩和团队都没什么问题。但是一旦运气不好，只能眼睁睁地看着业绩滑落，几年后再换一个地区经理，甚至再干掉半个团队。

对于销售副总来说，如果想让地区的销售能力拉升到平均水平，让新的地区业绩能更稳健地发展，势必要对销售过程和销售管理工作进行标准化。

1. 建立销售过程 SOP

为了拉升业务员整体销售水平，销售副总请 OBS 办公室组织改善活动，尝试建立面向销售过程的标准作业。这次改善旨在萃取优秀业务员的成功销售经验，建立销售过程的业务员操作标准。同时通过体系梳理和共创，大家相互学习工作经验，提升业务水平。

改善活动的参加人员包括全部地区经理、优秀业务员代表、新员工代表，以及包括创新事业部经理在内的全部事业部经理。改善活动一共分两次共 4 天。活动目标是完成业务员销售过程标准作业。

第一步，大家明确了标准作业中需要梳理的销售过程阶段。经过讨论，跟 CRM 下销售阶段相比，增加了交付验收及收款阶段。标准作业需要在以下几个阶段进行业务处理，见表 1-9。

表 1-9   销 售 机 会 阶 段

序号	阶段
1	客户接触及需求发现，10%
2	需求跟进，30%
3	方案确定，50%
4	报价及竞争，70%
5	商务谈判及合同签订，100%
6	交付验收及收款

第二步，在这几个阶段中，梳理每个阶段对应的客户需求是什么。包括：客户采购项目管理过程、客户在采购过程中的工作内容、客户不同阶段的标志性事件。

以"10%，客户接触及需求发现"阶段为例，客户有哪些标志性事件呢？经过讨论，大家列出了客户有可能的动作，见表 1-10。

表 1-10   在 10%阶段客户标志性事件

序号	标志性事件
1	有购买意向，主动了解行业新动向、竞争产品
2	新建大楼、实验室改造、设备陈旧、实验超负荷运转有技术改造需求
3	由政府或投资方特别拨款或投资并购
4	公司发展扩张需求和技术人员招聘，会有潜在购买需求
5	有初步预算计划
6	需要对现有设备进行售后服务或培训（有潜在更新换代设备等）。通过了解客户在这些方面的动作，可以及时发现客户采购需求，并判定是否是真实有效的

针对客户可能的动作，梳理东方中科的业务员应该在这个阶段做什么，来为客户提供服务，解决客户需求。在客户需求确定阶段，业务员需要做的工作见表 1-11。

表 1-11 　　　　　　　　　　　　**10%阶段业务员工作任务**

业务员的工作任务
（1）开拓客户： ①线下活动获客；②市场资源获客；③厂商资源获客；④客户资源获客；⑤网络信息获客；⑥陌生拜访；⑦存量客户挖掘
（2）了解客户背景信息： ①客户所在行业的分析；②客户行业位置；③经营规模；④客户应用或研发方向；⑤资金状况、资金来源、预算情况；⑥客户组织架构
（3）客户联系人信息收集和筛选、关键人物信息（决策链）： 使用人、采购、决策者、内线（整个决策链的挖掘）
（4）联系客户，预约拜访，找到业务有效联系人
（5）建立公司形象和差异化，让客户了解我们
（6）了解客户需求：预算、研发方向、资金来源、购买时间、项目周期、现有测试手段、历史采购模式
（7）了解客户痛点，启发客户的潜在需求，为客户提供初步产品和技术方案
（8）了解需求的优先级和项目时间节点
（9）向厂商报备，寻求支持，屏蔽竞争
（10）处理被动的销售机会，在销售漏斗工具中建立销售机会项目

表 1-11 这些动作就是业务员在第一阶段进行的标准化操作步骤。这些操作并不是每个销售线索全部都需要做，而是根据销售项目大小、客户采购方式等做操作参考。

在此基础上，进一步梳理在这个阶段业务员需要的资源、涉及公司的流程和制度，见表 1-12。

表 1-12 　　　　　　　　　　　　**其　他　内　容**

需要的资源	公司内部流程	公司规范和制度
（1）市场部提供客户联系人信息。 （2）BD 和厂商对于行业应用的指引。 （3）AE、厂家、市场部客户端研讨会的支持	（1）CRM 销售机会录入。 （2）客户信用评定申请流程。 （3）客户主数据申请	（1）CRM 直销业务员操作手册。 （2）《客户信用管理办法》。 （3）各厂商报备填写规范

最终形成销售过程标准作业，见图 1-21。

东方中科销售过程标准作业							
岗位	**销售工程师、高级销售工程师**						
主要工作描述	(1)根据客户在企业采购过程的各个阶段所做的相关工作，业务员应做的工作任务。 (2)协调公司内部资源，达成各个阶段工作目标。 (3)随着各个阶段工作推进，达成业绩完成。 (4)在销售过程的各个阶段完成公司内部流程						
开始条件	获客及客户接触						
影响程度	影响个人及地区业绩达成						
注意事项							
检查点							
销售阶段	业务员的工作任务	需要的资源	公司内部流程	公司规范和制度	客户采购项目管理过程	客户在采购过程中的工作内容	客户不同阶段的标志性事件
10% 客户接触及需求发现					客户需求确定		

图 1-21　销售过程标准作业示意图

在完成了业务员销售过程标准作业后，大家讨论了在整个销售过程中的难点，其中在需求发现和需求跟进阶段，"关键联系人"发挥的价值最大。那么如何找到关键联系人，并建立信任呢？针对这个难点，大家开发了销售指引，从获客、获取第一联系人、加强客户深入建立关键联系人关系、客户关系维护几个阶段给出了动作指引，见图1-22。

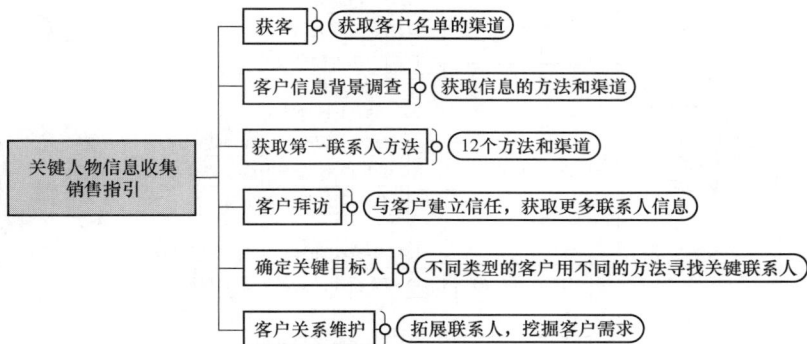

图 1-22　销售指引

在完成两轮标准作业梳理和完善之后，形成了第一版的东方中科销售过程标准作业，并完成了获取关键联系人的销售指引。随后在各地区内部开展了对业务员的培训。标准作业和指引运用比较有代表性的是上海一个销售地区。2021年这个地区由于人员流动，地区新招聘了4名业务员，团队成员全部为新业务员。地区经理使用标准作业和销售指引来培训新员工获得了非常好的效果，不仅地区经理感觉培训起来非常轻松，有明确的工作要求给到新员工，新员工拿着标准作业对销售阶段的各项工作内容也能快速了解，上手也很快。在2021年这个地区并没有因为团队全部为新员工而丢掉业绩，顺利地完成了年度销售任务。

2. 销售相关岗位职责任务大纲标准化

长期以来，东方中科一直存在销售管理错位的问题。例如地区经理自己做销售，忙着替业务员签单；事业部经理直接管到地区业务员，指导客户跑动，检查销售机会；应用工程师（AE）帮业务员跟进销售机会，客户要签合同了，业务员才接手。错位带来的后果就是各岗位不能各司其职，该干的没干好，或者根本就没干。但是什么是该干的呢？该干的事情通常领导和员工想得并不一致。解决这个问题还是要回到标准作业上，要把岗位职责进行标准化。

OBS 岗位职责标准化是新开发的一个 OBS 工具，与传统的人事部门工作职责说明书并不相同，包括了以下内容：

（1）这个岗位的职责有哪些？岗位职责是这个岗位该干的核心工作。比如对于地区经理就包括 5 个岗位职责：制订地区规划、管理团队、管理销售过程、管理产品，以及管理客户。对于地区经理来说，必须要做的事情就是围绕这 5 个岗位职责展开。

（2）地区经理职责任务见图 1-23。针对一个职责，需要进行不同的任务，才能完成这个工作职责。以地区经理"管理团队"职责为例，在管理团队职责下有 3 个任务，包括招聘人员、培养人员及建设团队文化。通过实施这 3 个任务才能完成管理团队的职责。

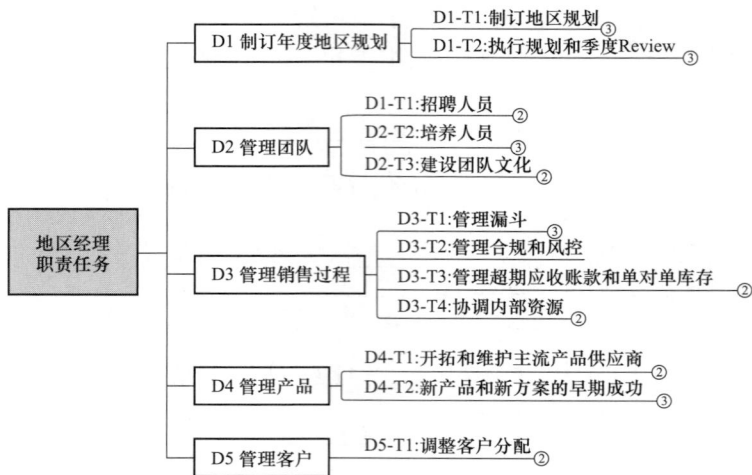

图 1-23　地区经理职责任务

（3）每个任务的任务大纲，见图 1-24。任务大纲包括：任务说明、子任务及任务评价。任务说明也就是针对每个任务，再进一步分解到子任务。以"培养人员"这个任务举例，通过"对销售人员实施培训""对销售人员提供实战帮助与指导""团队员工评价及奖惩"三个子任务去实现培养人员。到子任务并没有结束，还需要进一步梳理子任务中的动作，就是类似标准作业的关键步骤。比如"对销售人员提供实战帮助与指导"应该如何进行呢？总共需要完成 4 个动作：①指导销售做好拜访计划，写好拜访报告；②有针对性地陪同销售拜访客户；③拜访完毕进行复盘，总结销售过程中的得与失，分享客户分析的思路；④持续观察销售下一阶段的拜访情况。有了动作，不论是新经理，还是以往对此部分任务做得不好的地区经理，都可以得到非常明确的指导。

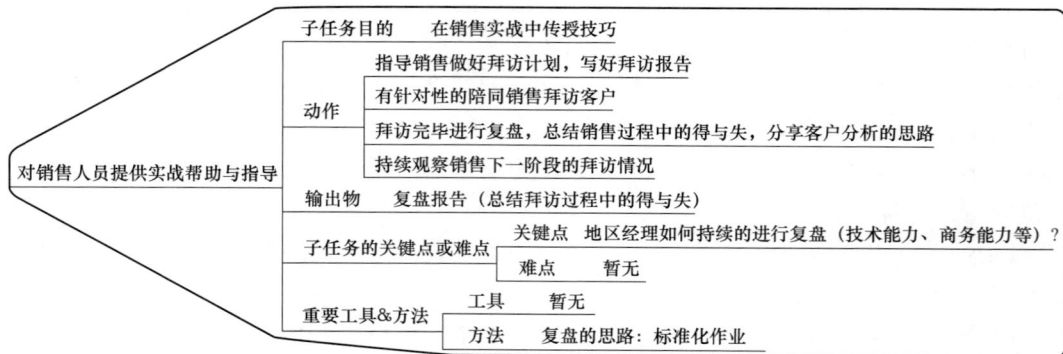

图 1-24　任务大纲

在梳理地区经理的岗位职责任务大纲后，又对事业部经理和应用工程师进行了岗位职责大纲梳理。梳理之后，大家非常明确自己的工作职责和工作方向，避免错位管理，各司其职。

1.4.2 2021 年战略部署推进

1. 通过实施标准化实现效率提升

2021 年战略部署聚焦在创新业务的发展和全面推进标准化工作上。公司运营效率提升定位在流程优化和标准化实施上，制定的优先改善项为"通过建立和实施增值销售标准化流程提升公司运营效率"，并分解为三个年度突破目标：

（1）易捷业务总销售额提升 30%。

（2）备货库存周转天数提升 15%。

（3）增值销售应收账款周转天数提升 15%。

针对一级战略部署目标，有针对性地进行了二级分解，并制订了二级战略部署目标。

（1）易捷业务人效提升 15%；通过人效的提升支持整体易捷业务的业绩提升。

（2）超期六个月库存金额对比 2020 年降低 50%；通过降低超期库存金额提升库存周转率。

（3）超期六个月应收账款金额对比 2020 年降低 50%；同样通过降低超期应收金额提升应收周转率。

2021 年运营效率提升总体完成的情况还是可以的，一级战略部署目标达成情况见表 1-13，二级战略部署目标达成情况见表 1-14。

表 1-13　　　　　　　　　　一级战略部署目标达成情况

一级战略部署优先改善项	一级年度指标	实际达成
通过建立和实施增值销售标准化流程提升公司运营效率	易捷业务总销售额较 2020 年提升 30%	达成，提升 41%
	备货库存周转率提升 15%	达成，提升 30%
	增值销售应收账款周转率提升 15%	未达成，提升 4%

表 1-14　　　　　　　　　　二级战略部署目标达成情况

二级战略部署优先改善项	二级年度指标	实际达成
通过建立和实施标准化流程提升易捷业务整体效率	易捷业务人效提升 15%	达成，提升 30%
通过建立和实施标准化备货管理体系提升库存周转率	超期六个月库存金额对比 2020 年降低 50%	未达成，降低 30%
通过建立和实施应收账款管理体系提高资金效率	超期 6 个月应收账款金额对比 2020 年降低 50%	未达成，降低 15%

虽然一级和二级战略部署目标没有完全达成，但是对于战略部署的回顾方法做了摸索，建立了战略部署回顾和审查机制，并形成了标准会议流程。定期的回顾，支持了战略部署的推进，并对目标达成有着积极的帮助。

2. 建立战略部署回顾及审查会议标准流程

在 2019 年，公司没有进行战略部署月度回顾工作，仅在年底进行了战略部署年度回顾。到 2020 年，有意识地进行了战略部署回顾的推进，但总体效果不好。回顾的目的是什么？应该怎么回顾？如何才能达到预期？这些都需要好好梳理一下。2021 年在推进标准化的总体工作安排下，启动了战略部署回顾的标准化工作。

按照战略部署的实际工作，战略部署回顾主要分为团队回顾和上级负责人审查两部分。因此将战略部署回顾流程分为了战略部署回顾会议流程和战略部署审查会议流程。

1．战略部署回顾会议流程

（1）明确什么是战略部署回顾。战略部署回顾是指优先改善项负责人组织团队成员对负责的项目进行月度回顾，对标月度目标，查看是否达标，以及目前的趋势是什么。如果是好的结果，要分析这个结果是不是因为新的流程或通过流程的改善所带来的，是不是可持续的。如果未达标，则要查找原因，回顾年初制订的行动计划。如果有计划未执行，就要检讨未执行的原因，并制订下一步计划。如果执行了计划但没有达到预期的效果，要反思计划制订的有效性，是哪里没有考虑到，通过积累，可以提升员工思考问题和制订计划的能力。同时，通过月度回顾会的形式，让每个团队成员有机会锻炼思考问题和解决问题的方法，提升员工的能力，在出现偏差的时候制订纠偏行动计划，确保后续能通过纠偏措施实现目标。

（2）建立战略部署月度回顾流程。战略部署回顾是通过月度会议的形式展开的，所以需要对回顾会的内容进行标准化梳理。

1）第一步要明确会议的目的，目的清晰，内容才能围绕目的展开。组织战略部署回顾会的目的是两个，一个是定期回顾战略部署行动计划执行、落实和目标达成情况，重点对未达标项进行根本原因分析，制订纠偏措施和行动方案；另一个是通过标准化战略部署管理的流程，提高员工发现和解决问题的能力，帮助员工成长。

2）在明确了会议目的之后，要确定会议的目标，即会议结束后的输出成果。明确输出结果才能提高会议效率，否则容易因为讨论得太过发散造成无效会议。战略部署回顾会的主要目标是对未达标项找到根本原因，团队成员对纠偏措施和行动计划达成共识。

3）明确会议前的准备工作。首先要更新"保龄球"数据，直观了解目前达成情况。如未达标，检查行动计划的执行情况，并对现状进行调研，将调研结果呈现到会议上，而不是开会的时候一问三不知。

在战略部署的回顾会上，首先回顾一下战略部署矩阵，重新回顾战略突破方向和目标，不忘初心。然后通报当月目标达成情况。如果当月达标，要思考这个结果是不是因为流程的改善而实现的，下个月能否继续维持达标？如果不是由改善带来的达标结果，要分析什么使这个月达标了，下个月能否维持。如果当月未达标，要检查行动计划的完成情况。通常有三种情况：①行动计划中没有改善计划。那这个时候需要检讨之前做行动计划的时候为什么忽略了，并弥补行动计划；②有行动计划但未执行。这时需要检讨未执行的原因，是时间问题、资源问题还是意愿问题，并根据未执行的原因讨论后续补救措施；③最常见的是有计划也执行了，但是没有达到预期的效果。这个时候需要对问题进行分析，查找根本原因。在会前准备的时候，行动计划负责人应该已经对此问题进行了相关准备，针对负责人提出的问题原因和行动计划团队一起出谋划策。这个阶段也是大家相互学习成长的机会。如果是比较复杂的问题，可能要安排专项问题解决改善。在回顾完行动计划后，整体的回顾会就基本完成了。

　　会议结束前，更新行动计划，并确定下一次会议时间，会后发送会议纪要。战略部署回顾会会议流程见表 1-15。

表 1-15　　　　　　　　　　　　　战略部署回顾会会议流程

会议名称	战略部署回顾会
会议目的	（1）定期回顾战略部署行动计划执行、落实和目标达成情况：目标达成及趋势分析，对未达标项进行根本原因分析，制订纠偏措施和行动方案。 （2）标准化战略部署管理的流程，提高人员发现和解决问题的能力，提高工作效率，帮助员工成长
会议目标	（1）对未达标项找到根本原因，制订纠偏措施和行动计划。 （2）完成战略部署审查汇报文件
会议时间	每月 10 日左右
参加人员	战略部署项目回顾团队、相关人员
会议纪律	（1）准时提交资料，准时参会。 （2）手机静音，会议期间除会议记录者和数据提供者外，其他人不使用电脑，不接打手机

会议流程

步骤	内容	要求	负责人	目的/预计达成目标	计划时长（min）	标准化内容
备 1	更新"保龄球图"数据	更新"保龄球图"（关账后第二个工作日）	战略部署项目负责人	了解目前问题及趋势		"保龄球图表"
备 2	根据达标情况，团队成员会前进行思考和调研	达标：检查是不是因为改善而达标，能否维持达标。 未达标：检查行动计划执行情况，做调研	团队成员	了解现状		
1	回顾战略部署矩阵	快速回顾战略部署矩阵，把握方向、明确目标	战略部署项目负责人	把握方向，明确目标	2	"战略部署矩阵"
2	通报"保龄球图"目标数据达成及趋势情况	通报"保龄球图"目标数据达成及趋势情况	战略部署项目负责人	了解现状	3	"保龄球图表"
3	对达标/未达标情况进行分析讨论，未达标项制订纠偏措施和行动计划	问题讨论 （1）红灯：检查行动计划。 1）没有计划——补充行动计划。 2）有计划没执行——原因，后续行动计划。 3）执行没效果——根本原因，行动计划。如是复杂问题需安排 PSP 专题改善计划。 （2）绿灯：达标分析。 1）是否是因为改善而达标，能否维持达标。 2）如跟改善没关系，分析能否维持达标。 3）更新行动计划	行动计划负责人	清晰定义问题，找到根本原因制订纠偏措施和行动方案	120	"行动计划"

续表

步骤	内容	要求	负责人	目的/预计达成目标	计划时长（min）	标准化内容
4	重点工作部署	确认下一步需要跟进重点工作，相关负责人员达成共识	战略部署项目负责人		10	"会议纪要"
5	确认下一次会议时间	发布会议通知给参会人员	会议记录人			"会议纪要"
6	发送"会议纪要"	完成"会议纪要"发送给相关人员（团队成员、OBS 办公室、上级领导）	会议记录人		5	"会议纪要"
合计					140	

2．战略部署审查会议

战略部署回顾会是优先改善项团队内部会议，旨在找出差距和问题的根本原因，并制订纠偏计划。而战略部署审查会议，是从上一级战略部署角度，审查各优先改善项的推动进展，并协调公司资源。战略部署审查会议在每个月的战略部署回顾会之后进行。

（1）战略部署审查会议的目的包括审查战略部署行动计划执行、落实和目标达成情况；评估具体项目和行动计划的有效性；评估整体改进流程的有效性；还有根据问题的重要紧急程度协调资源。

（2）战略部署审查会议的目标是改善团队就改善措施和行动计划达成共识。

（3）战略部署审查会之前，各战略部署项目负责人需要提前按照汇报模板准备汇报 PPT，内容包括战略部署矩阵、保龄球图、达成原因报告或未达成原因分析及纠偏措施。如是二级战略部署审查会议，还需提交行动计划完成情况。

（4）战略部署审查会议是对战略部署审查团队的一次刻意练习，不是直接给团队答案，而是通过提问的方式，了解团队项目推进进展和存在的问题，评估其行动方案。例如审查者可以向优先改善项负责人询问以下问题：目标是否是通过改善可持续的业务流程达到的？好的结果将来是否可持续？达成结果的流程是什么？不好的结果的原因是什么？是否有足够的资源安排给战略部署的项目？改进的流程是否足够？是否创造了一个学习型组织和文化？

以上这些问题一方面可以帮助审查者避免陷入到团队问题当中，直接帮助团队解决问题，另一方面，可以让优先改善项负责人思考项目推进得是否健康，达标是否是偶然发生的，是否可持续。

战略部署回顾和审查对战略部署推进至关重要。通过对两级会议流程的标准化，规范了战略部署回顾的工作内容和重点，为战略部署全体团队成员提供了推进方法，并在过程中得到学习和锻炼。

1.4.3　2021 年 OBS 工作复盘

1．全面推动标准化工作

2021 年，OBS 核心重点放在全面推动公司标准化建设上，共组织标准化改善 24 次，涉及 194 人次,培养改善组长 25 人。在 24 次标准化改善需求中,来自战略部署的改善需求有 4 个,按照标准化中长期规划推进的有 9 个。随着标准化工作的推进,标准化工作从 OBS 办公室推动逐步转变为需求拉动,全年部门内部建立标准化工作需求有 11 个,见图 1-25。

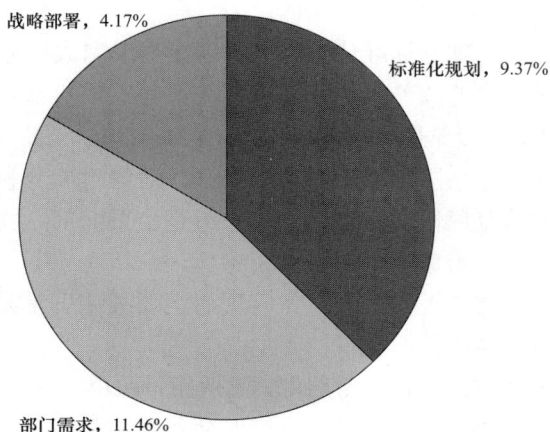

图 1-25　2021 年改善统计

在 24 次标准化改善中,建立标准作业 SOP15 次,主要涉及与战略部署相关的备货流程,以及增值销售价值链中采购、会计、物流等流程,见图 1-26。通过 BPA 全流程梳理 3 次,包括战略部署相关的易捷业务价值链全流程梳理,以及租赁业务价值链全流程梳理。岗位职责标准化 5 次,包括地区经理岗位职责标准化、事业部总经理岗位职责标准化、应用工程师岗位职责标准化、采购部及物流部经理岗位职责标准化,以及 OBS 执行经理岗位职责标准化。另有 1 次地区周例会会议流程标准化。

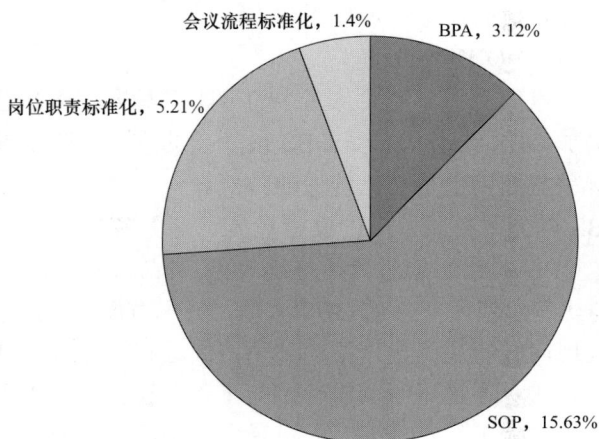

图 1-26　标准化改善统计

标准化工作的推动帮助部门和公司提升了工作质量,并对精益文化的推广起到了积极的影响。

2．尝试建立日常管理体系

日常管理、战略部署和解决问题是推动持续改善的重要工具。战略部署解决的是突破，是增量。而日常管理解决的是关键绩效，是存量。不论是战略部署还是日常管理不达标时，都需要通过解决问题的工具来纠偏。

建立日常管理体系的基础是标准化工作。所以在尚未完成标准化工作之前，OBS办公室一直没有启动日常管理的改善。2021年下半年，随着增值销售价值链标准化工作基本完成，8月份尝试启动了日常管理体系建立。

此次启动的日常管理体系围绕着准时交货展开。面向对象分为两组，一组是由采购主管和采购员组成的采购流程日常管理组；另一组是由采购部、物流部、商务部和会计部经理组成的准时交货日常管理组。

（1）采购流程日常管理。采购流程日常管理组主要关注日常采购行为，检查标准作业执行情况，解决部门内部流程问题。

小组一共选择了3个指标进行日常跟踪，包括当日跟单完成情况、当日迟交货金额、加班小时数。希望通过加强跟单的质量提升准时交货率。

（2）准时交货日常管理。准时交货经理组主要关注准时交货的结果，根据出现的问题进行根本原因分析，并解决跨部门流程和效率问题。小组选择的指标也有三个，包括供应商延迟交货金额、单对单库存中因货未到齐无法发货的金额、发出商品中因货未到齐无法开具发票的金额。

由于工作时间问题，采购流程组并没有启动日常管理。准时交货日常管理组尝试进行了早会，并跟进了问题。但问题多集中在某个订单上，并不是从根本上解决问题，一个订单的问题解决了，下一个订单的问题又出现了。

日常管理在2021年进行了初步探索，建立了日常管理训练营的标准流程。在年底推进了应收管理和库存管理的日常管理体系建立。

3．通过多种途径推广OBS文化

文化的建立不是一蹴而就的，需要从多个角度、多种方式不断地宣传和实践。OBS是做出来的，所以参加OBS活动是感受OBS最直接的方式。除了参加改善活动，通过其他途径学习和了解精益知识也是文化传递的方式。

在2021年，OBS办公室拓展了多种渠道让员工有更多的机会接触到OBS。

（1）持续改善。OBS的核心思想就是持续改善。一方面通过OBS办公室组织改善活动，提升全员参与比例，使大家感受OBS文化，另一方面，通过战略部署、日常管理不断提出高目标、发现问题解决问题，推动公司持续改善，形成持续改善的文化。

（2）标准化工作推进。通过组织实施标准化工作，让员工感受到标准化带来工作的变化，并从中获益。标准化工作实施涉及人员最多，全程参加及部分参加的人员共超过300人次。学习和了解标准化工作是学习OBS的切入点。

（3）坚持改善汇报。不论是建立标准作业，还是流程梳理，所有的改善均安排改善汇报，并邀请公司高管参加。改善汇报不仅是改善团队成员一次改善成果的展示机会，也是对全体员工的一次 OBS 宣传。尤其在个人分享环节，参与改善的员工对改善活动和 OBS 每次都有不一样的收获，这对其他员工是一个积极的影响。

（4）东方精益公众号宣传。微信公众号目前是比较流行的宣传途径。组织好内容，让员工有兴趣阅读，可以为员工带来一点收获或启发，是东方精益公众号追求的目标。2021 年 OBS 办公室共发表公众号文章 15 篇，主要围绕着改善活动。后续还补充了一些精益管理的知识，让大家从多个渠道学习精益思想。

（5）读书分享。通过 OBS 办公室分享精益管理的相关书籍，是员工快速学习和感受 OBS 的途径。在 2021 年，OBS 分享了《精益人才梯队》《丰田套路》《高效 PDCA》等书籍，涉及员工超过 50 人。

（6）目视化应用。在办公室公共区域内，对绩效目标结果进行目视化展示，尤其是对已经建立日常管理体系的业务区域，展示日常管理结果，并共同探讨学习。

（7）增设 OBS 改善奖项。2021 年，OBS 办公室提出增设 3 个奖项。其中最佳改善组员和最佳改善组长是每季度评选，最佳改善奖为年度大奖。最佳改善组员重点鼓励在改善过程中主动思考，积极参与，勇于挑战的员工。评选范围为本季度所有参加改善的组员。候选人由改善组长提名，由 OBS 办公室选出 3 名获奖者。最佳改善组长重点考察在改善过程中是否可以有效组织改善活动，调动团队积极性，沟通协调，解决冲突。评选范围是为本季度所有改善团队的组长。候选人由 OBS 办公室提名，由公司总裁办投票评选出 1 名优秀组长。年度最佳改善奖重点评估改善效果和为公司带来的价值。以改善团队为单位进行激励。最佳改善奖由 OBS 办公室提名，由公司总裁办评出。在 2021 年的实施过程中，奖项的设置对改善活动起到了非常积极的影响。

一个公司的文化不是一两天形成的，也不是通过某一件事或几件事就可以建立的，需要长期不断地坚持，并通过多种途径和渠道反复宣传、影响。OBS 办公室后续将继续开发宣传渠道，让 OBS 文化传播得更广。

1.5　三年精益实践总体成果

1.5.1　看得见和看不见的成果

1．业绩和运营效率均有大幅提升

截至 2021 年底，公司总体营收三年涨幅接近 60%，这个业绩增长速度远大于同行。这个结果一方面得益于大客户、行业化的持续推进，另外，建立销售管理体系也起着非常重要的促进作用。

从人均效率上看，人均销售额对比 2018 年增长超过 64%。一方面，流程优化提升效率，另一方面标准化工作对提升工作效率减少浪费起到积极的作用。

从运营效率来看，库存周转率比 2019 年提升超过 40%，超期六个月库存金额降低超过 50%。在大幅增加销售规模并且遭遇疫情冲击的同时，应收账款周转率维持在 2018 年同等水平。

从以上显现的数据看，推行精益管理的三年，在业绩突破、运营效率提升方面均有比较明显的表现。

2．公司标准化建设完成超过 50%

从公司整体业务流程体系看，在战略流程、业务流程和支持流程方面，标准化工作均有进展。在战略流程方面，对精益管理的流程进行了改善活动标准化、战略部署回顾标准化。在业务流程方面，对增值销售价值链、易捷销售价值链，以及科技租赁价值链均完成了 BPA 全业务流程梳理，流程标准作业完成率超过 70%。在支持流程方面，会计、人力资源、审计等流程均完成了标准作业，支持流程标准化总体完成率超过 30%。

同时，针对公司级别的月度运营例会、传统业务销售例会、传统业务事业部例会、地区周例会等都建立了标准会议流程，并制定了汇报模板，确保会议效率和内容质量。

3．多种 OBS 文化宣传展现形式

在公司总部，可以看到日常管理目视化墙，展现关于出入库情况，以及准时交货的结果情况。在总经理办公室，可以看到公司级别的目视化管理展示墙，针对关键指标、战略部署、创新业务进展等方面进行的九宫格展示。在地区，可以看到各个地区的业绩保龄球图，通过红绿灯展示地区业绩完成情况。

通过东方精益公众号，不仅可以关注公司开展的改善活动，还可以通过精益课堂进行专业知识的学习。OBS 奖项、改善汇报、读书分享等信息都可以随时进行查看。

4．看不见的成果

看得见的是业绩，是工具，是各种展现的成果，但看不见的成果对于 OBS 的推动更为重要。

首先，OBS 对员工看待问题方式的变化是看不见的，但是从员工参与 OBS 改善时的积极态度、开放的心态，都可以看到如今的员工已不会再说"你该做的""我该做的"，而是会思考"应该的方式是什么样的"。思考问题从"应该"出发，一定可以寻找到到达目标的路径。

其次，员工通过 OBS 改善活动来提升自身能力的诉求是看不到的。员工有强烈的参与改善的意愿，并在改善过程中有意识地提升组织能力、协调能力，以及解决问题的能力。改善活动给了员工一个展示才华的平台，不仅让员工崭露头角，也让管理人员从中发现优秀人才。

再有，OBS 对高管的影响也是看不见的。随着 OBS 的持续推进，不论从业绩表现，还是企业文化均有非常不错的结果。这给高管团队以信心，说明 OBS 不仅有方法、有工具，对结果是可以预期的，形成的方法论可以复制成功。这对公司未来并购整合将起到重要的支撑作用。

OBS 是东方中科战略工具，不断加强 OBS 体系建设，形成可输出的方法论和体系，是 OBS 办公室的使命和职责。

1.5.2 迈向精益转型下一个阶段

当 2018 年底东方中科决定要建立 OBS 的时候目的非常明确：第一，希望通过 OBS

的建设可以不断提升东方中科上市公司自身的管理水平,形成可复制的管理体系,实现业务的不断创新和业绩的持续成长,提效降本、利润提升;第二,希望在这个过程中实现对人才的快速培养,形成一批既有业务能力又有管理经验,同时熟悉管理体系建设的人才队伍;第三,希望通过人才和管理体系本身的输出,实现对投资并购公司运营能力的赋能,从而获得超额的回报。

要实现以上的目标,三年来围绕建立 OBS 做了哪些工作呢?

(1)改善工具的引入和开发。改善工具是 OBS 的基础,工具可以大大提升实现改善目标的概率。用对工具对实现改善效果来说至关重要。三年来,公司进行了工具的引入和开发,学习并实践了 DBS 的一些基础改善工具,包括 5S、标准作业、流程改善、战略部署等,同时在工具实践的过程中,对工具进行了针对东方中科业务特点的融合,使这些工具更好地落地和推广。在学习 DBS 工具的基础上,结合业务需要,开发并推广了新的改善工具,如 BPA 流程建模工具、销售流程、供应链管理等工具,三年来完成近 20 个工具开发,并不断实践。这些工具的开发是建立在东方中科业务流程改善基础之上的,都具有成功的实践经验,具有对外输出的基础,可以向其他公司复制。

(2)在人才培养方面,明确人才培养的载体是改善活动,通过积极参加改善活动来快速提升员工发现问题和解决问题的能力,学习和了解企业运营的逻辑,逐步形成可输出的人才队伍。在 OBS 改善团队成员的选择上,会优先选择公司重点培养对象,同时也尽可能让更多的员工参加改善活动,学习和了解 OBS 工具和改善的理念。

(3)在 OBS 工作推广过程中,非常重视精益文化的建设。文化的建立不是一蹴而就的,需要相对较长的时间来形成。同时文化也不是可以通过一个或几个活动就能建立起来的,所以从多角度、全方位地推进文化建设至关重要。为了更好地推广精益文化,我们也做了很多的工作,从多角度、多渠道、全方位来去做文化宣传,例如公众号文章发布、持续改善、工作标准化等,还有定期的最佳改善组员、最佳改善组长、年度最佳改善奖等都是文化推广的途径。此外还定期举办精益读书分享,让大家更近距离地去感受改善文化,当然最重要的还是要参加改善。

总体来讲,这三年东方中科围绕着工具、人才和文化做了一些工作,整体有以下几个特点。

(1)改善以工具培训为主。前三年大家对 OBS 不完全了解,从一开始的改善活动引入新的工具让大家学习,然后慢慢地对工具有了解,再结合自己的业务产生一些改善需求,所以,我们更多的是围绕工具去培训和学习。

(2)改善以 OBS 办公室的推动为主导。改善需求更多的是依赖于 OBS 办公室去发现,或者根据公司的战略部署、各部门的年度规划,以及在公司运营的过程当中去发现一些问题,然后去生成一些改善需求,去推动我们的改善。所以整个的改善更多的是以 OBS 办公室来推动。

(3)改善都是以改善项目的方式驱动的。例如具体到超期库存的问题,就组织一个超期库存的改善。没有标准作业就做一个建立标准作业的改善等。

以上的这些特征都是企业精益转型初期的明显特征。根据前辈总结的经验,通常来说企业精益转型一共会经历三个阶段：

第一个阶段为工具阶段，这个阶段以工具培训为主，特点就是项目驱动。可以说东方中科前三年就处于这个阶段。

第二个阶段为流程阶段，也就是要更重视于工具应用，并建立精益管理的流程。这也是东方中科下一步要努力的方向。

第三个阶段为通过文化和价值观形成公司的运营体系，真正成为商业系统（businesses system）。

目前，东方中科正处于一个从工具阶段到流程阶段的时期。我们需要通过一定的方法把公司的精益阶段从工具阶段过渡到流程阶段。

因此，我们要建立一个流程化的 OBS，从过去点对点的改善到有体系、有方法地运营 OBS。这样在未来为分子公司赋能的时候，就可以通过复制管理流程和 OBS 体系，快速提升分子公司运营能力。

第 2 章　建立可复制的 OBS 体系和流程

什么是管理体系？什么是 OBS？

管理体系对于一个企业来讲就类似于操作系统对于我们的电脑。对于一台电脑来讲，首先要有完备的硬件，包括硬盘、内存、CPU 等；其次，硬件要想正常发挥作用，需要有操作系统，不论是 Windows、Linux，还是 iOS，只有操作系统可以把电脑的硬件调用起来，正常地运转；然后，要想电脑帮助人们完成任务，在操作系统上要安装应用软件，如 Word、Excel、PPT 等，这些应用软件可以帮我们完成工作任务，包括写文档，做表格等。

对一个企业来讲，员工就好像电脑的硬件，有个人的能力，有工作职责；业务活动可以看作是电脑的应用需求，例如会计记账、产品研发、合同签订等，而应用软件是业务流程；企业的管理体系就是电脑的操作系统。业务需求能否满足、工作目标是否能高效地完成，均取决于公司的管理系统。

一个好的操作系统和一个好的管理体系有很多类似之处，例如：

（1）好的操作系统是高效的。相同配置的电脑（例如同样的 CPU、同样的内存、同样的硬盘）安装不同的操作系统之后体现出来的效率是不一样的。比如在相同的电脑配置下，iOS 的运转效率明显比 Windows 要高很多。

对于一个好的管理体系来讲，企业管理体系依赖于流程，而不是依赖于个人，不能完全依赖个人能力的高低去完成企业的任务，这样会造成企业运营的不确定性，管理风险比较高。但如果企业依靠流程来完成任务，就可以把整体的运营水平稳定在标准状态，然后再不断地提升运营效率，减少业务的风险。

（2）好的操作系统是可以复制的。管理体系也可以进行复制。通过管理流程的标准化，就可以把标准化管理流程复制到分子公司。

（3）操作系统是可以升级的。比如 Windows 从 Win7 到 Win10、Win11，它是一级一级不断完善和迭代，修复自身的缺陷，同时应对电脑硬件的发展。对于一个好的管理系统也应具备这样的特征，可以通过系统的评估和管理流程的优化，不断弥补自身的缺陷，实现管理体系的迭代升级，同时也可以适应企业的发展。

以上用电脑的操作系统与管理体系进行了类比，以便大家更好地了解什么是管理体系。那什么是 OBS 呢？OBS 是东方中科高效的管理系统，是一个流程化的、可以迭代的，也是可复制的管理体系。

为了更方便地理解 OBS 体系，我们将其用一张图（见图 2-1）来说明。

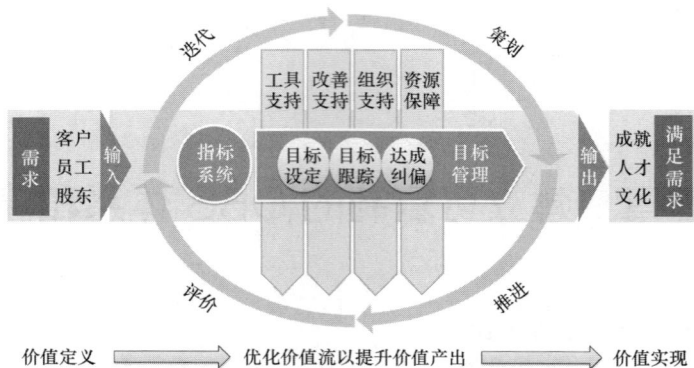

图 2-1　OBS 体系

OBS 体系有以下几个组成部分：①管理对象；②体系的输入和输出；③体系的三大静态系统，即指标系统、目标系统和支持系统；④体系的运营流程。

2.1　OBS 管理对象、输入、输出

2.1.1　OBS 管理对象

精益管理体系跟传统管理体系最大差别是管理的对象。传统的管理体系更多是管理 KPI，管理的是结果。而在精益体系中，第一个精益原则就是识别价值。OBS 的管理对象就是价值。通过定义价值，构建价值流并不断优化和改善，从而实现公司的价值。

2.1.2　OBS 体系输入

OBS 体系的输入是各方面的需求。这些需求包括企业的发展需求、员工的成长的需求、相关利益方的需求等。客户、员工和股东等各方面的需求是 OBS 体系的输入。

2.1.3　OBS 体系输出

体系的产出是通过 OBS 的运营来实现公司的成就。通过提效降本提升公司的利润，通过创新实现公司的发展。员工通过这样一个运营体系，通过实践改善活动提升发现问题和解决问题的能力，实现个人的成长，同时企业获得人才，并建立起学习型组织，形成持续改善，不断进取的文化。这些都与竞争对手之间形成无法超越的壁垒。

2.2　OBS 三大静态系统

OBS 体系包括指标系统、目标系统和支持系统三大静态系统。三大静态系统是为了让体系在正确的轨道上顺畅地运转。

2.2.1　指标系统

指标系统是管理指标建立和分解的标准和流程。为什么说它是静态系统呢？因为指标系统更多的是指标的定义。例如一个指标定义什么？指标关注重点是什么？指标分解规则、方法和流程是什么？指标系统可以理解为是一个指标模型及指标定义库。

指标系统的来源就是 OBS 体系的输入，即客户、员工及股东的需求，也就是说把各方需求转化成指标。

相关方就是包括股东在内的利益相关方。优秀的市场业绩可以分解为公司的财务指标。客户的需求是高效优质的服务，可以分解到产品质量、客户交付等相关指标。管理者代表的是公司的管理层，管理层的需求是人才的培养，这些要分解到过程指标，也就是员工在参与经营活动过程中的培养。再有就是员工的需求。员工希望成长，有更好的发展空间。这些可以分解为人员发展指标，例如内部晋升等。

需求转化成的指标就是 OBS 运营的驱动力，它是客户需求所定义的客户价值的直接体现，并通过战略部署、日常管理等工具分解至各部门。因此说，指标系统是分级的。

指标系统首先定义公司的指标，然后一级一级分解，最终要分解到个人。也就是说，每个人都与公司的目标是相联系的。

例如，公司今年销售收入目标分解到事业部，然后到各地区，最后到业务员。销售任务分解是最简单的一个指标，但单一的销售任务指标是不能实现指标系统的价值的。

指标系统实现的是价值具象化。它关注的不是单项目标的达成，而是目标达成率的变化所代表的组织管理能力的提升。也就是说，公司要的不是单纯的毛利任务，而是在达成任务的过程中需要的能力，这些能力都需要进行指标分解。

例如还用刚才提到的销售收入分解的例子。指标要一级一级拆分到个人，如果只分解销售收入的任务，其实这一个指标代表不了这个员工和这个团队的能力。那指标要如何去体现一个组织的能力呢？指标分解示例见图 2-2。

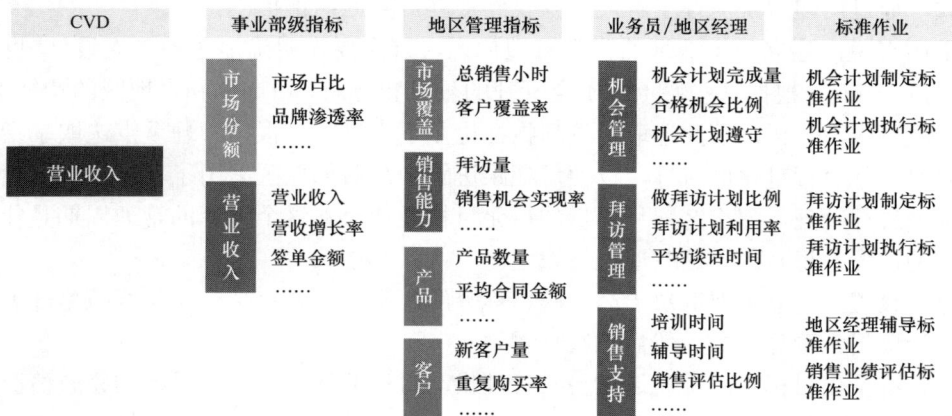

图 2-2　指标分解

例如公司在 CVD（关键价值驱动力）中有营业收入这样一个指标，那么到了事业部一级，需要把它分解成市场份额、营业收入等方面的指标，如营业收入、营收增长率等都反映了营收的情况。

分解到地区的时候，需要从市场覆盖、销售能力、产品及客户等方面做进一步的分解，通过这些指标支持营业收入指标，例如影响销售能力的指标有客户拜访量、销售机会的实现率等。

要实现销售机会实现率的指标，针对业务员需要分解到客户的拜访量、计划的完成比例等，地区经理也有销售支持对应的指标，如辅导业务员的时间、销售评估的质量等。这些指标就分解到了个人，不论是业务员还是地区经理，有可能还有相关部门的同事。

当指标分解到个人时，必须有标准作业的支持。例如客户拜访前需要制订客户拜访计划，那么需要制订拜访计划的标准作业。

从业务员到地区经理再到事业部经理，这样一级一级去支撑，才有可能完成公司营业收入的总目标，这个指标体系代表了组织的销售管理能力，也就是靠体系去完成我们的目标。

指标是固定的，但每个组织的选取是不固定的。例如销售管理指标的指标系统里可能包含几十个指标，但各个组织需要根据每个地区的特点关注相应的指标。比如新地区跟老地区关注的指标肯定是不一样的，这就需要建立指标分解的标准和流程。

指标系统代表了公司的管理成熟度，知道有哪些指标，用哪些指标是一个公司的经验积累。因此，指标系统的建立是个经验积累的过程，并不断完善和迭代。指标系统对分子公司赋能是非常好的参考。

2.2.2　目标系统

三大静态系统的另一个系统是目标系统。目标系统的主要职责是根据管理目标选取管理指标，然后针对指标设置量化目标，并对目标的达成情况进行跟进。当目标未达成的时候，通过问题解决流程了解现状并找到根因，实施纠偏措施。

举例来说，建立一个地区的日常管理体系，首先要先明确地区的"人设"，也就是地区特点、特征，根据这些特点来确定管理的重点和方向。新地区和老地区的特征不同，管理的重点也不一样，因此选取的管理指标也是不一样的。根据管理重点选取了指标之后，要对指标设置量化的目标，以便后期跟进管理。假如地区采用了"客户拜访量"这个指标来进行管理，那么客户拜访量的量化目标是什么？这个目标的管理周期是什么？是每周的，还是每月的？这些要进行设定。

目标设置的高度主要取决于公司的目标分解，主要来源包括公司年度战略部署目标及公司年度日常管理目标，然后逐级分解。

设定好量化目标之后，要通过日常管理推动目标的达成，跟进目标的完成情况。比如"客户拜访量"的量化目标是每周 3 次，那么当每周回访的时候，要检查上周客户拜访的情况。

目标跟进也是分级别的，从下至上逐级跟进并确保达标，最终才能确保公司的关键需求得到满足。从个人标准作业执行，到部门日常管理达成，再到业务域目标达成，然后公司目标达成，最终实现 CVD 的达成，目标示意图见图 2-3。

图 2-3　目标跟进示意图

当未达成目标时，理解现状与目标之间的差距，并将这一差距作为管理提升的动力，拉动各部门进行改善。未达成纠偏示意图见图 2-4。

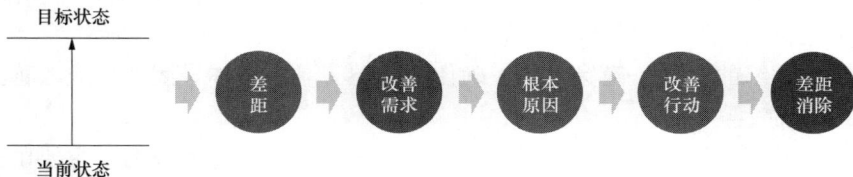

图 2-4　未达成纠偏示意图

当当前状态跟目标状态之间出现差距时，就产生一个改善需求。在纠偏的过程当中，要从根本原因上纠偏，然后消除差距，消除差距以后让结果追上目标。如果没有完成任务，要了解未达成的原因，是客户拜访计划的问题？还是时间管理的问题？还是员工能力的问题？然后针对不同的问题进行改善，让结果回归预期。

所以改善要回到流程上，从根本上解决问题。

2.2.3　支持系统

三大静态系统中的第三个是支持系统。支持系统是为了保证 OBS 体系顺利运转所需要的机制、保障、资源、工具和流程等。

1．工具支持

有工具才能更高效地开展改善活动。工具支持包括工具开发流程和工具标准化。在精益转型过程中，改善工具体系需要不断的补充和完善。根据业务发展特点和业务改善的需求，需要不断地开发新的工具。开发新工具本身需要有标准的流程，要确定工具的目的，以及工具改善后的输出结果。工具的标准化是为了更好地让工具发挥作用，让工具的实施过程更加标准，以确保最大程度地发挥工具的有效性。

2．改善支持

改善需要有标准的流程，最大程度提升改善效果。改善一般分为三阶段：改善活动准备阶段、改善活动实施阶段和改善效果跟进阶段。

（1）改善活动准备阶段。通常改善活动需要提前四周启动改善准备工作。其内容主要包括明确改善活动主题、范围和目标，与需求负责人达成共识；组建改善团队，确定改善组长，做好改善活动计划、团队成员分工等工作，还需要做好与改善团队、支援团队、基层员工和高层的沟通；走入现场，掌握流程和问题的真实情况，收集相关数据，为改善活动提供真实依据；还要做好相应培训材料准备和后勤安排。

（2）改善活动实施阶段。改善活动实施阶段包括工具的培训、改善实施、改善汇报、建立改善新闻等步骤。改善教练需要先对改善团队培训精益工具和方法（如标准化、5S、TPI、日常管理等），与团队共同检视目标、定义价值（范围）、分析现状、设计目标愿景计划。改善团队实施和执行新目标愿景的改善方案，明确任务、时间、负责人；制订实施计划，确定改善新闻；之后，对改善新闻进行跟进，细化"改善新闻"，跟进改善活动期间未完成的工作和任务，制订"行动计划"，推进改善新闻执行与落实。

（3）改善效果跟进阶段。改善活动实施完毕后，改善团队继续检查和落实各项考核指标与标准执行效果，包括跟踪改善成果、评估各项指标、提交证明材料、评判改善效果、撰写发表材料、组织改善成果发表等。

改善需要教练的支持，确保团队正确使用精益工具，并辅导团队完成改善工作。

3．组织支持

精益转型需要有组织保障，而不是一个人或一个部门就能完成的，主要由三个组织组成。

（1）精益管理委员会。精益管理委员会主要由向 CEO 汇报并负责公司运营的高层领导组成。精益管理委员会的主要职责包括制订方向和目标、协调资源、制定激励机制、并带头参与改善、听取改善报告等。精益管理委员会应定期回顾精益推进的相关工作，回顾过去的改善维持结果，确保公司改善的正常推进。

（2）精益管理办公室。精益管理办公室报告给 CEO 和精益管理委员会。部门负责人是精益管理委员会成员。精益管理办公室的主要职责有：跟随精益老师学习精益业务管理系统，积极参与改善；计划、组织、协调、管理所有改善活动，支持各业务部门的绩效和改善；帮助各业务单元学习和应用精益系统来完成业绩；协助人才培养，使员工和管理者积累改善经验，提升对精益思想的认知水平，确保所有改善能够维持；定期回顾工作计划，并把工作进展汇报给精益管理委员会。

（3）教练队伍。教练团体是包括 OBS 执行经理在内获得认证的教练队伍。教练团体包含非专职的员工，所有参与过改善，并完成教练认证的员工均可以成为教练。教练负责改善活动的组织，现场辅导和效果跟进。企业需要建立教练培养机制来不断发展教练队伍，并支持 OBS 体系的运转。

4．资源支持

开展 OBS 需要有资源的保障，包括管理层的时间投入、公司经费的支持，还包括与 OBS 活动相关的激励机制、改善建议系统信息化支持等。

支持系统示意图见图 2-5。以上工具、改善、组织、资源等方面的支持形成了 OBS 的支持系统，让 OBS 体系能够顺利地运营。

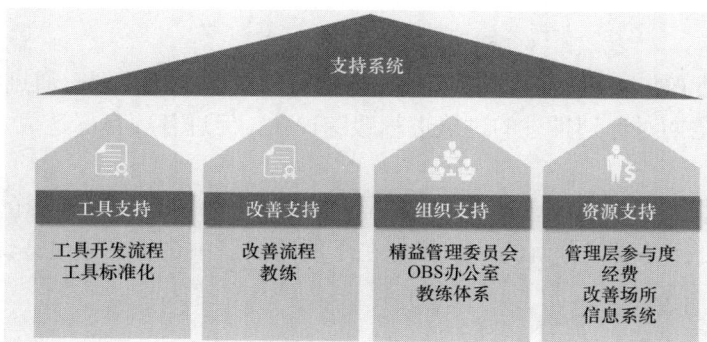

图 2-5　支持系统示意图

2.3　OBS 运营流程

在确定了价值为体系的管理对象，需求为体系的输入，成就为体系的输出，同时有三大静态系统保驾护航之后，体系还需要通过运营流程来运转。

运营流程实际上是一个 PDCA 的过程，即由策划（plan）、执行（do）、检查（check）和调整（adjust）4 环节组成的循环过程。

运营系统包括策划、推进、评价、迭代四个工作环节。每个环节都可以进行标准化。在流程建立及工作标准化完成之后，就可以实现运营流程的复制。运营流程示意图见图2-6。

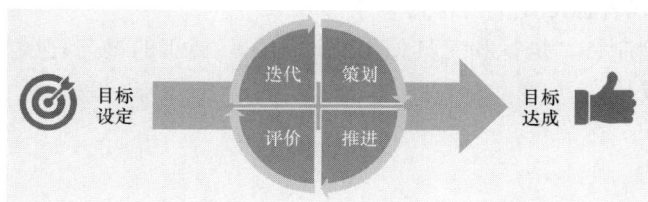

图 2-6　运营流程示意图

2.3.1　策划

策划过程是 PDCA 里的 P-plan，是指根据公司的年度战略部署和日常管理目标进行各级分解，同时制订达成这些目标的行动计划，除业务计划外，还包括改善计划、工具开发计划、人才培养和发展计划等。

这个过程需要根据指标系统和目标系统的标准和流程进行设置，并根据目标和现状的差距制订改善计划。通过策划过程可以拉动改善，从而改变当前点对点改善且依赖OBS 推动的情况。同时 OBS 办公室需要根据业务发展目标，制订精益工具的开发计划，并协助业务团队制订人才的发展计划。

2.3.2　推进

推进过程是 PDCA 里的 D-do，是根据体系策划实施行动计划，通过 OBS 日常管理"拉动"改善，定期对计划推进的进展进行跟踪评估，促进各项目标达成，并最终达成公司年度目标。

推进阶段中执行年度改善计划和在日常管理过程中有目标未达标的这两个情况都会拉动改善。目标是逐级分解的，改善也在不同的组织中进行，通过逐级的推动，最终达成公司的目标。

2.3.3　评价

评价过程是 PDCA 里的 C-check。评价过程主要通过目标达成情况和达成的过程两方面对 OBS 各项内容的落实情况和总体推进过程进行系统性评价，发现推进过程中的问题和改进机会。

评价过程主要评价的是过程，要检查结果是不是通过过程来实现的，以及推进的过程有没有改善空间。

（1）对计划和执行过程进行评价。在制订改善计划的过程中，是否使用了正确的指标系统选择恰当的指标，是否设置了合理的目标，制订的改善计划是否完备。是否根据年度目标制订了可落地的计划，这一计划是否有效执行。

（2）在计划组织过程中，是否得到了应有的支持，在公司及各部门中是否有 OBS 办公室支持，并辅以有效的教练支持，以及教练是否具备足够的专业能力辅导改善。

（3）在实施计划达成目标的过程中，是否有合适的工具支持改善，以及是否正确地使用了 OBS 工具或者标准化的方法。

（4）整个计划制订、执行和工具使用的过程中，员工的参与程度如何，是否通过参与改善过程获得成长。

2.3.4　迭代

迭代过程是 PDCA 里的 A-adjust，在通过评价之后，我们就会得到对 OBS 体系自身的一系列改善机会。这些改善机会不仅涉及指标系统、目标系统和支持系统，也包括运营流程本身。这些改进机会将会与下一年度的策划相结合，形成运营流程的闭环。

（1）在支持保障方面，可以从以下几个方面提升：

1）指标系统优化：提升指标设置、分解的合理性。

2）目标管理流程优化：提升目标制定合理性。

3）工具改进：工具标准化内容更新、新增工具、合并工具等。

4）改善改进：改善项目流程优化、全员改善等。

5）教练能力优化：授课能力、OBS 专业能力提升。

（2）在运营流程方面，从 PDCA 各个环节去优化：

1）P：战略目标分解方式及合理性优化；计划制订流程优化。

2）D：OBS 日常管理方式及 OBS 目标分解方式优化。

3）C：年度审核评估流程优化。

4）A：体系改进工作自身的标准化及优化。

通过运营流程的 PDCA 循环，可以建立标准化的、高效的可复制的管理流程体系，实现运营方式的标准化。同时通过精益领导力推动运营流程的高效运转，达成企业目标。

2.4 小　　　结

OBS 体系示意图见图 2-7。

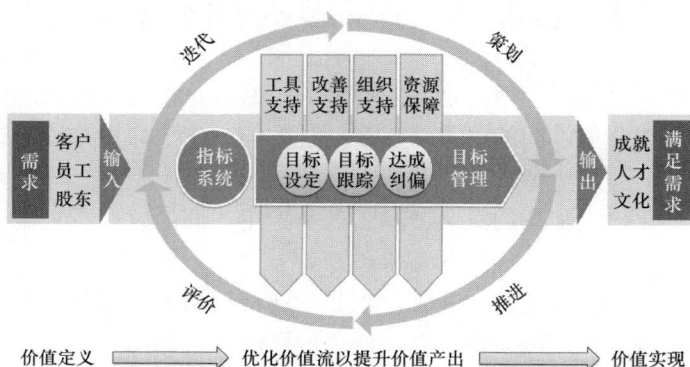

图 2-7　OBS 体系示意图

简单来说，OBS 体系就是通过战略部署设置高目标，不断寻找突破和创新；通过日常管理推动改善，维持绩效水平；通过目标跟进和纠偏流程确保目标达成；再通过 PDCA 循环不断提升 OBS 自身的能力和稳定性，最终实现客户、员工和股东的各自需求，达成企业成就。

OBS 的实施过程是一个从实践到理论，再从理论到实践的过程，并在这个过程中不断优化和完善。

OBS 的实施路径包括准备阶段、示范阶段和推广阶段三个阶段。准备阶段主要是对三大静态系统及运营流程做内容和流程的准备，建立流程各环节的工作任务和工作标准化。示范阶段是要选择示范点业务范围，并尝试通过运营流程完成策划、推进、评价和迭代的过程，并将运营流程标准化。此后，在此流程标准化的基础上进行不同业务范围及分子公司推广，最终让 OBS 成为成东方中科在业界一张强有力的名片。

第 3 章　持续推动标准化工作实践

3.1　标准化工作需要持续不断推进

爱因斯坦曾经对"荒谬"做过定义。他说，荒谬就是持续不断地用同样的方法做同一件事情，但是期望获得不同的结果。那么反过来问一下，如果持续不断地用不同的方法做同一件事情，但是期望每次都能获得相同的结果，是不是也一样是荒谬呢？

企业做好标准化建设工作的意义就在于当员工用相同的方法重复做一件事的时候，企业每次都可以得到稳定且可预期的结果。

工作标准化是企业稳步成长的基础，也是企业快速增长的根基。没有标准化，企业就像没有地基的大厦一样，楼盖得越高，倒塌的风险也就越高。

企业中如果缺少工作的标准化，员工在工作中通常只能凭借经验和工作习惯。由于员工工作能力和水平参差不齐，无法最大化发挥团队的能力。标准化工作可以把员工经验沉淀下来，将每个岗位的工作流分解为当前最优的工作方式，提高工作效率，保证工作质量。

标准化工作是日常改善的前提。在日常工作跟踪评估的过程中，如果发现绩效不达标，就可以推动工作改善。同时通过不断地去除工作流中的浪费，提高工作标准，使流程运营绩效持续提升。

3.1.1　标准化工作定义

怎么定义标准化工作呢？标准化工作就是寻找最佳实践方法和工作顺序，利用人、设备、工具、材料等完成工作任务，将最佳实践形成工作标准的相关工作。工作标准化之后需要加以培训、实施和检查，帮助员工按照标准来进行工作，确保以最优工作品质和工作效率输出工作结果。

标准化工作并不仅仅是形成标准作业，还包括最佳实践经验的输出及形成标准化工作之后的员工培训和实施，同时还要结合日常管理工作流程，对员工的标准化工作进行检查，及时发现问题并进行修正。

标准化工作离不开工作顺序、利用资源和遵守标准三个关键要素。

（1）工作顺序又称工作流，或工作流程，即先做什么，再做什么。工作流是标准化工作非常重要的标准，按照一定的流程和要求完成相应的工作任务是标准化工作的核心。

有时候有些工作并没有一定的顺序，在标准化的过程中，可以定义工作顺序来确保工作不出现疏漏。

（2）人、机、料、法、环都是资源。在非生产加工企业，以信息流加工为主要生产途径，充分开发和利用信息系统，协助建立工作流程标准化是标准化推动的重要手段。同时，通过 IT 系统建立防呆防错措施，可以大大提升工作质量。在信息系统以外，合理利用工具和方法，都是使工作保质保量完成的手段。

（3）遵守标准比制定标准更重要。每个人都有自己的工作习惯，这些习惯都会影响工作的质量和效率。把工作标准化下来，就是为了更好地完成工作任务，不出纰漏，并能最快捷地完成工作，因此让员工遵守工作标准流程非常重要。此时就需要结合日常管理工作来进行监督和检查，及时发现问题，并找到原因，及时纠偏。

推动标准化工作对企业来说有着非常重要的价值，包括确保企业各项工作的质量，使企业稳定运营，同时还可以提高员工和管理人员的效率，提升企业团队的综合能力和团队整体实力。

在业务流程中，每个流程节点的员工如果都遵守工作标准（包括工作流程和工作要求），那么工作质量是可以预期的。当工作质量出现偏差的时候，通常是因为出现了之前未纳入标准的工作分支，这些工作还没有进行标准化。此时需要进行标准作业的修正和培训，确保同样的问题不再发生；再者就是有标准作业，但员工没有按照标准作业执行，那么确保员工按照标准进行工作是卓越日常管理的重要工作内容。

工作标准化不仅可以提升个人的工作效率，同时也可以提升工作协同的效率。在标准化的过程中，个人的工作都制定了工作标准，包括工作流程、工作要求，在工作中如果遇到需要协同的工作，在标准化的过程中同样也进行了制定。那么在跨部门流程执行过程中，由于有工作标准，减少了反复沟通，大大提升全流程的效率。

对管理人员来说，在培训新员工时，如果有一套标准的工作流程和工作要求，不仅可以提升培训的效率和质量，还可以体现企业的规范性，彰显企业正规性。

我们都认同标准化的工作流程体系可传递、可复制，可以确保稳定的工作质量、提高员工及管理人员的工作效率。但企业推动标准化工作还有非常重要的隐含价值，即可以提升企业团队能力。

（1）将工作进行标准化的过程是团队共同建立标准工作流程的过程，其过程本身就是提升团队能力的过程。标准化工作不是一次性的，根据企业业务的发展和变化，工作流程和标准也要不断优化和改善。企业所处的环境在变化，供应商在变，客户在变，企业自己也在改变，那么一支有能力随着业务变化不断调整工作流程并建立标准的团队对企业发展有非常重要的意义。因此，推动企业标准化工作就是建立团队能力的过程。

（2）标准化的过程是将最佳实践方法进行固化和复制。华为董事长任正非曾说，"企业最大的浪费是员工成功经验的浪费"。将工作流程标准化的过程就是萃取少数优秀员工成功经验汇总形成标准化工作流程体系的过程。把形成的标准化工作流程进行内部学习和复制，武装到团队，最终服务于所有人，最终提升企业整体业务能力。

（3）工作标准化的过程是团队培训和学习的过程，在这个过程中，员工可以分享成功经验，共创标准流程。这个过程也是员工能力提升的途径，帮助团队良性的新陈代谢，筛选出优秀的人才。

（4）在标准化基础上，结合日常管理，不断发现问题，解决问题，持续改善，不断提升团队解决问题的能力。

推动企业标准化工作本身就是精益文化落地的过程。在标准化建立的过程中，需要从精益原则及去除浪费的核心思想维度去思考和设计工作流程，并进行固化和传递。在整个过程中以精益思想贯穿始终，对员工不断地宣贯精益思想和原则，让员工真实感受精益带来的变化，慢慢接受并实践精益思想。

3.1.2   哪些工作可以进行标准化

标准化工作的适用范围非常多，基本上可以说只要是重复执行的工作都可以进行标准化。

（1）标准作业。我们把标准作业用于业务流程操作的标准化，这方面的标准化工作也是最容易开展的。在流程明确的基础上，对流程节点的工作流程进行梳理，形成标准作业，然后在团队内部进行培训并执行。结合日常管理进行监督，当发现问题时，如果是标准作业不完善需要进行标准作业的修正，避免相同问题重复发生，提高工作质量。

（2）会议流程标准化，尤其是周期性的例会。首先对会议的目的和目标达成共识。为了达成会议目标，建立会议准备的工作标准和会议流程的工作任务。同时对数据准备、工作汇报，以及会议纪要等内容建立文件模板。通过这个过程提升会议效率，并达成会议目标。

（3）销售流程标准化。很多人都不认为销售过程适合做标准化，因为每个客户的情况都不一样，每个采购的风格都不同，所以他们认为销售过程无法标准化。但实际上，销售过程完全可以建立标准工作流程。通过梳理客户采购流程，建立业务单元所对应每个阶段的工作任务，然后配合开发一定的销售工具，形成销售标准化流程。这个标准化流程可以提升业务员平均销售能力，同时还可以帮助新业务员快速成长。

（4）岗位职责任务大纲标准化。以往人事部对每个岗位都有岗位职责说明书，主要包括了该岗位的职务说明、汇报关系、工作职责和任务、任职资格、晋升通道等相关内容。这个岗位职责说明书对人事管理提供了管理标准。但是针对每个职责任务如何完成并没有标准。例如制订年度工作计划这个工作任务应该如何进行制订，需要做哪方面的调研？需要收集哪些数据、做哪些分析和结论？工作计划包含哪些内容？这些都可以根据不同的岗位进行标准化。这样，当一个新的员工入职后，可以根据这份岗位职责任务大纲标准化文件，非常清楚地知道工作标准。

根据以上不同目的和应用场景，东方中科 OBS 办公室开发了四个标准化工作的改善工具，每个工具都包含各自的改善目标、改善流程，以及相关文件模板。这四个工具分别是标准作业、会议流程标准作业、销售流程标准作业，以及岗位职责任务大纲标准作业。同时，标准化工作离不开流程梳理，为了更好的管理流程，还规范了流程管理的方法，并使用流程建模工具来建立和管理流程。

3.1.3　做好标准化工作中长期规划非常必要

建立公司标准化体系是一个长期持续的工作目标，需要持续不断地推进工作。所以做好标准化工作中长期规划非常重要。除了中长期的阶段性目标和时间计划，以下内容非常关键，需要达成一致共识，在此基础上，推动标准化工作。

1．明确推动公司标准化工作的目的和原则

在建立标准化工作中长期规划第一步就是要明确企业标准化工作的目的和原则。根据东方中科的管理目标，标准化工作的目的和原则包括：

（1）通过标准化的过程管理，确保公司关键绩效指标完成。

（2）在确保工作质量的前提下，以最佳实践为标准，完成相关工作，提高工作效率。

（3）以"应该"的方式去工作，减少浪费，确保工作质量提升。

（4）在标准化推动工作中学习和实践精益理论，传递精益文化。

2．标准化工作的终极愿景

（1）所有工作都有工作标准，所有重复性操作都有标准化流程和文件。

（2）每个员工都按照标准执行，并能达到绩效指标。

（3）未按照标准执行或未达到绩效标准时，可以发现差距，并加以改善。

3．标准化工作推动常设组织

为了更好地推动企业标准化工作，在企业内部需要建立标准化工作推动的常设组织。东方中科根据工作目标，成立了两级常设组织：

第一级常设组织是标准化工作委员会。成员包括总裁办公会全部高管以及 OBS 办公室执行经理，组长由总裁担任。标准化工作委员会的主要工作职责是负责制订标准化工作规划，监督计划的落实情况，评估标准化工作落实结果。

第二级常设组织是标准化工作项目组，成员包括 OBS 执行经理、信息部经理、流程管理岗、供应链代表，以及销售管理代表，组长由 OBS 办公室主任担任。标准化工作项目组的主要工作职责是根据标准化中长期规划分解年度计划，然后负责标准化项目的推进，并在推进的过程中对出现的问题进行收集并协调解决。标准化工作项目组需要定期向标准化工作委员会进行工作汇报。

4．标准化工作推进难点及化解

标准化工作的推动过程并不会一帆风顺，充满各种挑战。这些挑战有些来自员工或经理对以往经验的优越感和自信，不肯改变；有些来自对工具效果的怀疑，不肯尝试新的方法；还有些挑战来自于 OBS 办公室成员自身水平的局限，让标准化工作推进陷入困境。

首先比较容易出现的一个问题是由于业务部门经理及主管对标准化工作重要性认识不充分而造成的工作标准不清晰，或工作标准要求低。这部分经理和主管通常缺少主动管理意识，自我改善行动意愿不强。如果思想不转变，难以推动标准化相关工作。此时，一方面需要对这部分经理和主管进行培训和沟通，让其充分了解标准化工作对部门工作的价值，可以安排他们到标准化工作推动较为成功的兄弟部门进行交流，了解兄弟部门从标准化工作中的受益情况，增加他们对标准化工作的认知，并增强成功实施的信心；另一方面需要这些主管和经理的上级领导对相关工作提出更高工作要求目标，只有提出高目标才能有目的性地推动标准化工作。

再一个比较容易出现的问题是员工不愿改变常年工作习惯，不认同标准化工作价值，不按标准执行。当业务部门员工不断抵制执行标准化工作流程的时候，坚持"应该的"做事方法成为一种挑战。这个问题想要化解单纯地靠规章制度或者惩罚措施效果不会太理想。这种情况下，需要通过安排多种方式跟员工进行交流，从不同角度了解员工的真实顾虑，找到员工的痛点再制订相应的对策效果会好很多。例如我们以往遇到的情况，有的员工确实是因为安排的工作任务不合理造成工作量严重超负荷，为了完成任务，只能牺牲一部分工作质量。这种情况需要同员工的主管领导和部门经理进行反馈，调整工作内容，尽量满足节拍时间，让员工可以在保障质量的前提下完成工作任务。还有的情况是由于部分岗位职责不清，在标准化的过程中就没有达成共识，在落实和执行的过程中常有推诿、指责和抱怨。这种情况需要从部门职责到岗位职责都进行梳理和明确，达成共识后重新修订标准作业，再落实执行。化解员工不按标准作业执行的难题还有一个重要的影响途径就是高管以身作则。高管带头深入学习相关知识，参与标准化工作，并以身作则，按照标准执行相关工作，使公司从上到下形成按标准作业执行的企业文化。榜样的力量是无穷的，也让员工没有不执行标准作业的借口。

还有一个在标准化工作推动过程中比较容易出现的问题是对标准化工作的理解停留在标准作业的建立，忽视标准作业的培训和监督执行。这个问题一方面仍是需要对主管和经理进行培训，提升他们对标准化工作的认知。此外可以通过建立现场目视化日常管理来帮助解决这个问题。

标准化工作是公司运营管理基础性工作，需要长年不断推动和愚公移山的精神，这对 OBS 办公室是个挑战。OBS 办公室在推动过程中有可能对标准化工作推进的难度、工作细节认识不足，导致对工作量预估不足，使计划延迟。这个问题的解决方法包括：①不断实践标准化工作，总结经验教训，提升 OBS 团队能力；②从团队、计划、项目各个方面协同组织推进过程；③做好定期复盘，不断完善组织过程，确保标准化工作推动有效性。

3.2　流程建模（BPA）实践分享

3.2.1　流程建模工具介绍

流程架构是企业一切运营系统架构的基础。流程可以实现企业战略落地，可以控制业务风险。流程体系关系到公司制度体系的建设和执行，也涉及公司岗位责任体系的设计，是企业非常重要的管理工作。

1．什么是流程

流程是不同岗位完成一个共同目标的协同工作，有一定的工作顺序，而且由两个以上岗位共同完成。在标准化工作过程中，非常容易混淆流程和工作流两个概念。流程强调的是多岗位工作协同，而工作流是同一岗位的工作顺序，是个人的工作方法。

比如报销流程，由申请人发起，领导审批，再到财务处理，然后出纳支付，这个过程有四个岗位参与，那么报销就是流程，在这个流程中涉及四个标准作业，包括报销申请标准作业、报销审批标准作业、报销财务处理标准作业、报销支付标准作业，如果在审批中还涉及大金额的复核，还需要增加复核标准作业。每个标准作业中都规范了流程节点的工作任务和工作顺序。

有时候在一个流程中，岗位职责和实际操作人员的划分可能并不一致，存在一人多岗的情况，这时需要先明确岗位职责，再进行流程确定。

例如在库房实际的出库操作中，业务员申请出库后，库房人员需要进行拣配、打包并发货过账，有的库房可能是按工作顺序分开操作，有的库房可能并不分开，这个时候需要在流程中将岗位划分成两个，明确拣配人员和账务处理人员各自的工作职责，分别定义标准作业。在没有条件的库房，由一名员工兼任两个岗位即可，但工作职责和工作标准是一样的，以保证总体库房管理水平。

2．流程建模工具介绍

流程建模工具（business process analysis，BPA）可以帮助企业建立透明、可控的流程体系，有效管理业务风险。

以往我们通常使用表格的形式对流程进行管理，常见的内容包括流程的名称、流程的归类或责任部门，以及该流程的信息化固化的情况。但通过一张表格很难对流程做全面的管理，单单是对表格版本的更新也是一个比较有挑战性的工作。同时，表格也很难反映出企业流程建设的总体覆盖情况，看不出企业还有哪些地方流程建设不足，或者没有覆盖到，也无法与岗位职责、标准作业等相关联。

因此，流程管理需要有一个工具，不仅能够全面管理企业流程，还可以与岗位职责、风险控制、标准作业等内容相联系，而不是让这些管理几层皮。东方中科基于 FlowPortal 软件平台进行 BPA 流程管理和展示，流程管理部门可以通过该平台管理全部企业业务流程，并实现业务流程共享，可以让所有员工随时随地查看并讨论业务流程。

3．通过四级分层结构展现业务流程全貌

用表格的方式来管理流程显然是不能满足管理需要的。如果二维的方式无法满足需要，就需要从三维的角度去看看流程如何管理。

美国生产力和质量中心（AQPC）提出了业务流程分层结构[1]（见图 3-1），将企业业务流程层级逐一向下分解，形成企业业务流程模型。通过多级业务流程梳理，可以展现企业流程全貌。常

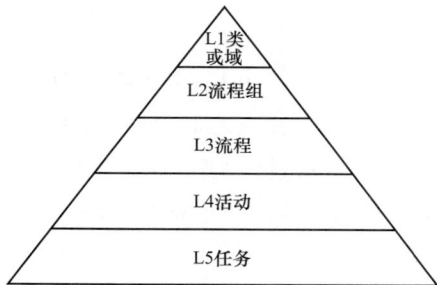

图 3-1　美国生产力和质量中心
（AQPC）提出了业务流程分层结构

---

[1]　陈立云，罗均丽.跟我们学建流程体系.北京：中华工商联合出版社，2014.

用的层级有四个，即 L0 价值链层、L1 业务域层、L2 逻辑关系层、L3 流程活动层。其中 L0、L1 和 L2 展现的是流程的框架，L3 是具体的流程。

第一层（L0 层）：价值链层

L0 层，价值链层主要展现的是企业最基本的业务结构。在这一层中可以看到企业的核心价值流、战略流程和支持流程。通常对这一层关心的人主要是董事长和总裁。如果向别人介绍企业的业务，可以通过这一张图进行展示和说明。

例如东方中科的 L0 层见图 3-2。

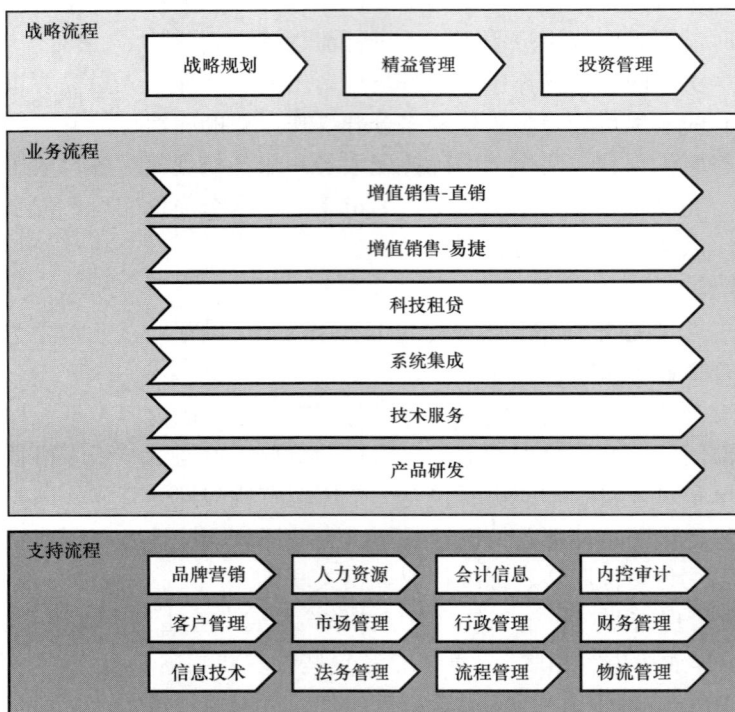

图 3-2　东方中科业务流程的 L0 层

东方中科 L0 层流程分为战略流程、业务流程和支持流程三个部分。东方中科的战略流程包括战略规划、精益管理和投资管理流程。核心价值链包括产品直销业务、分销业务、科技租赁业务、系统集成业务、技术服务业务和产品研发。支持流程包括人、财、物等管理流程。通过这一张图，将东方中科的业务结构完整地展现出来，可以很好地用于沟通和管理。

东方中科 L0 层的流程，可以直接展示公司的商业模型。例如在增值销售业务模式中分为直销和易捷两个价值链。他们之间的区别就需要往下一级分解。

第二层（L1 层）：业务域层

L1 业务域层描述每个业务域的构成模块。

直销业务指业务员直接面向客户的销售过程，业务员需要通过客户拜访，面对面沟通产生销售机会，然后为客户定制解决方案。在交付的过程当中，可能会涉及该项目单独的采购，然后涉及交货、客户开票、客户收款等。此外还有客户的退换货和客户的退换发票两个反向操作。直销业务 L1 层流程图见图 3-3。

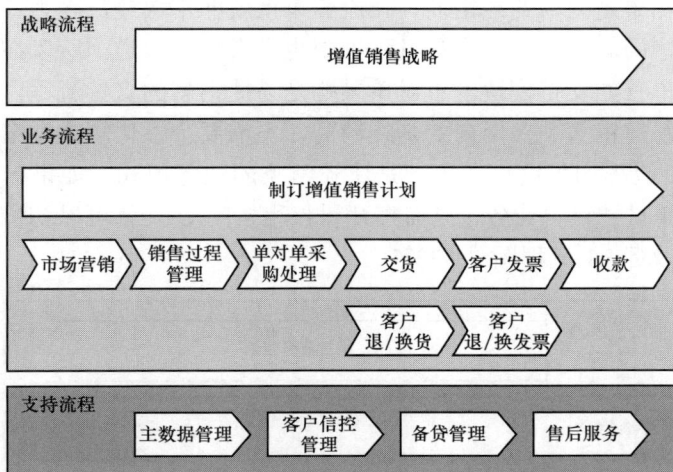

图 3-3　直销业务 L1 层流程图

在支持流程当中包括主数据管理、客户信控管理、备货管理和售后服务。主数据管理包括客户主数据管理和物料主数据管理。客户信控管理指的是对客户的授信额度，不同的客户需要给出不同的授信额度，例如大客户的授信额度往往高于一般客户的授信额度。备货管理是指库存的定期采购，通常来说备货管理并不是为直销业务服务的，因为直销业务更多的是为客户定制技术方案，然后根据方案单独采购，所以在直销业务中，备货管理属于支持流程。

易捷业务的 L1 与直销业务的 L1 有所不同，见图 3-4。

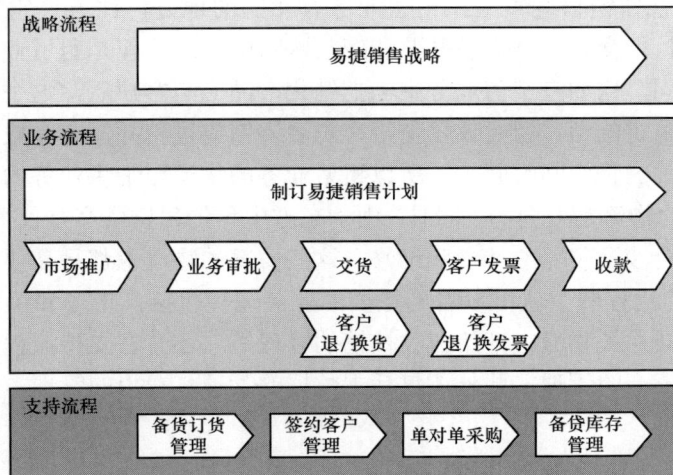

图 3-4　易捷业务的 L1 流程图

首先易捷业务是面向经销商而不是面向最终客户的销售模式。易捷销售基本上没有复杂的销售机会跟进过程，也不需要为经销商提供技术服务。因此在 L1 业务流程中没有销售机会跟进的模块，只有业务审批流程。易捷业务的业务流程效率取决于经销商是否与公司签约，如果是签约的经销商，在流程审批就非常快捷，因为签约的时候，合同条款都已经明确，同时在后续的交货过程当中也会有优先通道。所以在支持流程当中，签约客户是一个单独的支持模块。单对单采购是易捷销售的支持流程，而不是它的核心业务流程，因为易捷销售主要面向的是经销商，不需要个性化解决方案定制。

以上两个 L1 流程均为销售业务，是比较常见的业务模式。如果一个员工想要了解其他业务模式，如科技租赁业务，只需打开科技租赁的 L1，就可以初步了解租赁业务的整体结构。租赁业务 L1 流程图见图 3-5。

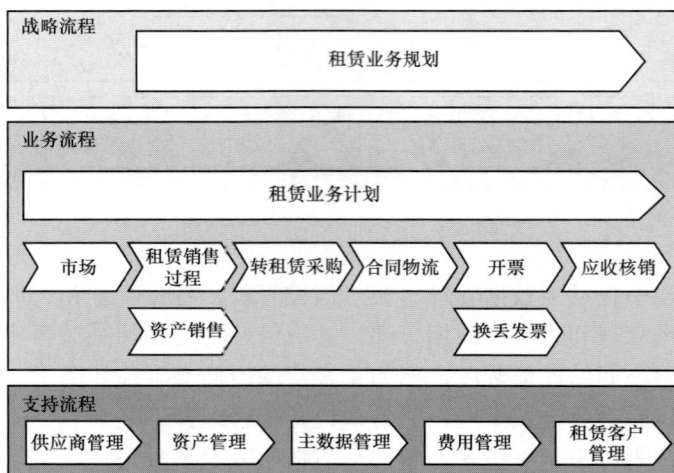

图 3-5　租赁业务 L1 流程图

租赁业务在整体销售逻辑上跟销售业务有相同的地方，比方说它也需要有销售过程，也有合同的执行交付，然后有开票和应收账款的管理。但是租赁业务跟销售业务有一些本质上的不同，比如在销售业务中当把销售产品交给客户后，这个物权就转移了，但是对租赁业务来讲的话，租赁仪器交给客户后，销售过程并没有完成，而是在租赁到期以后需要把相关的物资回收回来。所以租赁业务的物流跟销售业务的物流就有明显的区别。租赁业务的物流是双向的。同时，由于东方中科的租赁资产是仪器仪表类的产品，在租赁期间可能会涉及仪器的计量和维修，这些情况的物流也都是需要考虑的。因此在租赁业务的 L1 的流程图中就可以看到主要的业务流程包括：市场和销售过程、转租赁的采购合同、合同相关物流、开票应收核销的管理等，还有在支持流程上包括租赁供应商的管理、租赁资产的管理，此外还包括主数据的管理、费用的管理，以及租赁客户的管理。

虽然 L1 流程图看起来非常简单，但管理人员可以从中总体规划一个业务模式的完整流程体系，提高业务流程的完整性，避免流程的缺失。对于每一个流程模块，可以通过 L2 逻辑层来进行分解，以支持当前业务流程。比如销售业务的销售过程和租赁业务的销售过程在 L2 层是不同的。

第三层（L2 层）：逻辑层

逻辑层描述业务模块中的基本流程，也可以理解为业务模块的逻辑组成。在 L2 的展示图中，除了展示逻辑模块之外，还将该逻辑模块下所包含的 L3 流程列出来，确保 L2 的逻辑结构完整。

例如在系统集成业务域 L1 的合同履行业务模块中，包含项目启动、项目规划、项目实施与监控，以及项目关闭几个逻辑组成部分。在项目实施与监控模块中，包含项目交货流程、项目物资采购流程、项目服务采购流程、服务验收流程、费用申请流程、报工申请流程、项目变更流程，以及项目验收及移交流程，见图 3-6。通过 L2 逻辑层的梳理，可以确保业务模块的完整性，同时对逻辑模块的内容进行向下梳理。

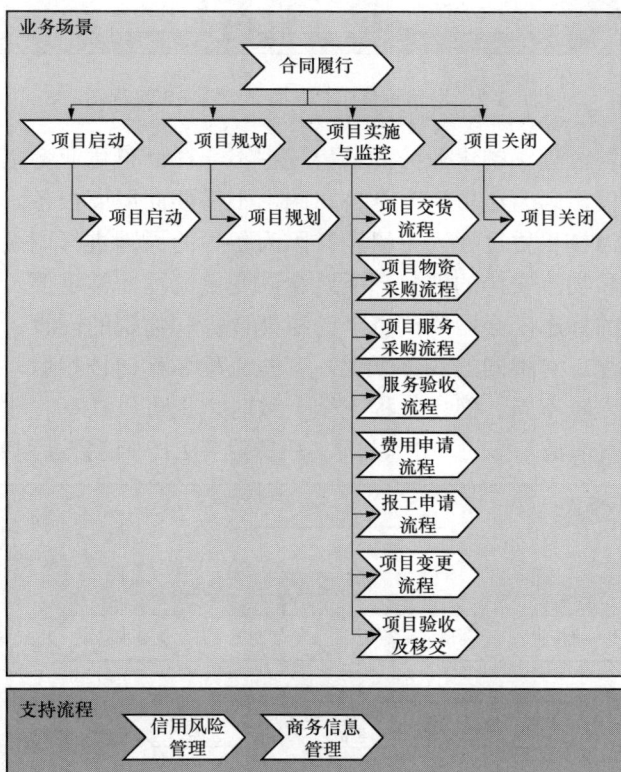

图 3-6   合同履行 L2 流程图

L2 流程针对的是 L1 的分解，即针对不同的业务域进行分解。例如在直销业务和租赁业务中的销售过程 L2 的分解是不同的，因为其所针对的是不同的业务域。

销售业务的销售过程分解包括了产品的询价和给客户的报价、产品的报备、谈判、合同审批及签订和订单制作。这个逻辑分解是传统意义的销售过程，有给客户的报价，有对厂商产品的报备，还有价格谈判，最终签订合同，最后制作销售订单。在这个流程里向下的 L3 流程就包含报价单的盖章审批流程、产品的报备流程，以及直销业务的审批流程等。增值销售 L1 中销售过程 L2 流程图见图 3-7。

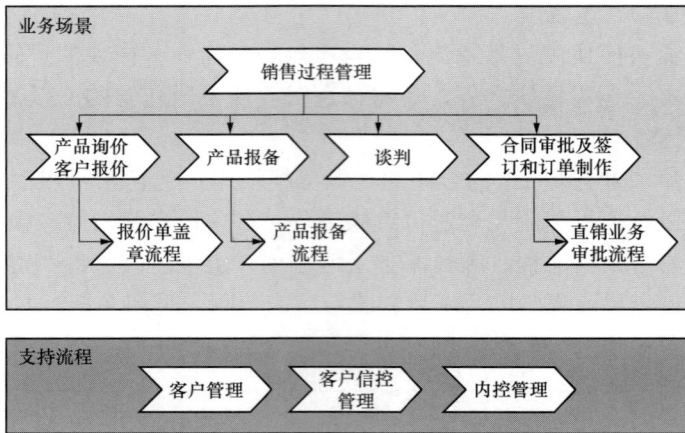

图 3-7   增值销售 L1 中销售过程 L2 流程图

租赁业务的销售过程跟销售业务的销售过程不一样。租赁业务也有报价流程，但是没有产品的报备流程，因为租赁资产是公司的，不需要向厂商报备。但是租赁业务有合同变更的流程，因为在租赁过程当中租期会因为各种的原因进行调整，租期的调整会带来租赁价格的变动和物流安排的调整，所以合同变更流程非常重要。合同结束状态也是租赁业务非常重要的标志，会影响到资产的租期计算和物资的回收。所以租赁销售过程中有合同结束的流程。对不同的业务来说，有些流程名称比较相似，但是面向当前业务域来设计的，所以内容不同。但当流程完全一致时，也可以共享。比如换/丢发票流程，不同业务的处理流程都是一样的，可以共享。租赁业务 L1 中销售过程 L2 流程图见图 3-8。

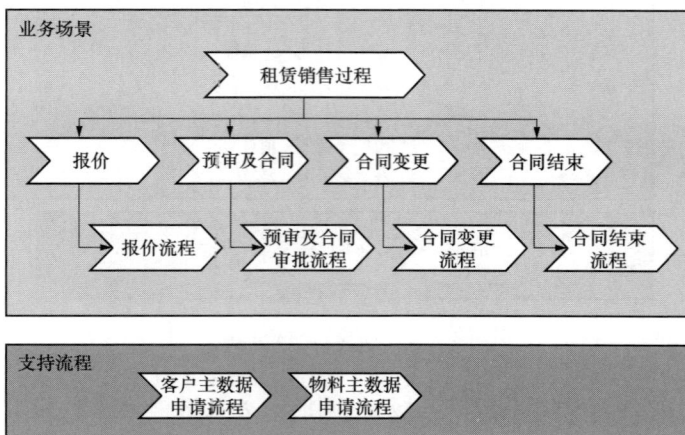

图 3-8   租赁业务 L1 中销售过程 L2 流程图

第四层（L3 层）：活动层

L3 活动层描述流程的细节，是常见的流程图形式。只有 L3 层的流程才有能落地实现，通过对流程的走向、活动、判定条件及流程分支进行描述，准确地反映真实的业务开展。

在 BPA 流程梳理过程中，有可能跟当前的流程不一致，这个时候可以按实际情况绘制，也可以按"应该"绘制，但规则要统一，要标准。

流程的绘制方法与普通流程图类似，但需要做一些约定：

首先，流程图开始于流程的起点，从流程启动的活动输入开始；其次，流程图从左开始向右侧绘制（在电脑软件中，为了全屏幕显示出完整的流程，有时候需要折叠），用流程节点记录每个岗位的步骤；再次，员工操作用绿色矩形盒，系统操作用蓝色矩形盒；然后，相同岗位的工作使用同一个流程节点，不同岗位的操作用不同的流程节点；最后，流程节点之间用箭头标识流程的流动方向，当流程可能走向两个方向的时候，画菱形的选择图标，用是或否来回答问题，用两个箭头来展示行进的方向。最终确保每个流程图的分支都是完整的。流程图示意图见图 3-9。

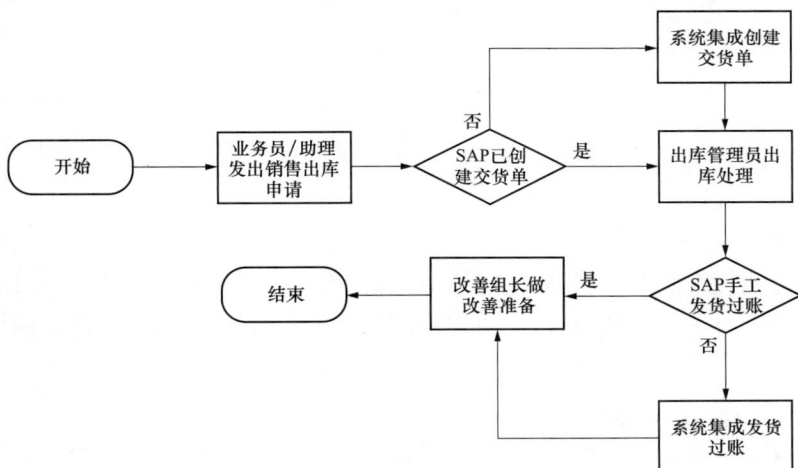

图 3-9 流程图示意图

传统的流程绘制使用报事帖或者绘图软件直接进行流程的绘制。不论绘制流程的时候是不是在现场绘制，这种绘制方法都会存在一定的问题。首先流程的边界难以定义清楚，有时候流程绘制越来越复杂、边界不断蔓延，使得流程讨论偏离方向。即便在绘制之初先明确本次的绘制边界，在与其他流程相关联的时候，有可能出现未覆盖的区域。流程梳理如何更加清晰和高效，与绘制流程的工具息息相关。因此，一个科学的流程梳理工具可以全面展示企业流程全貌，对流程梳理工作可以起到事半功倍的作用。科学化的流程管理是标准化的基础。

L3 层是流程管理与标准作业相结合的连接点。标准作业的第一步是确定流程。如果通过 BPA 四级结构来管理流程，那么在建立标准作业之前，应完成 L1、L2 流程梳理，这样才能确保流程边界是清晰的。在 L2 基础上，优化 L3，并建立标准作业，才能让流程的执行更有效率。

标准作业是 L3 活动层继续向下的分解。在 L3 梳理的过程中，需要将节点的工作职责定义清楚，也利于后续流程信息化时开发需求梳理。

例如在租赁业务预审及合同审批流程中"技术售后检查仪器"流程节点，针对这个流程节点需要进行工作任务梳理。租赁业务预审及合同审批流程见图 3-10。

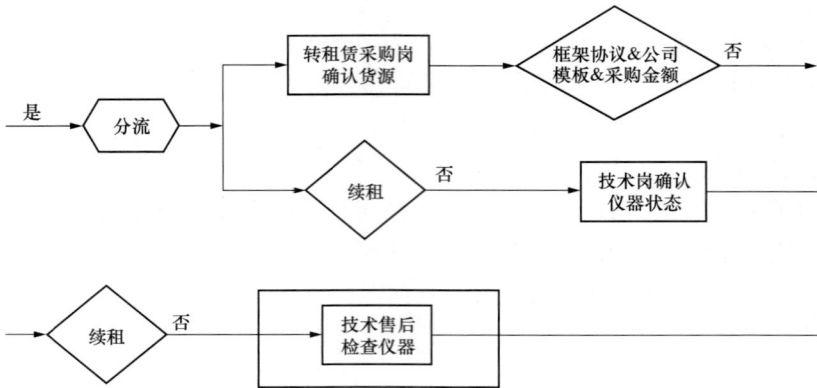

图 3-10　租赁业务预审及合同审批流程中"技术售后检查仪器"流程节点（部分示意）

该流程节点工作任务包括：

输入：租赁预审申请单。

输出：检测完仪器的预审申请单。

步骤：①从待检区取出仪器；②开机检测性能；③清点附件；④确认 BPM 中资产状态（故障的重新选择序列号）；⑤将检测完仪器放入待发货区；⑥BPM 确认提交。

流程节点工作任务 BPA 系统输入界面见图 3-11。

图 3-11　流程节点工作任务 BPA 系统输入界面

当把 L3 流程每个节点的工作任务梳理完成后，就可以对这个岗位进行标准作业的制定。

4. 流程标准化应用

流程标准化帮助企业完成流程体系建设。以东方中科为例，通过 BPA 工具进行四层流程逐级分解，从全貌上管理公司流程，从万里高空之上看公司各个业务线的流程建设情况。在整个流程体系建设完成以后，要考虑体系管理的手段如何落地。这项工作需要持续开展，包括将岗位职责、操作手册、标准作业等相关文本和流程平台进行关联，避免流程梳理完成之后会与后续实际的业务操作脱节。

流程体系建设是一个庞大且复杂的工作，过程中还会遇到重重困难，尤其因影响小团体利益而受到的阻碍。很多企业在这个过程中无法梳理推进，最后不了了之。

流程体系建设的推动离不开以下几个关键因素：

（1）高目标。流程体系建设需要在高目标下推进，因为只有企业有高目标的情况下，才有克服重重困难的勇气和决心。

（2）组织保障。流程体系建设的组织保障有三个层次，第一层是公司高管，高层领导是流程体系建设的需求方和核心驱动力；第二层是精益管理办公室，通过改善等多种形式推动流程建设；第三层是信息技术部，需要把梳理完成的流程固化然后信息化，确保新的流程得到严格执行。

（3）流程运行的监管。在每个流程中设定不同的指标，然后定期评估指标达成情况，收集流程的执行情况和问题，然后组织流程改善，提升流程效率。

3.2.2　租赁业务全流程标准化实践分享

1. 租赁业务发展进展

科技租赁业务与增值直销、增值易捷、系统集成、技术服务并立，位列东方中科核心业务模式之一。科技租赁业务业务特征比较鲜明，涉及固定资产投入、决策和运转，具有鲜明的回报、效率、风险、合规等管理要求。

科技租赁业务从 2006 年开始开展业务，并定位为企业战略发展业务，业务增长非常的迅速。2007 年实现了租赁业务 SAP 系统的订单操作和财务结算。到 2013 年，由于业务发展规模不断的扩大，业务流程越来越复杂，公司基于 BPM 平台自主研发了租赁业务的全业务流程处理平台。在后续的业务开展过程中，租赁业务模块进行了三次优化和提升。

租赁业务分为自营租赁和转租赁两种业务模式。自营租赁指的是通过公司采购自有的租赁资产开展的租赁业务，转租赁是指从供应商租赁仪器之后，再租给客户的租赁业务模式。总体上来说，自营租赁的收益远远大于转租赁的收益，但是自营资产承担着资产的资金风险。

2. 改善需求

公司对租赁业务成长抱着较高的期望，必然要求先进流程体系与之匹配。现有流程历经十七年的进化和实践检验，已初具体系且比较完善。根据东方中科新阶段管理要求，需要从全业务流程规划如何进一步降本提效，即优秀经验继续发扬，存在浪费的优化更新，隐含风险的加强管理，不合规运作坚决杜绝。增值直销、增值易捷等其他业务板块的 OBS 改善工作已大步领先超前，为确保租赁业务整体发展，租赁业务必须迎头赶上，改善空间巨大。

（1）转租效率提升。2021 年上半年转租业务营收占部门营收 42%，规模超过自营业务营收。转租赁业务流程长且环节多，操作复杂，占用人力物力资源大，需要提升操作效率。

（2）自营租赁管理改善。自营资产规模不断增大，年增幅超过 20%，增长迅速。需要完善资产全生命周期管理体制，提高管理质量。

（3）线下流程上线。目前仍有不少流程线下操作，如资产转固、资产销售、转租下单、国际成本、维修费用等。仅靠纸质单据和邮件沟通极易出错，为确保信息清洁经常不得不反复确认和重复沟通，导致严重浪费，希望实现上线管理。

（4）部分优化重建。部分工作目前未确定明确流程，如供应商管理、客户管理、合同变更（含中途解约）、资产借用、资产调拨、资产处置等，操作和管理风险明显。需要建立严密管理且便于操作的流程。

3．改善目标

（1）以提效降本、提升质量、管理风险、确保合规为目标梳理租赁业务全流程。

（2）重构租赁业务全流程图，即建立 L1、L2、L3 全流程。

（3）确定 L1 层逻辑块优先级。

（4）按优先级顺序规划 L2 及 L3 流程下的工作流整理日程。

4．改善团队

（1）改善组长：

方××（租赁事业部后台管理主管）。

（2）改善团队成员：

租赁事业部：王××（事业部总经理）、王××（高级商务主管）、刘××（销售助理）、崔××（技术工程师）；

商务管理部：徐××（高级主管）、赵××（商务助理）；

采购管理部：张××（采购高级主管）；

物流管理部：张××（部门经理）；

会计信息部：吴××（主管会计）：

信息技术部：张××（高级主管）、白××（流程管理主管）。

5．改善准备

（1）完成改善组长标准作业培训。

（2）完成改善准备表。

（3）进行现状/改善点调研，完成调查表。

（4）学习 L1、L2、L3 流程图逻辑。

（5）提交改善申请并取得 OBS 办公室正式审批。

6．改善过程

租赁业务全流程标准化改善日程表见表 3-1。

表 3-1　　　　　　　　　　　　租赁业务全流程标准化改善日程

时间安排	日期	总目标	任务	目标/预计达成结果	负责人
准备	10 月 15 日	准备的文件资料	（1）改善组长的标准作业培训	了解和掌握改善工作内容和职责，及改善工作整体	邹老师
			（2）改善组长改善准备策划	商谈确定改善准备工作	租赁事业部后台管理主管
			（3）问题调研表填写	问题调研表完成	租赁事业部后台管理主管
			（4）现有 L1、L2 及 L3 流程图	学习掌握层级关系及结构	租赁事业部后台管理主管
第 1 天	10 月 18 日	L1、L2 流程建立	（1）培训	L1、L2 和 L3 介绍	邹老师
			（2）早会	当天五栏表指引	租赁事业部后台管理主管
			（3）项目主旨	项目指导思想和方向	信息技术部经理
			（4）L1 梳理	完成业务功能与组织结构的匹配	租赁事业部总经理
			（5）L2 梳理	完成不同组织模块下业务功能细分，并制定流程清单	商务管理部租赁业务主管，租赁事业部高级商务主管
			（6）后继日程和目标确定	基于流程清单，确定后三天日程和流程建立目标	租赁事业部后台管理主管
			（7）晚会	当天总结，翌日日程和准备工作安排	租赁事业部后台管理主管
第 2 天	10 月 19 日	业务流程建立（Ⅰ）	（1）早会	当天五栏表指引，重点任务规划	租赁事业部后台管理主管
			（2）销售过程流程梳理	销售过程流程建立	租赁事业部销售助理
			（3）合同交付流程梳理	合同交付流程建立	物流管理部经理
			（4）客户发票流程梳理	客户发票流程建立	商务管理部租赁业务主管
			（5）客户退租流程梳理	客户退租流程建立	商务管理部助理
			（6）计量维修流程梳理	计量维修流程建立	租赁事业部技术工程师
			（7）晚会	当天总结和作业任务，翌日日程和准备工作安排	租赁事业部后台管理主管

续表

时间安排	日期	总目标	任务	目标/预计达成结果	负责人
第3天	10月20日	业务流程建立（Ⅱ）	（1）早会	当天五栏表指引，重点任务规划	租赁事业部后台管理主管
			（2）转租采购流程梳理	转租采购流程建立	租赁事业部高级商务主管
			（3）替换货流程梳理	替换货流程建立	租赁事业部高级商务主管
			（4）客户信控管理流程	客户信控管理流程建立	租赁事业部销售助理
			（5）晚会	当天总结和作业任务，翌日日程和准备工作安排	租赁事业部后台管理主管
第4天	10月21日	业务流程建立（Ⅲ）	（1）早会	当天五栏表指引，重点任务规划	租赁事业部后台管理主管
			（2）资产管理流程梳理	资产管理流程建立	租赁事业部高级商务主管
			（3）主数据管理流程梳理	主数据管理流程建立	租赁事业部销售助理
			（4）所有流程回顾	所有流程确认	租赁事业部后台管理主管
			（5）晚会	总结，作业任务安排	租赁事业部后台管理主管

7．改善成果

（1）完成租赁业务 L1、L2、L3 流程梳理，遵从清洁原则，减少浪费。

（2）L1 流程主要包括：

1）战略流程，包括：租赁业务战略规划流程。

2）业务流程，包括：年度业务计划、市场规划、租赁销售过程、转租赁采购、合同物流、客户开票、应收核销，以及资产销售和换丢发票流程。

3）支持流程，包括供应商管理、资产管理、主数据管理、费用管理，和租赁客户管理。

（3）租赁业务 L1 流程图见图 3-12。

（4）L2 流程主要包括：

1）租赁销售过程，见图 3-13，包括：报价、预审及合同、合同变更、合同结束。支持流程包括：客户主数据申请流程、物料主数据申请流程。

2）转租赁采购流程，见图 3-14，包括：采购下单、转租赁收发货、供应商对账及付款。

支持流程包括：供应商主数据申请流程。

战略流程
租赁业务规划

业务流程
租赁业务计划

市场 | 租赁销售过程 | 转租赁采购 | 合同物流 | 开票 | 应收核销

资产销售 | 换丢发票

支持流程
供应商管理 | 资产管理 | 主数据管理 | 费用管理 | 租赁客户管理

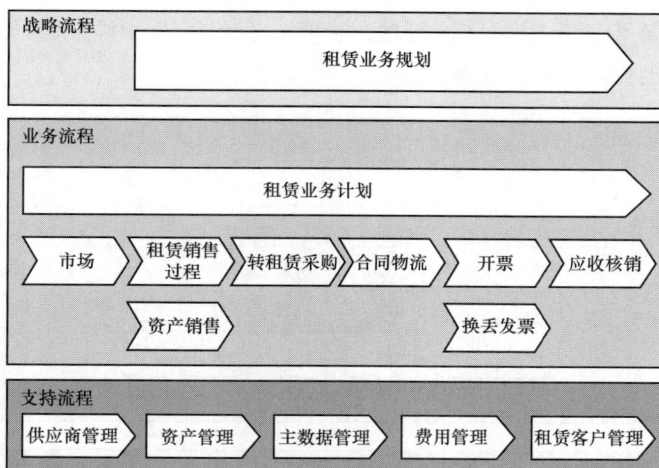

图 3-12　租赁业务 L1 流程图

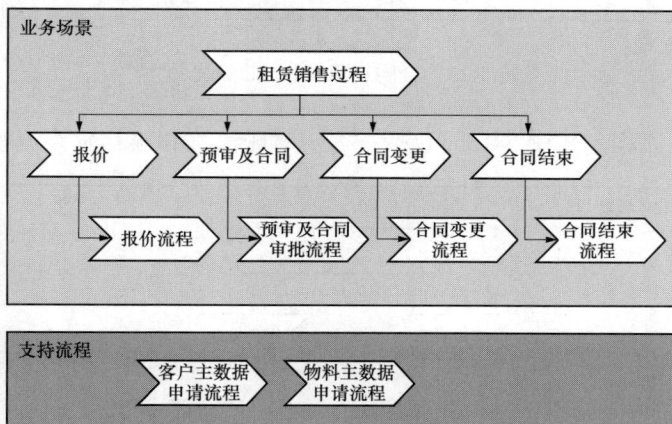

业务场景

租赁销售过程

报价 | 预审及合同 | 合同变更 | 合同结束

报价流程 | 预审及合同审批流程 | 合同变更流程 | 合同结束流程

支持流程
客户主数据申请流程 | 物料主数据申请流程

图 3-13　租赁业务销售过程 L2 流程图

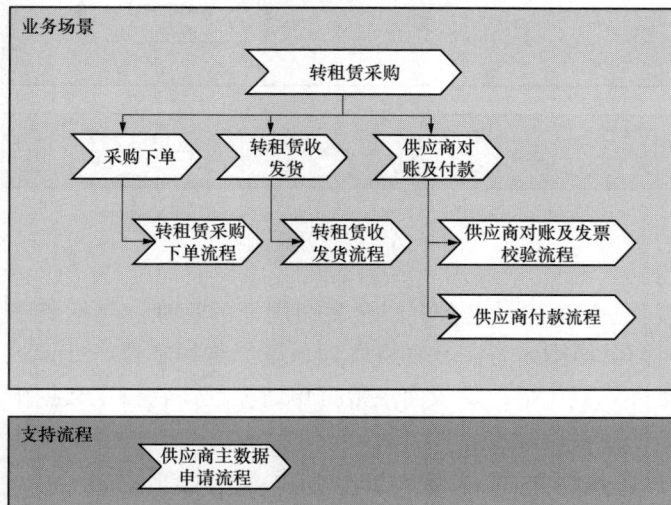

业务场景

转租赁采购

采购下单 | 转租赁收发货 | 供应商对账及付款

转租赁采购下单流程 | 转租赁收发货流程 | 供应商对账及发票校验流程

供应商付款流程

支持流程
供应商主数据申请流程

图 3-14　转租赁采购流程 L2 流程图

3）合同物流流程，见图 3-15，包括：交货、在租资产计量维修、退租。

支持流程包括：资产调拨流程、订单费用记账流程。

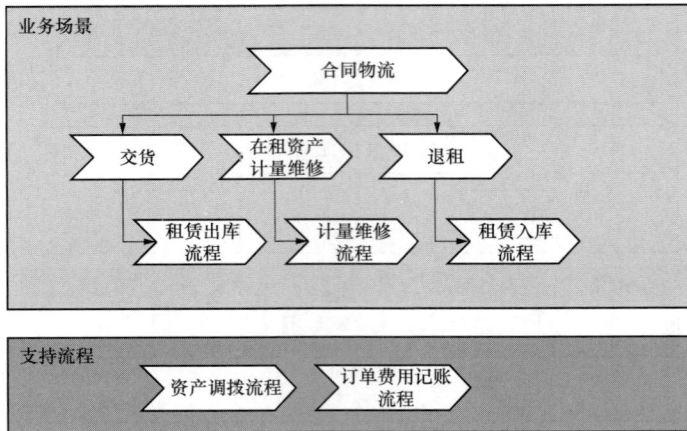

图 3-15　合同物流流程 L2 流程图

4）客户开票流程，见图 3-16，包括：客户对账流程和出具发票流程。

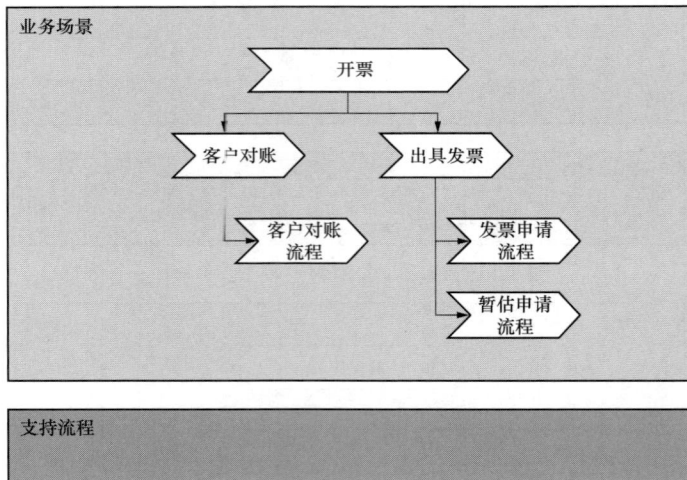

图 3-16　客户开票流程

5）资产管理，见图 3-17，包含资产全生命周期的管理，包括资产采购计划，资产采购、资产到货、商品转固定资产、物资管理、资产维护和资产处置。

资产管理的支持流程包括：供应商主数据申请流程、物料主数据申请流程、计量维修费用支出流程和保险索赔流程。

6）供应商管理，见图 3-18，包括：供应商准入和定期评估。

支持流程包括：评估体系。

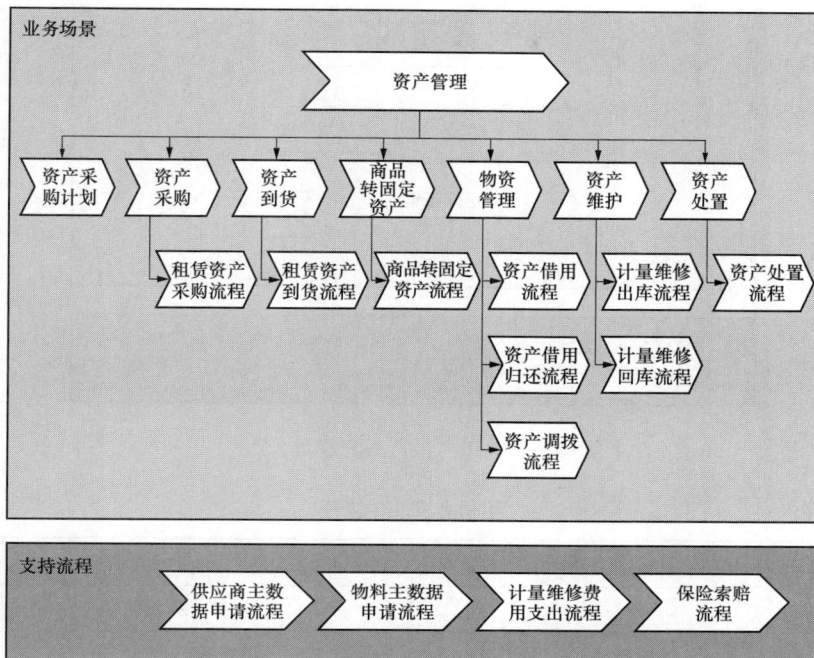

图 3-17　资产管理 L2 流程图

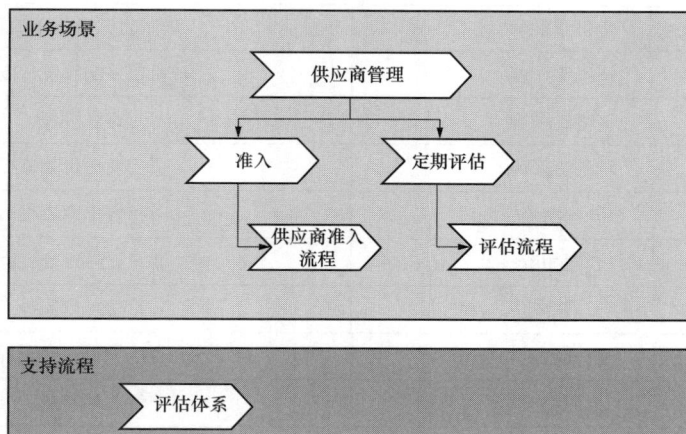

图 3-18　供应商管理

7）租赁客户管理，见图 3-19，包括：租赁客户的准入和租赁客户的定期评估。支持流程包括：评估体系。

（5）改善活动共完成 36 支流程 L3 梳理，见表 3-2，租赁业务全部业务流程完成梳理，完成实施后不再有线下流程。

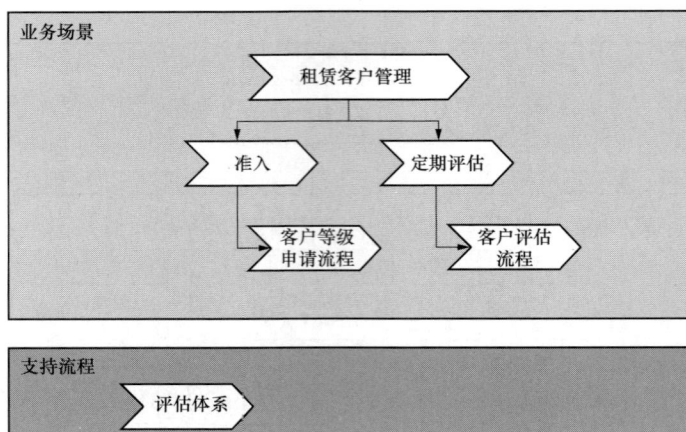

图 3-19　租赁客户管理

表 3-2　　　　　　　　　　　　　　**租赁业务 L3 梳理**

序号	L1 流程名称	L3 流程名称
1	销售过程	报价流程
2	销售过程	租赁预审及合同审批流程
3	销售过程	合同变更流程
4	销售过程	合同结束流程
5	转租赁采购	转租赁采购下单流程
6	转租赁采购	转租赁采购收发货流程
7	转租赁采购	对账流程
8	转租赁采购	供应商后付款流程
9	合同物流	租赁出库流程
10	合同物流	客户计量维修流程
11	合同物流	租赁入库流程
12	合同物流	费用支出记账流程
13	合同物流	资产调拨流程
14	开票	租赁发票流程
15	开票	暂估申请流程
16	开票	客户对账流程
17	应收核销	核销清账流程
18	换丢发票	客户换丢发票流程
19	资产销售（业务员发起的销售）	资产销售流程
20	主数据管理	客户主数据申请流程

续表

序号	L1 流程名称	L3 流程名称
21	主数据管理	物料主数据申请流程
22	供应商管理	供应商信用评审流程
23	供应商管理	定期评估流程
24	资产管理	资产采购计划
25	资产管理	租赁资产采购流程
26	资产管理	租赁资产到货及收货流程
27	资产管理	商品转固定资产流程
28	资产管理	资产借用流程
29	资产管理	资产借用归还流程
30	资产管理	自营计量维修出库流程
31	资产管理	自营计量维修回库流程
32	资产管理	资产处置流程
33	资产管理	保险索赔流程
34	主数据管理	供应商主数据申请流程
35	租赁客户管理	客户信用（无合同、账期等）管理流程
36	租赁客户管理	客户定期评估及分级变更流程

（6）建立客户白名单机制，提升业务审批流程效率。

（7）重建物流流程，提升收发货效率。

3.3　实施标准作业（SOP）实践分享

3.3.1　标准作业工具介绍

标准作业（SOP）是以提升工作效率，保障工作质量为目标，通过最优的工作顺序，建立标准工作流程完成工作任务，最终形成标准化文件并执行的 OBS 改善工具。标准作业是标准化工作最常见的工具，在生产制造环节使用频率非常高。但标准作业同样适用于办公室工作，所有重复性工作的工作流标准化都可以建立标准作业。

1．标准作业主要内容

一份完整的标准作业可以清晰地描述该工作岗位的工作内容、标准化工作流程、工作要求、完成工作辅助的工具等。员工可以按照标准作业进行工作，以确保工作质量。为了清晰说明这些内容，标准作业需要包括以下几部分内容：

（1）标题。标准作业的标题通常以"岗位＋工作"结构命名，如"库管岗拣配发货物资标准作业""应收岗核销应收账款标准作业"。

（2）更新时间。更新时间为本标准作业最后一次更新时间，每次修改都应修改本时间，便于后续查看。

（3）岗位。明确本标准作业使用岗位。"库管岗拣配发货物资标准作业"使用的岗位是库管，"应收岗核销应收账款标准作业"的岗位是应收岗。

（4）开始条件。在什么条件下启动本标准作业。如"库管岗拣配发货物资标准作业"的开始条件是库管岗收到发货通知书，"应收岗核销应收账款标准作业"的开始条件是出纳岗完成到款信息上传。

（5）工作输入。输入是指完成本节点工作必要的输入内容，包括业务单据、文档、工具等。如"库管岗拣配发货物资标准作业"的输入是发货通知单，"应收岗核销应收账款标准作业"的输入是系统到款信息和业务员认款信息。

（6）主要工作任务。重点描述在这个流程节点必须要完成的任务，此项内容的作用是对跨部门、跨岗位的工作进一步明确工作职责，避免工作边界模糊不清。如"库管岗拣配发货物资标准作业"的主要工作是按照出库通知单完成发货物资的拣配，并打包完成，打印出库清单，将物资一同放入待出库区；"应收岗核销应收账款标准作业"的主要工作任务是根据到款信息核销 ERP 应收账款，同时针对合同金额不符的到款信息，通知业务员确认。

（7）工作输出。工作输出是指完成本节点工作后的工作输出，包括业务单据、处理结果、工作计划、团队计划等。例如"库管岗拣配发货物资标准作业"的输出是打包完成的待发货的物资和出库清单，"应收岗核销应收账款标准作业"的输出是应收账款核销结果（可以核销的应收账款）、系统待确认核销清单（因各种原因无法核销的到款信息清单，待业务员处理）。

（8）相关业务制度：与该操作相关的公司管理制度。如"库管岗拣配发货物资标准作业"相关的业务制度是《东方中科仓储物流管理制度》；"应收岗核销应收账款标准作业"相关的业务制度是《东方中科应收账款管理办法》。

（9）工作流标准作业。这部分即为详细的工作流拆分和标准作业说明，每一个步骤包括以下几个内容：

1）阶段：如果工作前后有明确时间间隔的工作分割可以分割成不同的阶段，例如在"采购岗进行采购下单标准作业"中包括供应商选择阶段、供应商谈判阶段、合同审批阶段等。

2）工作流：最优的工作任务顺序的文字描述。

3）操作步骤：完成工作任务的步骤。详细的信息系统操作、物料操作应撰写相应工作操作手册。

4）关键点：对工作结果质量和效率有最大影响的地方。例如：时间限制、质量要求、注意事项、容易出现问题的地方、操作技巧或诀窍。

5）检查点：针对工作结果质量和效率有最大影响的关键点进行的检查项。

6）工具/表单/指引/操作手册：详细的信息系统操作、物料操作说明等，以及与此操作步骤相关的文档。

2．标准作业模板

随着标准化工作推进，OBS 办公室对标准作业模板做了多次优化，可以看到后面的标准作业案例格式稍有不同，当前最新的标准作业模板见表 3-3。

表 3-3 标 准 作 业 模 板

（岗位）（操作）的标准作业			更新时间	
岗位				
开始条件				
输入				
输出				
主要工作任务				
相关业务制度				
阶段	工作流	操作步骤	关键点	检查点	工具/表单/指引/操作手册

3．标准作业 SOP 建立实施过程

标准作业建立和实施分为五个步骤，分别是确定流程、确定工作流并建立标准作业、标准作业验证、标准作业培训、标准作业执行检查修正及标准作业优化。标准作业的建立流程遵循 PDCA 原则，不断优化完善，提升工作标准。

（1）确定流程。标准作业的第一步就是要先确定业务流程。流程是不同岗位完成一个共同目标的协同工作，流程有一定的顺序。相同岗位的工作使用同一个流程节点，不同岗位的操作用不同的流程节点。在绘制流程图时，要充分梳理流程在不同条件下的分流情况，确保每个流程图的分支都是完整的。绘制完流程图后，需要做流程试跑以确定流程正确。

通过图示展示流程的步骤，可以帮助团队更容易理解和应用标准化。绘制流程图是梳理业务流程并达成一致意见的关键。

（2）确定工作流，建立标准作业。同一岗位的工作顺序称为工作流，是指一个流程节点上的一系列顺序的活动。标准的工作流程是标准作业的主要内容，需要详细记录活动所涉及的操作步骤，包括系统操作、手工操作、信息处理等。

按照标准作业模板，将工作流文档化，形成标准作业。在团队中组织讨论，确认每个操作节点的标准作业正确性，以及是否有可以去除浪费的步骤，进行修正、补充，完成标准作业最新版本。

（3）标准作业验证。标准作业验证通常选择本部门非本工作区域（非本岗位）员工进行交叉验证。如果是本岗位人员，有可能因为工作习惯或经验，忽略标准作业的完整性和正确性，发现不了问题。如果是其他部门人员验证，由于对业务流程和情况不了解，有可能需要延长培训时间，在时间充裕的情况下也是可以的。

验证人员需要按照标准作业对真实业务逐步进行操作，确保标准作业书写通顺，易于理解，并覆盖业务情况。

检查合格的标准为在无本岗位人员说明和指导下，按照标准作业操作能够独立完成本岗位工作，同时附加的工具、表单、指引均完整有效。如果验证过程中出现问题，在相关人员修正补充标准作业后，需要再次进行验证，直至验证合格，代表标准作业检查通过。

（4）标准作业培训。完成标准作业并不代表工作的完成，需要在团队中进行标准作业的培训，让员工熟知标准作业及工作要求。

标准作业的培训通常由主管承担。培训之前需要先进行培训准备，包括创建培训计划时间表和工作分解表，充分理解培训工作。确保所有的资源都准备好（人、机、物、法），准备好工作环境。主管需要接受培训训练，了解培训的方法。

标准作业培训的重点首先是工作步骤，即这个岗位在这个流程节点该"做什么"。其次，要跟员工讲解这个工作中的关键点是什么，例如对工作质量、安全有什么关键影响，工作中有什么诀窍，该"怎么做"，以及"为什么"这些工作是关键点。

培训员工应遵循"三教四练"的原则，即做三次正确、恰当的演示或示范，让员工试做四次（应用、监督、反馈、回顾）。然后持续跟进员工的做法，直到合格。

（5）标准作业执行检查、修正及标准作业优化。在 PDCA 循环中，如果没有检查，是无法得知是否正确的。在标准作业执行和落实过程中，检查非常重要。没有检查的工作谈不上标准化。

标准作业检查主要由主管进行。对于主管来说，需要建立管理标准流程。此部分包含在日常管理工具的建立和实施过程中。标准作业检查要设置工作目标，并定期对员工的操作进行检查，看看操作过程是否是按标准作业执行的。如果发现标准作业本身有缺陷，需要进行标准作业的修订。

启动标准作业修订有两个触发因素，一个是在标准作业执行的过程中发现问题，或标准作业不完善，这个时候需要对标准作业进行修改更新。还有一个情况是工作了一段时间后，发现工作质量和输出都维持在比较好的绩效上，这个时候可以提升标准，按照新的标准优化标准作业。此时会倒逼业务部门进行改善，按照新的标准作业执行，使绩效达标。

因此说标准化工作是持续改善的基础。

4．标准作业使用评估

在标准作业推广过程中，OBS 办公室需要评估部门的标准作业使用情况，针对部门标准作业应用过程中的问题予以辅导解决。以下四个指标可以协助评估部门标准作业使用情况：

（1）部门标准作业完成覆盖率。部门标准作业完成覆盖情况可以反映出部门工作标准化程度。支持部门业务流程重复率高，标准作业整体覆盖程度应在 90% 以上。

（2）标准作业培训完成率。标准作业培训情况可以反映出标准作业的基本使用情况，尤其针对新员工，及时完成标准作业培训可以影响新员工独立承担工作的周期。

（3）部门标准作业执行率。有标准作业不执行是在标准作业推动过程中常见的问题。部门员工按标准作业执行的情况可以反映出部门标准作业检查力度，同时可以反映部门在此方面的管理力度和水平。

（4）标准作业更新及时率。发现标准作业问题，应及时对标准作业进行修订并进行员工培训，确保工作质量。标准作业更新及时率可以反映部门在此方面管理的重视程度。

3.3.2　建立 OBS 改善活动标准作业案例分享

改善活动最早起源于日本丰田汽车，是一种专注于快速持续改善的活动方式。经过丰田反复尝试，改善活动被证明是最佳的改善形式。改善活动团队一般由 5～10 人组成。通过几天的团队活动，改善团队针对特定改善目标，以目标结果为导向，在改善教练辅导下，正确应用改善工具，集中和加速优化流程、解决问题和实施改善方案。改善活动可提高企业经营业绩、使企业不断提升标准以实现突破创新，还可以通过精益工具方法学习，提升员工发现和解决问题能力。坚持推动改善活动是建立持续改善的学习型组织文化的重要方法和途径，构建学习型组织，培养精益人才，提升企业核心竞争力。

改善活动可以应用在企业运营和管理的方方面面，应用不同的 OBS 改善工具达成改善目标并解决问题。例如提升准时交货率日常管理、建立和实施库房现场 5S 管理、提升应收账款周转率等。通过组织改善活动进行改善的优势在于目标明确、团队专业、资源集中、流程有序、行动快捷、快速高效，是精益企业改善的重要手段。

持续改善是企业精益变革、业绩改善、人才培养和文化建设的精髓，改善活动是维持续改善的有效手段和工具，企业通过改善活动的组织形式，不断影响员工精益思维和行为模式的转变，从而实现企业的成长与发展。

建立改善活动标准作业可以帮助 OBS 办公室高效组织改善。在改善活动过程中，通过标准作业的执行，结合文件模板和工作指引，让改善团队快速了解工作内容和目标。建立改善活动标准作业的过程也是进一步梳理优化改善流程，提升 OBS 团队认知的过程。

1. 第一步：运用 BPA 建立改善活动流程模型

（1）改善管理 L2 逻辑层。针对每一次改善，改善的过程分为改善计划、改善活动以及改善效果跟进三个逻辑阶段。因此，改善活动的 L2 流程图见图 3-20，共包括三个流程节点：改善计划、改善活动以及改善效果跟进。在改善计划阶段包含一个 L3 流程，即改善需求收集流程。根据工作方式不同，改善活动阶段包括组织改善活动和改善新闻跟进两个 L3 流程；改善效果跟进包括改善效果确认一个 L3 流程。

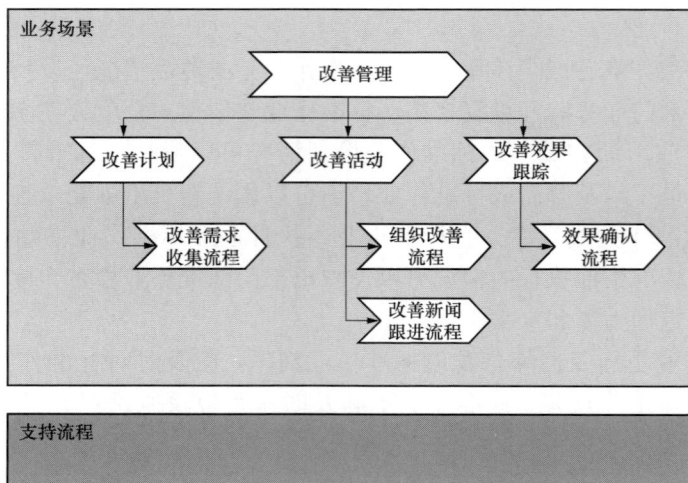

图 3-20　改善活动的 L2 流程图

（2）L3 流程 1：改善需求收集流程。全体员工都可以提出改善需求，经过评估后，生成改善计划。流程图见图 3-21。

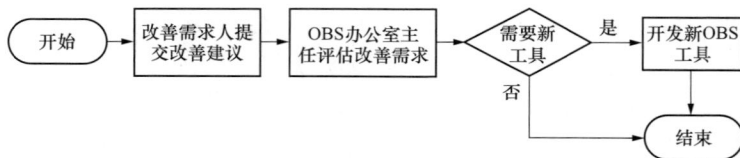

图 3-21　改善需求收集流程

（3）L3 流程 2：组织改善活动流程。组织改善活动流程触发启动自 OBS 办公室主任确认改善需求，并分配改善教练之后，由改善教练启动该流程。组织改善活动流程主要包括改善前期的调研、改善活动前的准备、改善活动现场实施、改善活动总结，以及改善汇报几部分。组织改善活动流程图见图 3-22。

第一阶段：改善教练需求背景调查。

第二阶段：改善活动准备。

1）明确改善活动主题、范围和目标，与需求负责人达成共识；所有改善活动应提前至少 4 周启动改善准备。只有充分地进行改善准备才能确保改善顺利进行。

2）组建改善团队，确定组长之后，改善教练需要对组长进行培训，辅导组长做好改善活动计划、改善团队成员分工等。组长还需要做好与改善团队、支援团队、基层员工和高层的沟通，让大家对改善背景和目标有非常明确的认识。

3）要走入现场（go to gemba），掌握真实情况，收集相关数据，为改善活动提供真实依据。

4）改善前，教练要做好相应培训工具和资料准备及后勤安排，确保现场改善过程顺利进行。

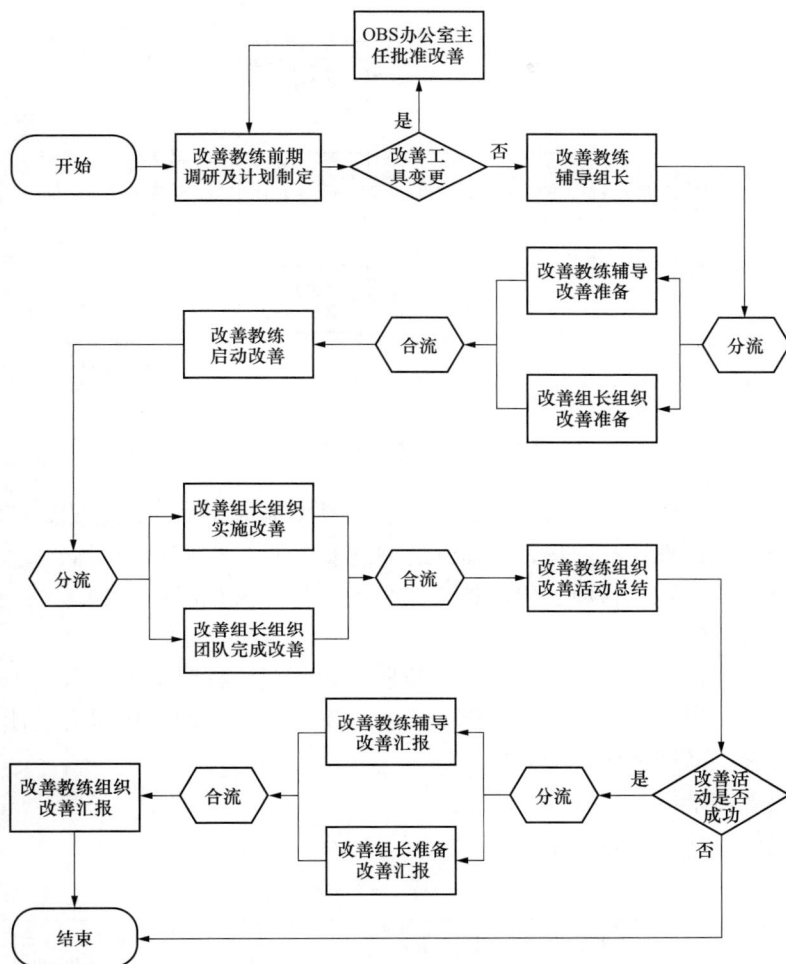

图 3-22 组织改善活动流程图

第三阶段：改善活动实施。

改善活动实施过程包括：改善工具培训、组织实施、改善总结，以及改善汇报。

步骤 1：改善工具培训。改善教练培训精益工具和方法 （如标准化、5S、TPI、日常管理等），与团队共同检视目标、定义价值（范围）、分析现状、设计目标愿景计划。

步骤 2：组织实施。改善团队实施和执行新目标愿景的改善方案，明确任务、时间、负责人；制订实施计划，确定改善新闻；明确考核指标和办法，目视化跟踪与执行。

步骤 3：改善总结。

步骤 4：改善汇报。标准化作业流程，总结改善过程，撰写改善报告，组织改善成果发布。

（4）L3 流程 3：改善新闻跟进流程。改善新闻跟进流程根据改善活动情况启动，如有在改善日程内未完成的任务则启动改善新闻流程，主要包括制订行动计划并推进工作内容，流程图见图 3-23。

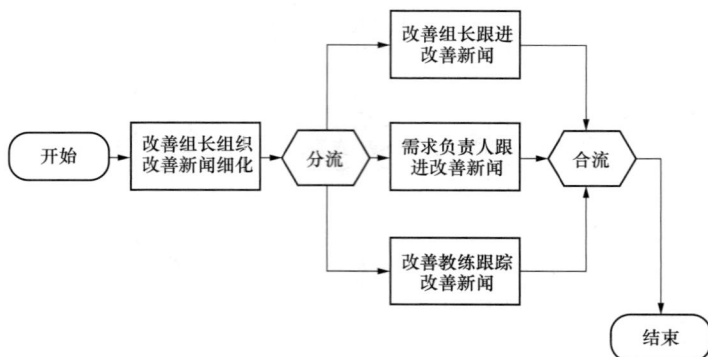

图 3-23　改善新闻跟进流程图

（5）L3 流程 4：改善效果跟踪流程。改善活动实施完毕后，改善团队继续检查和落实各项考核指标与标准执行效果，包括：跟踪改善成果、评估各项指标、提交证明材料、评判改善效果、撰写发表材料、组织改善成果发表等，流程图见 3-24。

2．第二步：确定流程节点岗位职责

建立流程之后，需要梳理流程节点岗位职责，包括流程节点的输入、工作输出，以及工作职责。以组织改善活动流程为例，来看一下主要节点的工作职责是什么。

（1）改善教练前期调研及计划制订。

输入：改善需求；

输出：改善目标、工具、组长；

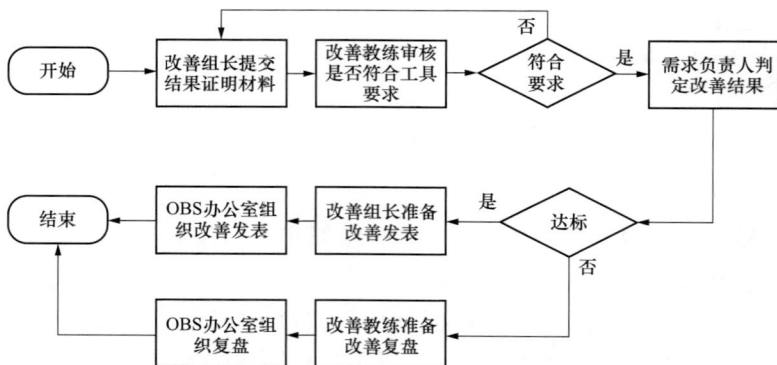

图 3-24　改善效果跟踪流程

工作职责：①与需求负责人及相关人员详细沟通改善背景、目标，确定改善组长；②确定改善工具，若需要变更，需要提交 OBS 办公室主任审核。

（2）改善教练辅导改善组长。

输入：改善目标、辅导的标准作业（包含改善准备表模板、工具模板、调研模板、辅导计划等）、组长的标准作业；

输出：改善准备计划；

步骤：①制订辅导计划；②准备辅导材料（包含组长的标准作业、辅导的标准作业、改善准备表模板、工具模板、调研模板、数据模板）；③按照辅导计划执行；④辅导组长确定改善准备的人员，分工，时间表，完成改善准备计划。

（3）改善组长组织改善准备。

输入：改善准备计划、模板；

输出：改善准备表；

步骤：①组织团队成员沟通改善目标；②组织前期调研，准备数据、人员分工；③与教练沟通确认调研数据；④完成改善准备表提交给教练进行修正，完成最终稿。

（4）改善教练启动改善。

输入：改善准备表；

输出：改善通知、课件、教材；

步骤：①发送改善通知、会议室预约；②备课；③打印证书和教材。

（5）改善教练组织实施改善。

输入：改善准备表；

输出：改善结果、新闻；

步骤：①改善计划：制定五栏表（当天的改善计划及进度）；②组织实施：早晚会、改善实施、更新进度、组织团建；③准备改善汇报相关内容。

（6）改善组长组织团队完成改善。

输入：改善日程、课件；

输出：改善目标完成、汇报 PPT；

步骤：①讲课；②改善组织、过程控制、现场辅导；③辅导改善汇报。

（7）改善教练组织改善活动总结。

输入：改善结果、改善人员沟通会；

输出：本次活动总结（优秀组员和组长的候选人提名、改善建议）；

步骤：①组织沟通会，记录改善建议；②完成优秀组员和组长的候选人提名和评价。

（8）改善教练组织改善汇报。

输入：改善汇报通知；

输出：汇报完成、更新改善新闻；

步骤：①改善汇报通知；②视频会议预约、会议室预约；③主持改善汇报（开场、汇报、领导发言、总结），提问答疑、更新改善新闻（重要问题评估后可加入改善新闻跟踪处理）；④发证书、合影。

3．第三步：梳理标准作业并建立模板和工作指引

在完成了流程梳理和流程节点工作职责梳理后，需要将相关内容细化并形成标准化文档。

（1）标准作业案例：改善教练前期沟通调研沟通标准作业，见表 3-4。

表 3-4 改善教练前期沟通调研沟通标准作业

岗位	改善教练				
开始条件	OBS 办公室主任确认改善需求				
输入	改善需求、工具				
输出	改善目标、工具、组长				
主要工作任务	与改善需求负责人确认改善背景、改善目标、改善团队、改善工具				
相关业务制度					
阶段	工作流	操作步骤	关键点	检查点	工具/表单/指引/操作手册
前期调研	了解改善需求背景	与改善需求负责人就当前问题点及希望达成的状态进行讨论，确定问题点在业务流程中位置、当前主要差距和造成差距的主要原因	引导需求负责人寻找问题的根本原因		改善准备表
	确定改善工具	改善教练确认本次改善需要使用的工具，如若需工具本人无法承担，应向 OBS 办公室申请更换工具及教练			改善准备表
前期调研	确定改善目标	（1）改善教练根据导致问题原因的分析，确定可能影响改善进行的主要因素，进而确定本次改善预期能够达成的目标。 （2）就预设目标与改善需求负责人进行确认，形成共识	改善目标量化		改善准备表
	确定改善团队及组长	（1）改善教练根据改善目标，确定需要完成这一目标的相关方，并与需求负责人共同确定改善团队构成。 （2）改善教练与改善需求负责人讨论确定改善组长	（1）业务负责人不要担任组长。 （2）尽量安排高管参加		改善准备表
制订计划	制定改善日程表	（1）改善教练组织需求负责人及改善组长制订改善计划及日程表，由改善需求负责人根据团队成员时间占用情况、近期重点工作安排及改善要求，确定改善准备、改善活动、改善汇报、改善新闻、改善效果确认时间点。 （2）改善教练将形成的改善计划和日程表发送至 OBS 办公室进行备案；每月月会，跟踪改善计划进度；如改善计划有较大调整（时间节点调整两周以上），应征得 OBS 办公室主任同意		时间调整的频次。如果调整频次过多，则需要与改善需求人沟通	改善日程表

（2）文档模板案例：改善准备表，见表 3-5。

表 3-5 改 善 准 备 表

*改善项目名称		*需求负责人	
改善组长		*改善教练	
*改善工具		改善来源	
开始日期：		预计结束日期：	

问题描述

*标准/目标	*现状	*差距	*趋势

*改善的价值和必要性

改善范围	
包括（区域、产品、流程）	不包括（区域、产品、流程）

改善目标			
*改善活动目标	*改善前状态	*改善后效果目标	实际达成 %
1.			
2.			
3.			

*关键输出成果
1.
2.

*改善团队：			
序号	姓名	部门/岗位	职责分工
1			
2			
3			
4			
5			

* 为必填项。

（3）工作模板案例：改善日程表。改善日程表是一个跟踪推进改善活动全流程的工作表单。改善日程表的工作分解类似项目管理的工作分解结构（work breakdown structure，WBS），针对每个改善活动，工作任务是相似的，内容有所不同。因此，建立改善日程表模板可以帮助教练规划和监控改善的日程及工作结果，避免工作推迟或疏漏。

改善日程表模板见表3-6。

表3-6 　　　　　　　　　　　　　　　改 善 日 程 表

阶段	具体工作	岗位	工作任务	输出	计划完成日期	负责人	参与人	状态	备注
改善准备	辅导改善组长	教练	制订辅导计划	辅导计划					
		教练	辅导组长	改善准备表					
	改善准备	组长	团队沟道	行动计划					
		组长	改善准备	改善数据整理					
		教练	备课	完善日程表、课件					
	发送改善通知	教练	启动改善	改善通知					
改善活动	改善活动	教练	改善工具培训						
		教练	活动实施						
		教练	活动总结	改善评价表					
改善汇报	改善报告准备	组长	改善报告准备	改善汇报PPT					
	发送改善汇报通知	教练	启动改善汇报	改善汇报通知					
	组织改善汇报	教练	（1）改善工具介绍。（2）团队汇报	开场PPT、公众号宣传文章					
改善新闻	改善新闻跟踪	负责人1	新闻1	行动计划1					
		负责人2	新闻2	行动计划2					
改善效果确认	效果证明材料准备	组长	效果证明材料撰写	效果证明材料					
		教练	证明材料审核	效果证明材料					
		教练	确认改善效果	效果证明材料					
	改善发表	组长	改善发表	改善发表PPT					
		教练	内部宣传	公众号文章					

（4）工作指引案例：组长工作指引。在改善过程中，组长需要配合改善教练组织改善团队完成改善活动，达成改善目标。因此，组长的角色非常关键，让组长明确组长工作职责，并提供相应的工作指引有利于改善活动的开展。

改善组长职责及工作内容见表3-7。

表3-7 　　　　　　　　　　　**改善组长职责及工作内容**

序号	改善组长职责	工作内容
1	改善组长参加改善前辅导，完成改善团队搭建、做改善准备、确认改善日程，提交"改善准备表"和"改善数据准备"	"改善准备表模板""数据准备要求模板"

序号	改善组长职责	工作内容
2	改善组长根据日程表组织改善，明确每日计划和完成时间、组员分工、完成"五栏表"	"五栏表"
3	组织团建，组织团队根据"五栏表"中工作计划，监控工作进度和结果	"团建指引"
4	每日开早会和晚会，如果需要加班，预估加班时间，确定加班任务、调整"五栏表"，加班晚餐确认	"早晚会指引"
5	需要小组外人员沟通，准备完成沟通的"五栏表"明确沟通人员、沟通内容计划达成的结果/目标，组织完成沟通会议	"沟通会指引"
6	组织改善团队讨论完成改善新闻	"改善新闻"
7	组织完成改善汇报文件及部署改善小组的改善汇报工作	"改善汇报模板"
8	根据改善新闻组织改善团队制订后续行动计划，并跟踪和汇报行动计划给改善需求负责人和改善教练	"改善行动计划表"
9	确认改善新闻项目完成并达成改善结果后，提交改善完成证明材料给改善教练	"结果跟进材料清单及模板"
10	组织完成改善发表及部署改善小组改善发表汇报	"改善发表模板"

（5）工作指引案例："五栏表"模板及指引。

1）"五栏表"模板，表3-8。

表 3-8　　　　　　　　　　　　　　　"五栏表"模板

序号	任务	目标/结果	负责人	完成时间	进度
1					
2					
3					
⋮					

2）"五栏表"指引，见表3-9。

表 3-9　　　　　　　　　　　　　　　"五栏表"指引

"五栏表"总体要求：		
（1）当日工作内容任务分解		
（2）每日早会前组长负责完成当日"五栏表"；工作时间之前提前完成		
（3）早会时沟通并达成一致		
（4）填写要求		
1）	任务	日程表中工作分解到步骤，明确关键节点。 如需拆分不同小组，以任务来拆分，并注明小组成员。 每个工作内容原则上不超过 4h，必须检查关键节点

2）	目标/结果	明确的交付内容或结果，例如：BPA 流程图、方案确定
3）	负责人	是完成此项工作的负责人，不能是多个
4）	完成时间	开始时间-结束时间，细化到 15min，例如：9：00～9：30
5）	进度	根据完成比例，填写完成进度

（6）工作检查清单案例：改善教练工作检查清单。OBS 改善教练工作检查清单见表 3-10。

表 3-10　　　　　　　　　　　　OBS 改善教练工作检查清单

改善项目：			填写时间：
序号	检查	项目	计划完成时间
1	☐	辅导组长改善流程的标准作业和改善工具及需要的改善准备	
2	☐	辅导组长完成现状调研和工作计划时间表	
3	☐	辅导组长完成改善准备表	
4	☐	培训教材 PPT 及资料准备	
5	☐	组织培训完成	
6	☐	辅导改善完成	
7	☐	改善汇报前打印"改善汇报日程"	
8	☐	组织改善汇报完成	
9	☐	组织改善活动总结、记录"改善活动总结"	
10	☐	完成改善汇报微信公众号发布	

4. 最后一步：执行改善活动标准作业并不断修正

标准作业的有效性取决于是否按标准作业执行，否则梳理标准作业毫无意义。在执行标准作业的过程中，要不断发现改善空间，并组织改善。

自 2021 年完成第一版改善标准作业后，截至目前已完成三次修订，不断完善和优化改善过程，提升改善效率，并提升员工改善的获得感。

3.3.3　客户退换货标准作业案例分享

1. 改善背景

客户退换货是增值销售业务流程中的常见的反向操作流程。改善前流程的主要痛点包括：

（1）公司对"退换货"业务定义不清晰，也没有标准的操作流程。客户退换货流程牵扯面多，流程复杂。针对型号、供应商、成本、库存、发票等因素组合，退换货一共有 35 种处理情况，业务员经常不知道自己客户的退换货属于哪一类型，造成退换货申请的反复修改。

（2）在日常业务处理过程中，退换货各环节流程未串联起来，各个部门都有各自的规定，并根据自身要求设计申请单据，改善前退换货申请有五类申请单据，包括业务冲销处理单、退换货申请单、退货情况一览表、退换/丢发票申请单、客户退款申请表。业务员有时填错单据造成后续流程错误，影响效率。业务员提交退换货申请时，需要多次申请审批，存在反复沟通的情况。

（3）由于前端的业务处理信息不清洁，月底结账时影响财务月结的进度，经常造成预定的开账日期无法按预期完成，同时因退换货出错，导致查找问题及修正时间影响财务月结天数的 25%。

退换货流程有以下主几个要关键节点：

（1）由于公司的库存成本使用的是移动平均价，因此在退货物资入库的时候，如果库存成本与退货物资发货的成本有差异，会造成库存成本的波动，也会造成财务账务的误差。

（2）换货产品有可能遇到旧的产品型号停产，需要更换新的产品型号，而新的产品型号成本与老型号存在差异。

（3）退货产品已出具发票，存在退发票的问题；换货产品因价格调整，存在换发发票的问题。

（4）换货产品需要与供应商协商，如遇到供应商拒绝换货的情况，如何按标准流程处理。

2．改善目标

（1）客户退换货流程标准化。建立客户退换货 L3 流程，并梳理岗位职责和工作流，完成岗位标准作业。

（2）提高退换货申请操作效率 80%。减少、合并申请单据，将业务员操作简化，提高流程效率。

（3）提高财务月结效率 25%。通过标准化流程梳理及标准作业建立，提高工作质量，减少因错误退换货操作造成的成本差异，提高月结质量和效率。

3．改善过程

（1）退换货 L3 流程梳理。

1）定义"客户退换货"的业务范围为相同物料相同供应商之间处理的业务为本次标准化的流程范围，其他情况因发生频率不高，且各种情况不一，如发生类似业务则一事一议，不作为标准流程处理。

2）将退换货流程的情况进行分类，通过沟通，合并退换货处理分支，减少流程判定点，提高流程效率；改善后，业务员只需在系统中填写一个申请即可。

改善后退换货流程图见图 3-25。

（2）完成标准作业撰写。共完成 36 个流程节点的标准作业及相关操作手册的撰写，共涉及四个岗位类型：

1）业务员及助理标准作业，见图 3-26。

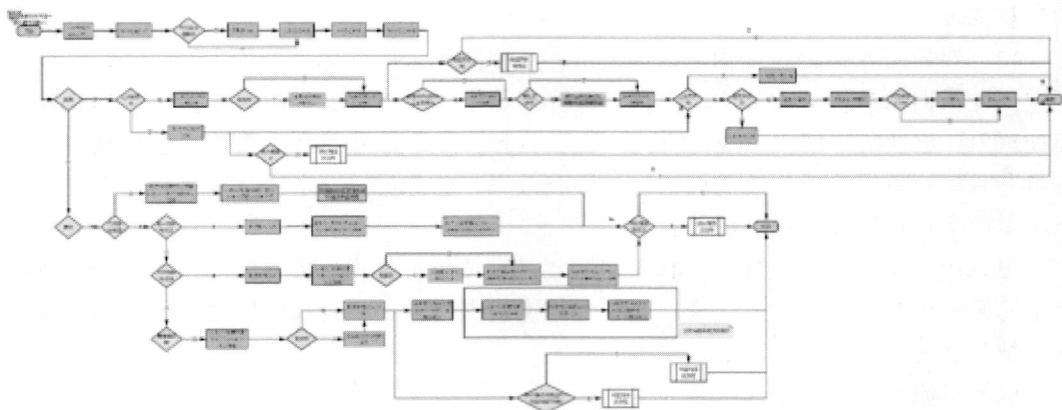

图 3-25　客户退换货流程图（改善后示意图）

图 3-26　业务员及助理标准作业列表

2）财务相关标准作业，见图 3-27。

3）物流相关标准作业，见图 3-28。

4）采购相关标准作业，见图 3-29。

（3）标准作业分享。具有代表性几个节点标准作业包括：

1）业务员提交退换货申请的标准作业，见表 3-11。

2）业务员/助理退货处理的标准作业，见表 3-12。

3）物资检查外观的标准作业的标准作业，见表 3-13。

4）物资冲销发货过账的标准作业，见表 3-14。

客户退换货流程-财务总监岗复核退客户款标准作业.xlsx

客户退换货流程-出纳岗退款标准作业.xlsx

客户退换货流程-会计信息部经理岗复核退客户款标准作业.xlsx

客户退换货流程-税务发票岗处理发票标准作业.xlsx

客户退换货流程-税务发票岗会计调整标准作业.xlsx

客户退换货流程-税务发票岗手工对SO开票&清账&会计调整标准作业.xlsx

客户退换货流程-税务发票岗手工对标准以销定采SO开票、销项税调账标准作业.xlsx

客户退换货流程-税务发票岗手工对退货SO开票、销项税调账标准作业.xlsx

客户退换货流程-应收岗复核标准作业.xlsx

客户退换货流程-应收岗账务处理标准作业.xlsx

客户退换货流程-应收岗转预收标准作业.xlsx

客户退换货流程-应收岗做账付款回单标准作业.xlsx

图 3-27　财务相关标准作业列表

客户退换货流程-物资仓库管理员对两个交货单发货过账及安排物流的标准作业.xlsx

客户退换货流程-物资冲销发货过账标准作业.xlsx

客户退换货流程-物资冲销原SO交货单的发货过账并删除原交货单的标准作业.xlsx

客户退换货流程-物资对以销定采SO发货过账的标准作业.xlsx

客户退换货流程-物资发货过账（退货）标准作业.xlsx

客户退换货流程-物资检查外观标准作业.xlsx

客户退换货流程-物资移借出库的标准作业.xlsx

图 3-28　物流相关标准作业列表

客户退换货流程-采购员协商的标准作业9-6

图 3-29　采购相关标准作业列表

表 3-11　　　　　　　　　　　　**业务员提交退换货申请的标准作业**

岗位	业务员				
开始条件	因货物不能满足客户需求，客户要求退货，或者换货				
输入	退、换货需求				
输出	退换货申请表单和退、换的货物				
主要工作任务	完成与客户供应商沟通，退换货申请提交				
相关业务制度					
阶段	工作流	操作步骤	关键点	检查点	工具/表单/指引/操作手册
沟通确认	与客户确认	（1）退、换货原因（订错了，产品质量，其他理由）。 （2）产品使用情况，是否拆箱影响二次销售。 （3）是否需要退票退款。 （4）是否是本公司销售出库的货物			
沟通确认	与供应商确认	（1）根据厂商来判定是否需要退、换货，退回原厂还是退回公司库存。 （2）是否有手续费，谁来承担（业务员评估）			
	与地区经理确认	向地区经理反馈退换货情况： （1）同意则业务员提交退换货申请表，确认货物后续处理方案。 （2）不同意则需要业务再次沟通			
发起申请	发起退换货申请	（1）BPM-销售管理-业务申请-客户退换货申请-点击"退换货申请"。 （2）勾选"客户换货"或者"客户退货"，明确是换货还是退货，如为退货 需要确认货款 发票是否开具，如为换货，需要确认"换货方式"。 （3）填写产品问题描述：是否拆箱，是否破损，产品质量问题需提供问题照片或者视频，检测报告，特殊厂商需确认 POS 信息。 （4）选择"客户退换货依据"，选择"销售机会表单"或者"订单号"。 （5）复核产品明细和数量。 （6）检查无误后提交表单。 （7）将退换货物提交给物资	退货时需确认产品质量信息正确完整，避免货物和货款损失	前期沟通详尽，提交表单前再次确认	

表 3-12　　　　　　　　　　　　**业务员/助理退货处理的标准作业**

岗位	业务员/商务助理/销售助理
开始条件	退货申请已审批通过且系统发票已开具
输入	经批准的退货申请待办任务
输出	更新退货订单退货交货单号表单
主要工作任务	易捷/商务助理创建退货订单及退货交货单

续表

相关业务制度					
阶段	工作流	操作步骤	关键点	检查点	工具/表单/指引/操作手册
	创建退货订单	（1）考原订单创建标准退货订单 （2）部分退货：参照销售订单，行项目中退什么留下什么，不退的删除。 整单全退：参照销售订单，新项目无需删除。 （3）订单录入：合同号（与原订单一致）。 （4）勾选退货原因。 （5）检查无误后保存订单	（1）部分退货与整单退货的操作区别，订单里留下的都是需要退货的产品。 （2）订单合同号要与原订单一致，是检查合同处理痕迹的重要查询条件	提交前检查并核对订单	用户手册-SAP操作手册
	创建退货交货单	（1）填写退货订单号创建退货交货单。 （2）确认交货单中带的出工厂与原出货工厂一致			用户手册-SAP操作手册
	填写退货订单号及退货交货单号并提交	（1）在退换货表单——客户退货信息中输入退货订单号及退货交货单号。 （2）确认无误后提交表单			

表 3-13　　　　　　　　　　　物资检查外观的标准作业的标准作业

岗位	入库操作员				
开始条件	业务员发起退/换货表单、退换货物资				
输入	退换货的表单以及物资				
输出	已更新后的退换货表单、退换货物资入库				
主要工作任务	准确的确认物资实时状态、及时提交表单以及物资入库				
相关业务制度	《仓储及物流管理制度》				
阶段	工作流	操作步骤	关键点	检查点	工具/表单/指引/操作手册
物资状态检查	检查收到物资	（1）根据提交的退换货申请单，核对退回仓库的物资型号、数量以及序列号（SN）是否与申请单信息一致。 （2）退回仓库的物资型号、数量以及序列号（SN）是否与 SAP 原交货单信息一致；若产品信息不符，则BPM退回，物资退回。 （3）检查退货物资的外包装箱 6 个面是否有破损、挤压、污垢、浸湿等痕迹。 （4）检查外包装箱是否是原箱。	（1）检查型号、序列号（SN）且必须与原 SAP 出库单一致。 （2）按着操作步骤进行外观检查并如实填写BPM 表单	（1）复核 SAP 出库单与退货回库的型号、序列号（SN）信息一致。 （2）按着检查清单顺序严格检查并进行勾选签字确认	退货回库检查清单

续表

阶段	工作流	操作步骤	关键点	检查点	工具/表单/指引/操作手册
物资状态检查	检查收到物资	（5）检查上、下面两面的胶带是否原装，有没有二次覆盖痕迹。 （6）有二次封箱痕迹的商品，需开箱检查。 1）主机外观是否清洁且完好。 2）附件是否有短缺。 3）主机和附件是否存在破损、划痕等使用痕迹	（1）检查型号、序列号（SN）且必须与原SAP出库单一致。 （2）按着操作步骤进行外观检查并如实填写BPM表单	（1）复核SAP出库单与退货回库的型号、序列号（SN）信息一致。 （2）按着检查清单顺序严格检查并进行勾选签字确认	退货回库检查清单
表单信息更新	确认物资状态，并提交表单	（1）将以上检查结果如实填写在BPM中并提交表单（物资如有问题影响二次销售则上传照片当作附件留档，在拍照片时应最大程度体现客观真实性，如需要可放"笔"等参照物，提高直观性）。 （2）在BPM上按【提交】按钮，提交表单			
物资入库	物资入库	将退换货物资放置在仓库待入库区域并在外箱上做标识（退换货时间＋业务员）			

表3-14   **物资冲销发货过账的标准作业**

岗位	出库操作员
开始条件	收到审批后的且未开系统发票的退货申请表单
输入	审批后的且未开系统发票的退货申请表单
输出	冲销发货过账后的退货申请表单
主要工作任务	依据退货申请表单信息在SAP进行冲销过账
相关业务制度	《仓储及物流管理制度》

阶段	工作流	操作步骤	关键点	检查点	工具/表单/指引/操作手册
	在SAP中进行冲销发货过账	（1）核对BPM退货申请表单、退货物资以及SAP交货单中的产品信息（型号、数量）是否一致。 （2）在SAP系统中冲销交货单，详见《SAP出入库操作手册》。 （3）回到BPM业务流程—物流管理—出库管理—销售出库处理—公司库房销售出库处理单备注栏注明冲销原因并同时点击【更新数据】后保存	三方信息（BPM退货申请单、退货物资以及SAP交货单）一致	检查并核对退货申请表单、退货物资、SAP交货单	《SAP出入库操作手册》

续表

阶段	工作流	操作步骤	关键点	检查点	工具/表单/指引/操作手册
	在 BPM 中进行信息维护并提交	（1）BPM 点击【获取 SAP 数据】按钮。 （2）检查核对 SAP 过账凭证与 BPM 订单信息是否一致（发货过账凭证号），一致后点击【提交】按钮			
	物资入库	将退货物资放置在仓库指定区域（备货/单对单）并在外箱上做标识（退货时间＋业务员）			

3.3.4　应收账款到款核销标准作业案例分享

1．改善背景

应收账款的核销与业务员的佣金直接挂钩，也就是说，只有客户付了款，合同执行完结了，业务员才能拿到这笔订单的佣金。因此，应收账款核销虽然对公司来说没有业务风险，但是核销是否正确及时关系到业务员的收入。

目前公司会计部的应收账款核销方法是根据客户付款金额对应客户名下的销售订单金额，如果一致的话会计会自动地核销该笔应收账款。但是东方中科的业务管理是按事业部来管理的，因此会有同一个客户有多个业务员共同维护的情况。此时如果有两笔订单有相同的金额，而且分属于不同的事业部，那么核销的时候就有可能会出错，影响业务员佣金。还有一种情况是客户的付款金额跟哪个订单都不对应，或者客户是合并一笔进行的付款，那这个时候需要业务人员配合认款，有可能不同的事业部的业务员误以为客户的这个付款是自己订单的付款提前做了应收的核销。

因此应收账款核销的正确率、及时性是会计信息部的重要工作指标。对应收账款到款核销流程进标准化，制定标准作业是提高工作质量的方法。

2．改善目标

改善目标如下：

（1）应收账款核销现状工作流梳理，并制定标准作业。

（2）各岗位按照标准作业执行，减少反复沟通。

（3）准确、及时地完成到款核销，出错数量减少 50%。

3．改善过程

（1）应收账款到款核销流程梳理。应收账款到款核销流程图见图 3-30。

应收到款核销流程涉及 8 个流程节点：

1）出纳岗确认并上传到款信息。

2）信控岗确认票据。

3）出纳岗经办。

4）会计主管审核。

5）出纳岗打印票据。

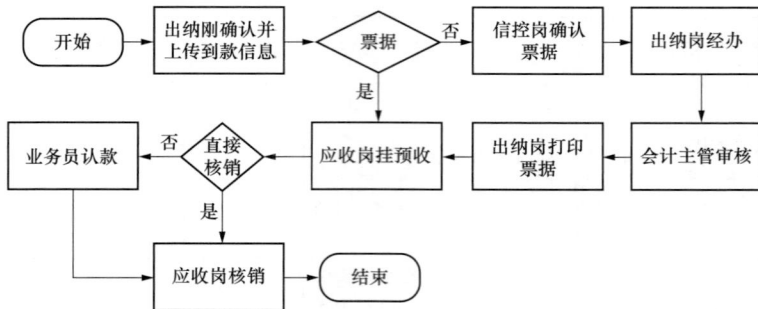

图 3-30　应收账款到款核销流程图

6）应收岗挂预收。

7）业务员认款。

8）应收岗核销。

（2）出纳岗确认并上传到款信息标准作业案例。出纳岗上传到款标准作业见表 3-15。

表 3-15　　　　　　　　　　　　出纳岗上传到款标准作业

岗位	出纳岗			
主要工作描述	上传到款、票据通知			
开始条件	收到客户款或票据			
影响程度	影响公司运营：业务员佣金，采购下单，发货			
注意事项	准确、准时确认到款信息并上传到款（9:00～15:00）			
检查点	收集下一环节质量和时效反馈			
工作流	操作步骤	关键点	工具/表单/指引	业务制度
下载网银流水	每个工作日登录【招商银行网银】—【账务查询】—【交易查询】—【筛选交易时间】—【入账】—【查询】—【全选】—【导出选中】—【下载文档】—【打开】—保留：交易日、贷方金额、收（付）方名称、用途，删除其他信息。 筛选交易时间备注： （1）每日上午九点上传到款，网银时间段筛选日期为前一工作日 15:00 上传当天 9:00。 （2）每日 15:00 上传到款，网银时间段筛选日期当天 9:00~15:00			
BPM 上传到款	每个工作日 9:00～15:00 上传到款： 登录 BPM—【业务流程】—【会计信息】—【应收会计】—【下载模板】—筛选账套—搜索—通过表单中前三笔来确认此次上传得第一笔款，将上述网银流水信息粘入《到账信息查询模版》—拿单日期为上传日期，点击【保存】桌面。 点击【上传数据】—点击【浏览】—按上述存档路径选择文件—选中《到账信息查询模版》—点击【打开】—点击【确定】，上传信息完成	防止漏传或重复上传	银企直联操作手册	

续表

工作流	操作步骤	关键点	工具/表单/指引	业务制度
SAP 上获取银行回单	每个工作日 9:00~15:00 获取回单：登录 SAP—账号【CW100-06】—【银企直连】—事务码【EPIC_PROC-电子支付集成】—【处理银行回单】—【获取回单】—选择北京、上海、深圳招商银行—【发送查询】—点击"√"，下方显示出流水信息，获取回单结束		银企直联操作手册	
查询票据	每个工作日登录【招商银行网银】—【票据大管家】—【业务审批及撤销】—【批量通用回复（新）】—【增加】—没有票据就结束			
通知收到票据	点击【详情】，截图【票面正面信息】【票据背面信息】（要截最后一位背书人）—发确认票据信息邮件给信控岗、应收岗、销售序列			

（3）业务员认款标准作业案例。业务员认款标准作业见表 3-16。

表 3-16　　　　　　　　　　　业务员认款标准作业

岗位	业务员
主要工作描述	业务员确认到款并告知财务核销
开始条件	查看 BPM 到款信息
影响程度	影响佣金发放；产生超期应收
注意事项	及时认款
检查点	

工作流	操作步骤	关键点	工具/表单/指引	业务制度
确认到款	（1）进入 BPM 查询客户到款金额，查询路径：BPM—信息查询—会计信息—到款信息查询—搜索条件中输入客户名称—通过拿单日期和到款金额确认是否到款。（2）收到财务应收岗认款邮件	及时确认		
确认核对	根据客户名称和金额，在 BPM—业务流程—合同管理—搜索条件—客户名称—查询对应 SAP-订单号，确认是预收还是应收货款	确认到款名称时注意主体名称		
通知财务	写相关邮件给应收岗核销；邮件内容包含客户名称，客户号，SAP-订单号，到款比例，应收还是预收			

3.4 会议流程标准化（MSOP）实践及案例分享

3.4.1 会议流程标准化工具介绍

会议最重要的输出是找出差距，制定对策，让下一步行动计划行之有效。会议流程标准化是以提升会议效率，保障会议目标达成为目标，通过明确会议准备工作、会议内容及流程，建立会议标准化文件及会议模板，并执行。

制订会议流程本身并不复杂，为什么要通过改善活动来完成流程的制定呢？

首先，讨论会议的目的和目标的过程是团队达成共识快速有效的方法。通过头脑风暴，听取别人对会议的理解，可以让团队成员加深对会议的必要性认知，更好地参与会议的过程。

其次，讨论会议议程也是团队对每项工作的目的加深理解的过程。比如为什么要在部门例会开始先对团队成员做正向激励呢？因为围绕公司企业文化，进行与工作相关的正向激励可以让员工加强对企业文化的认同，对员工的进取心、创造力、执行力进行鼓励可以帮助员工成长。

会议流程制定过程有以下几个步骤：

（1）通过头脑风暴明确会议目的和目标。

（2）针对会议目的，需要做哪些准备工作。

（3）针对会议目的，确定会议议题，并明确每个议题的关键点。

（4）完成会议流程标准文件及模板。

（5）发布并执行。

1．会议流程文件的内容

（1）会议名称。明确开什么会，最好把频率写明，如月度例会、周例会等。

（2）会议时间。具体的时间或时间段。如每个月第二个工作日、开账后第三个工作日等。明确会议时间非常有必要，员工可以提前规划工作安排，并尽量避开此时间安排出差。

（3）会议目的。可以从几个问题来思考会议的目的：为什么要开这个例会？不开行不行？日常沟通够不够？为什么大家要花时间集中一起开？会议有什么价值？

（4）会议的目标。会议结束后有什么输出？要达成什么结果？要达成什么约定？

（5）会议主持人、参加人员、会议记录人、会议发布人。这些应明确，也可以是不固定的，但要说明规则。例如主持人排班表等。

（6）会议要求。会议要求可针对会前准备、会议过程、会议纪律做要求说明。

（7）会议流程。明确准备的内容以及会议的日程。每项日程写明要求，以及这项内容的目的（为什么有这项议题）以及目标（会议结果），规划议题的时长，以确保会议时间可控。标准化内容可明确相关文档模板或参考资料。

2．会议流程相关文件模板

会议流程标准文件模板见表 3-17。

表 3-17 会议流程标准文件模板

标准文件（模板）

会议名称		会议时间	
会议目的		会议目标	
会议主持人		参加人员	
会议通知发布		会议记录	
会议要求			

会议流程

步骤	内容	要求/关键点	负责人	目的/预计达成目标	计划时长	标准化内容
备 1						
备 2						
1						
2						
3						
合计						

会议纪要、重点布置工作、内容模板见表 3-18。

表 3-18 会议纪要、重点布置工作、内容模板

会 议 纪 要（模板）

会议名称	
会议时间	
参会人员	
缺席人员	
主持人	

重点布置工作回顾

序号	工作内容	负责人	计划完成时间	进度	再计划时间
1					
2					
3					
序号	会 议 内 容				主讲人
1					
2					
3					

续表

本次会议重点布置工作				
序号	工作内容	负责人	计划完成时间	备注
1				
2				
3				
书写要求	标题：字体为思源加粗；字号为 12；颜色为黑色			
	填写内容：字体为思源；字号为 11；颜色为黑色，重点红色			
	工作内容左对齐，其他均居中			

3.4.2 建立 BPR（业务流程优化）例会标准流程案例分享

东方中科 BPR 工作组成立于 2004 年公司上线 SAP R/3 之后，是由时任 CEO（现任董事长）王戈一手创建的，距今已经成立将近 20 年。当时公司正处于 ERP 系统刚刚上线阶段，为了协调解决财务、供应链与 IT 之间的问题，王戈成立了 BPR 工作小组，并亲自推动 BPR 工作。BPR 工作组在 ERP 落地过程中大大提升了业务效率，为 ERP 成功实施奠定了基础。

这些年 BPR 工作一直持续进行，为了更好地解决业务流程问题，BPR 工作组组织了一次改善活动，共同深入思考和探讨 BPR 的使命，重新梳理 BPR 工作的职责，建立 BPR 月度例会标准流程。

（1）通过头脑风暴，汇总大家的意见，确定 BPR 的使命有以下三点：

1）以公司利益最大化为前提，协调解决流程、职责、IT 等相关问题，通过前后台配合，共同完成公司业务目标。

2）提升业务支持满意度，协助企业文化落地。

3）提供一个互相学习、共同成长的平台，支持员工成长。

（2）围绕以上 BPR 使命，针对 BPR 的工作职责梳理如下：

1）公司全流程管理、风险控制、流程绩效监控，以及流程优化建议。

2）日常业务流程问题解决，支持业务顺利开展，牵头梳理以流程为导向的部门职责规范或做相关调整。

3）公司新业务开展及组织架构变更的后台流程梳理及 IT 支持，包括在新业务流程中涉及的岗位职责划分。

4）业务相关的政策制度制定时进行意见征询和解读。

5）与信息系统相关的主数据管理原则制定和监管。

（3）BPR 的组织形式主要有以下三种：

1）专项会议——主要进行涉及组织结构调整、新业务开展等业务支持。

2）月度例会——主要进行日常业务问题解决、流程绩效管理监控。

3）随时沟通——主要是意见征求、业务问题随时解决。

在改善活动中，针对月度例会一起梳理了月度例会的标准流程，并对每一个议题的目标和准备工作做进一步明确。

关于数据准备，包括发布会议通知、未按计划完成项说明及下一步行动计划、所有问题的方案和计划、案例分享的相关准备，见表 3-19。

表 3-19　　　　　　　　　　　　　　数据准备要求

序号	内容	要求/关键点	负责人	目的/预计达成目标	标准化内容
1	发布会议通知	上次会议结束后发布	会议记录员	时间和人员保证	
2	未按计划完成项说明、下一步行动计划	准备未完成原因；下一步解决方案及计划	问题负责人	提高会议效率	
3	所有问题的方案和计划	（1）参加例会、问题收集。（2）问题的调研沟通、相关数据统计。（3）思考解决思路和方案	问题负责人	提高会议效率、个人思考及成长	参加例会的标准作业
4	分享准备	准备分享的PPT	分享人	个人思考及成长	分享PPT模板（案例描述、解决思路、过程、效果）

围绕 BPR 使命，对 BPR 工作提出了要求，除了以往针对业务问题的讨论，还增加了每月参加地区例会的要求，通过这种方式走入现场，了解一线人员在业务流程中的实际问题和困难，并收集改善建议。BPR 例会采用轮值主持人形式，让每一个 BPR 成员有机会总体协调业务流程，牵头处理业务流程问题，达到能力提升的目的。此外，每期 BPR 例会还增加了案例分享的环节，让大家可以相互了解部门工作亮点，不仅加强不同部门之间的相互了解，同时促进团队成员合作，增进同事间关系。

BPR 月度例会会议流程见表 3-20。

表 3-20　　　　　　　　　　　　　　BPR 月度例会会议流程

序号	内容	要求/关键点	负责人	目的/预计达成目标	计划时长	标准化内容
1	问题跟踪表回顾	（1）未按计划完成给出原因。（2）行动计划的执行过程	行动计划负责人	初步方案/关闭	45	问题跟踪表
2	新的问题提出—以流程为导向的部门职责相关问题	描述各自的观点及逻辑	问题提出人	决策及初步方案	15	问题跟踪表
3	新的问题提出—跨部门不能达成共识的流程相关问题	描述各自的观点和依据、给出的方案	问题提出人	初步方案	15	问题跟踪表
4	新的问题提出—主动收集的业务问题	尽快沟通解决，会上反馈结果，寻找更好的解决方案	问题提出人	初步方案	30	问题跟踪表

续表

序号	内容	要求/关键点	负责人	目的/预计达成目标	计划时长	标准化内容
5	流程管理重点项目问题沟通	先有规划	流程管理岗	改善计划	10	
6	案例分享	有准备；讨论	分享人	个人分享	30	分享PPT模板
7	下次地区例会时间表（排班）确认		主持人	下个月地区例会参加时间表		
8	下次会议时间及主持人、分享人确定		主持人	下次会议时间及主持人、分享人		
9	发布新的会议通知及问题跟踪表		会议记录人	问题跟踪表、改善需求表		问题跟踪表

BPR 是前后台业务协同的重要平台，希望通过工作职责和标准流程的梳理，提升BPR 工作效率，解决业务问题，帮助商业和地区达成业务目标。

3.4.3　月度运营会标准流程

公司在 2018 年以前月度运营管理例会分为业务和资金两部分。业务部分是不同业务类别各自启动的月度业务运营例会，由各事业部经理向不同的负责人进行业务进展的汇报。资金部分是月度资金运营协调例会，由副总裁牵头，主要回顾公司资金运营状况，包括库存、应收、订货、到货等情况，以及下个月资金计划沟通等相关内容。两部分会议有重复的内容。为提高会议效率，并加强运营协调沟通，由 OBS 办公室牵头，设计公司级别月度运营例会会议流程。

月度运营会的需求方有两个，一个是公司总裁，希望通过月度运营会了解当前业务进展、关键问题及解决办法，以及推进的结果；另一个是公司财务总监，在了解公司业务进展的情况下，了解资金周转的问题，以及资金需求。

在建立月度运营会会议流程的过程中，使用了 PDCA 循环来帮助建立高效的会议流程。

1．计划（P）

首先在与会议需求人的沟通中，明确了月度运营例会总目标：每个月在 3h 以内完成公司级别日常运营回顾，把握整体运营现状，通过月度运营会提升公司日常管理业绩指标达标率；在会议过程中了解问题，评估改善措施的有效性；相互学习，分享经验，提高管理人员运营能力。

其次，在明确了会议目的和目标后，需要针对目的和目标设计会议流程，并建立汇报模板。月度会议例会的会议流程包括准备流程和汇报流程。要想开好例会，数据准备要充分，数据的分析和行动计划要提前准备。

数据准备包括：会议通知发布、管理序列数据及问题提供、业务负责人对各业务板块业务总结、会议报告提交。为了使数据口径一致，建立了数据模板，并规定了数据提交时间。月度运营会会议准备见表 3-21。

表 3-21 月度运营会会议准备

内容	要求	负责人	标准化要求
会议通知发布	总裁确认月度业务运营会会议时间，总裁助理发布会议通知，并附上次会议"下一步需要跟进工作"，以及本次会议流程和时间要求	总裁助理	
管理序列数据及问题提供	各管理序列统计数据和汇总问题在 SAP 系统开账第二天邮件提交给各 BU 总经理，为 BU 经理做后续行动计划提供数据	管理序列经理	"会议数据统计要求及模板"
业务负责人对各业务板块业务总结	各 BU 经理根据数据汇总和各管理序列问题每月 10 日前（特殊月份再行调整）完成： （1）运营序列问题内部沟通。 （2）各 BU 做业绩分析、问题行动方案。 （3）运营数据未达标 PSP 制定后续改善行动计划	BU 经理	"使用管理表模板"
会议报告提交	（1）各模块负责人每个月按模板要求在会议召开两个工作日前提交汇报 PPT 报告。 （2）报告发送给总裁郑大伟和总裁助理。 （3）总裁助理负责收集汇总，打印纸质的讨论内容，会议时分发，并整理播放 PPT	管理序列经理、BU 经理	"会议汇报模板"

在数据模板中，还制定了格式化要求，包括：

（1）统计单位：万元，加分隔符，不含税统计。

（2）表格字体：统一宋体，11 号字，边框用灰色，字体不能用粗体。

（3）红绿灯原则：有目标值项，必须加单元格的红绿灯，红绿灯一定要标注在实际指标上，绿色用正绿，红色用正红，红色的字体用白色加粗。

（4）格式：没有数值单元格部分为"空"，不要填写"0"。

会议流程包括了会议内容和汇报要求，见表 3-22。

表 3-22 月度运营会会议流程

序号	内容	要求	负责人	计划时间
1	回顾上月需跟进的工作完成情况	总裁助理播放上次会议"下一步需要跟进工作"PPT，各项工作负责人说明工作完成情况	总裁助理/各项目负责人	9:30～9:35
2	公司整体业绩及利润情况汇报以及问题和策略汇报	公司整体及各 BU 的业绩数据，毛利、毛利率和需要跟大家沟通的问题及策略汇报	会计信息部经理	9:35～9:40
3	销售预测数据汇报以及问题和策略汇报	公司总体销售月测上个月总结、下个月通报和需要跟大家沟通的问题及策略汇报	商务管理部经理	9:40～9:45
4	应收账款数据汇报以及问题和策略汇报	总体月度统计表；分 BU 和期间应收账款结构分析表；重点超期风险提示（地区和业务员）；信控重点关注客户、准备起诉的客户、预计产生坏账的客户和需要跟大家沟通的问题及策略汇报	财务管理部-信控岗专员	9:45～9:50

续表

序号	内容	要求	负责人	计划时间
5	发出商品数据汇报以及问题和策略汇报	发出商品总体每月时点统计数（分BU）；上月末发出商品余额分类（按原因、时间）；大额订单未及时开票原因反馈，发出商品大额有问题订单提示和需要跟大家沟通的问题及策略汇报	会计信息部经理	9:50～9:55
6	总体库存、单对单库存数据汇报以及问题和策略汇报	公司总体库存通报，单对单库存通报，分BU单对单超2个月库存数据统计提交和需要跟大家沟通的问题及策略汇报	物流管理部经理	9:55～10:00
7	公司总体备货销售、库存、到货数据汇报以及问题和策略汇报	公司总体备货销售、到货、库存、周转天数、超期6个月、预测和实际红绿灯对比报和需要跟大家沟通的问题及策略汇报	产品管理负责人	10:00～10:05
8	采购数据汇报以及问题和策略汇报	（1）在途数据统计：未来三个月采购在途金额。 （2）到货数据通报。 （3）预计付款统计表。 （4）发出商品未到货原因说明，后续工作以及需要跟大家沟通的问题和策略汇报	采购管理部经理	10:05～10:10
9	各BU问题和策略汇报	各BU针对业绩完成情况、结单、签单、备货库存、发出商品、应收等未达标项问题和策略进行说明（每个BU 10min）	各BU经理	10:10～11:30
10	市场相关工作沟通以及问题和策略汇报	跟BU相关的市场部工作沟通、问题和策略汇报	市场总监	11:30～11:40
11	公司总体资金情况汇报	资金预测与实际差异分析。分类，未来三个月资金预测及资金平衡筹措安排和需要跟大家沟通的问题及策略汇报	财务管理部经理	11:40～11:50
12	后续工作部署	根据大家的汇报部署下一步工作	总裁、财务总监	11:50～12:00
13	会议纪要	负责会议记录，并邮件发给相关人员，完成会议纪要提交	总裁助理	

在完成了流程设计和模板制定之后，对事业部总经理和其他参会人员进行了相关培训，随即启动了试跑。

2．执行、评估和改进（D&C&A）

在第一个月的会议当中，例会总体的花费时间是5个多小时，超时的主要原因是对汇报流程不清晰，汇报重点不突出，领导打断追问的情况发生多次。

OBS办公室进一步了解了领导的关注重点，更新了汇报模板，并对事业部经理进行了一对一培训。

在第二个月的会议当中，总体时间花费了4个多小时，超时的原因是事业部总经理由于担心汇报不足，准备的内容过多，造成汇报超时。

OBS办公室这一次改进了汇报模板，更多地使用可视化方式来对数据进行说明。达标的数据用绿色显示，未达标的数据用红色显示。通过简单的红绿灯，把运营情况一目了然地呈现给参会的同事，大大提高了会议效率。汇报时重点围绕红色的部分讨论改善措施，针对绿色达标的部分，更多是分享经验。

这样，会议基本上控制在了 3.5h 左右。通过观察发现，多出来的 0.5h 经常是由于某个热点问题大家进行了热烈的讨论，有时过于发散远离了会议主题，导致超时。在会议流程中，增加调节控制，后续再发生类似的情况，要求会议助理提醒主持人回到主题上来，减少主题之外的发散讨论，提高会议效率。

经过 6 个月的 PDCA 循环调整，月度运营会议基本可以控制在 3h 内完成，并且可以把握整体运营现状，了解问题，充分评估改善措施的有效性。同时，运营相关管理人员相互分享经验，提高管理能力。

目前每期月度运营会之后，OBS 办公室会都会与主持人了解本次会议效果的评价，以及对会议流程还有哪些希望改进的地方，不断提高会议效率。

3.5 销售流程标准化（SP）实践及案例分享

东方中科的销售产品以工业品为主。通常来说工业品的销售一共有十个阶段，分别是：筛选、准备、目标、接近、需求、策略、沟通、呈现、异议、成交。

销售流程标准化就是按照不同的客户类型对销售过程的这十个阶段进行分别的定义。根据客户的特征，以及客户中不同角色，如采购、使用者、决策者等的特点，对应这十个销售阶段采取的销售行为进行工作标准化。

那么在开展销售流程标准化之前，要先对客户类型进行定义，划分客户范围。此外还需要对这些客户的特征、不同角色的痛点、利益点进行分析，然后再对销售过程进行标准化。

3.5.1 中科院客户销售流程标准化案例分享

（1）定义什么是中科院客户。所谓"中科院客户"包含三类客户：中国科学院下属院所、大学重点实验室，以及地方合作院所。

（2）在定义了中科院客户之后，通过人、产品、服务、流程/方法、环境/政策五方面，对中科院的特点进行分析并打标签。例如针对产品，具有不同客户专业方向差异大，产品不一样，单一品类重复采购频率低，需求品类多样化等特点。

（3）绘制客户的采购阶段。科研院所通常采购阶段分为立项阶段、选型阶段、采购阶段、执行阶段四期。客户在这些阶段的重要工作见表 3-23。

表 3-23　　　　　　　　　　客户各阶段的重要工作

阶段	立项	选型	采购/比价	执行
客户在这个阶段做什么工作	调研；申报方案；所里或室里论证方案、批复；资金到位	多家详细调研；确定方案；评审；确认采购方案	找三家供应商比价；确认供应商；商务谈判；签合同	交货、验收、付款

（4）针对客户采购的各个阶段，梳理各角色在此阶段发挥的影响。以决策者和使用者为例，他们在各个阶段的影响见表3-24。

表3-24　　　　　　　　　　　决策者和使用者在各个阶段的影响

阶段	立项	选型	采购	执行
决策者	保证项目的先进性/合理性，通过的可能性 认同方案	选择最优方案 认同方案	确定按照提出的技术方案执行 认同方案	
使用者	完成项目书 写方案	提出备选方案	建议确认的型号 引导采购	保障顺利 验收、付款

（5）根据中科院特征分析，对工业品十个销售阶段分别梳理每个阶段的工作任务，以及每个任务从动作/情景、操作步骤、关键点（必须要做到的事项、出问题的地方及原因）、难点（如何实现等）、重要工具（IT系统/表单/指引）和方法（含绝招/窍门）进行详细梳理。以"接近"销售阶段为例，见表3-25。

表3-25　　　　　　　　　　　接近销售阶段工作标准化

标准作业	"中科院"客户：接近—赢得客户信任建立持久关系（好感—价值—信任—交换价值—同盟）		
动作/情景	操作步骤	关键点及难点	重要工具和方法
获得好感	（1）客户对业务人员的第一印象：介绍清楚，谈吐清晰（统一尊称：老师）。 （2）见面时：热情、开朗、大方（不怯场），不浮夸。 （3）不诋毁竞争对手。 （4）不炫耀自己在客户的关系。 （5）一定不要讲没有数据依据的话题。 （6）不轻易承诺客户。 （7）让客户感受到你学习的态度	自信、大方、得体、内敛	（1）营造轻松的环境。 （2）赞扬客户。 （3）朋友圈、微信联系，了解客户生活
传输价值	（1）使用者： 1）帮助客户解决问题、技术方面及时响应、提供服务。 2）个人价值的展现：联谊，其他信息的提供（客户感兴趣的），共同爱好等。 （2）决策者： 1）了解决策人的背景、派系、成就。 2）首次见面请公司领导协同拜访。 3）经常刷脸。 4）突出与竞争对手的区别：中科院背景，安全可靠。 （3）采购者： 1）呈现公司资质、产品渠道、合规操作的优势。 2）公司业务全面：可以提供打包服务，业务的多样化（一站式服务）	找到与客户的共同利益	（1）沟通以前购买的设备使用情况，能否为客户提供服务。 （2）协同领导现场解决问题

3.6　岗位职责任务标准化（JDSOP）实践及案例分享

在生产制造流程中，如果想生产出高质量的产品，以下几个方面缺一不可，包括：

正确的生产流程、标准的加工工艺、可靠的工具和方法以及成品合格标准。在企业人才管理过程中，如果想高效地培养优秀的人才，好的流程体系一样不可或缺。企业对岗位的认知水平决定了该岗位的工作质量和工作效率。为了确保企业人才的高质量"生产"，需要建立人才生产的流程，这个流程就包括对该岗位的职责任务工作标准化。与生产流程对应，人才的"生产"流程包括定义岗位和职责、岗位工作任务和任务下子任务（正确的生产流程）、子任务下的关键动作（标准的加工工艺）、所需的工具和方法（可靠的工具和方法）、工作任务评价标准（成品合格标准）等。

3.6.1　岗位职责任务标准化（JDSOP）工具介绍

1．岗位职责任务标准化内容

岗位职责任务标准化梳理包括以下内容：

（1）岗位工作职责梳理。

（2）每个岗位职责的工作任务梳理。

（3）每个工作任务的任务大纲，任务大纲包括任务说明、子任务及任务评价，见图3-31。

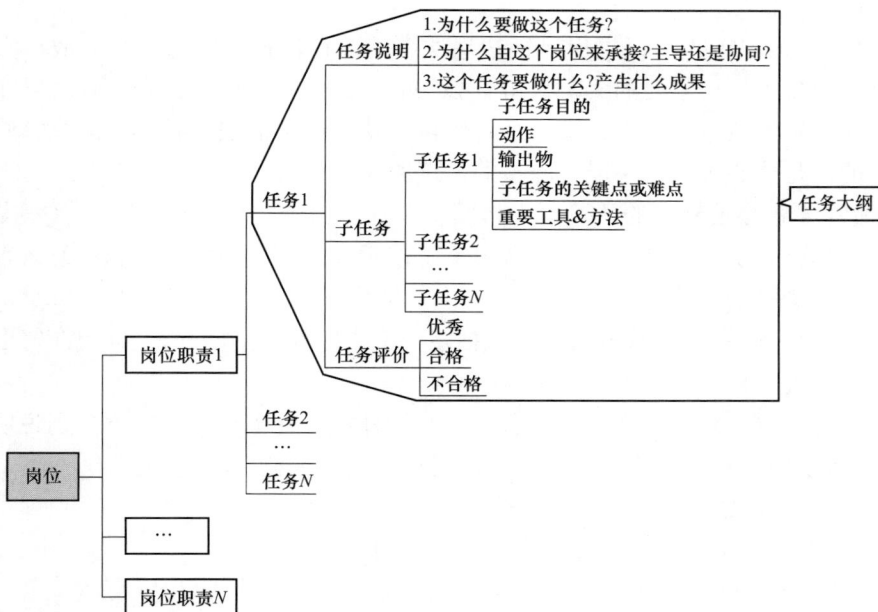

图 3-31　岗位职责任务大纲

1）任务说明。主要阐述任务的价值，包括为什么要做这个任务？为什么由这个岗位来承接？主导还是协同？这个任务要做什么？产生什么成果？

2）子任务。主要描述任务的步骤或工作分类，包括子任务和每个子任务的动作、输出物、关键点及难点梳理，以及针对难点和关键点的工具及方法。

3）对每个任务做"合格或优秀/不合格"的评价标准。

2．岗位职责任务梳理

（1）岗位职责。做好岗位职责的梳理的前提是首先对部门职责有清晰的定义和划分。部门职责基于全公司业务域的定义，以及部门当前工作的范围。部门职责梳理需要梳理部门目前承担的主要工作，包括已经承担的和应该承担尚未承担的工作。

一个岗位的工作职责主要体现这个岗位所呈现的关键成果领域。例如对于地区技术工程师的岗位职责包括支持地区业务发展，提供售前售后技术支持、组织地区内部技术培训，以及组织和参加市场活动。地区经理的工作职责应包括地区业务规划、团队管理、地区客户维护，以及代理产品拓展。

一个岗位的工作职责应该符合以下几个原则：

1）职责之间需要符合 MECE 原则。MECE 原则起源于麦肯锡，是 Mutually Exclusive Collectively Exhaustive 的缩写，意思是"相互独立，完全穷尽"，做到不重不漏，逻辑严谨而完整。职责之间需要符合 MECE 原则就是需要职责是完整的，对于一个岗位来讲职责不能有疏漏，同时职责之间是没有重叠的。

2）职责的数量需要遵循"5±2"原则。一个岗位的职责数量最多不超过 7 个，最少也不能少于 3 个。限制职责的数量的主要目的是使一个岗位的职责更加专注，同时也让这个岗位专注价值。

3）必要的情况下，可以采用"铁达尼法"来进行抉择。铁达尼号的故事大家都知道，也就是说到了最后紧要的关头只留下必须的，其余的都可以放弃。有时候在梳理过程中职责梳理出的数量比较多，那这个时候可以使用铁达尼法，看这个岗位哪些岗位职责是必须的，是核心价值，不能排除掉的，选取 3～7 个。

4）最终要获得拍板者的认可。工作职责及任务梳理完成之后，一定要获得上级领导的认可，也就是说这个岗位最终有多少个工作职责，这个岗位工作职责怎么来设定是由公司领导来最终决策的。

（2）工作任务。每个工作职责可以包括多个工作任务。工作任务之间也应符合 MECE 原则，可以通过工作流程分解来实现。

（3）任务大纲。任务大纲包括任务说明、子任务和任务评价，以下分别说明：

1）任务说明。每个工作任务在梳理的时候要首先明确三个问题：

a．为什么要做这个任务？这个工作任务的价值是什么？

b．为什么由这个岗位来承接？主导还是协同？

c．这个任务的输出结果是什么？完成这个工作的标志性成果是什么？

2）子任务。每个任务可以有多个子任务，子任务之间也应符合 MECE 原则，可以按工作顺序拆分，也可以按工作分类拆分。比如"把大象放冰箱里"这个任务可以分为三个子任务：①打开冰箱门；②把大象放进去；③关上冰箱门。至于如何"把大象放进去"需要放在子任务的详细说明中。

3）子任务明细。每个子任务需要详细描述这个子任务的目的、过程和输出。子任务明细是对子任务的操作指导说明，类似标准作业，相关岗位可以使用子任务明细指导工作。子任务明细包括以下内容：

a．目的：为什么做这个子任务？

b．动作：完成子任务都有哪些动作。

c．输出物：工作产出。包括工作文档、决策、行动计划等。

d．关键点和难点：针对子任务的关键点或难点至少有 1 个。如果找不到子任务的关键点或者难点，该子任务可以与其他子任务合并。

e．重要工具和方法：对应关键点和难点有什么工具或方法，可以是工作指引、模板等。

（4）任务评价。任务评价是任务执行的好坏评判标准。评价标准应可量化，并容易获得。例如如果公司没有客户满意度评价体系和系统，用客户满意度作为评价标准获取真实结果就会非常困难，这样就不是一个好的评价指标。

3．岗位职责标准化模板

岗位职责标准化内容繁多，梳理过程通常会使用多个模板。在梳理岗位职责和职责工作任务的时候可以使用脑图，这样容易发现工作职责和工作任务之间的关系和逻辑。

例如物流管理部经理的工作职责和任务关系图，见图 3-32。

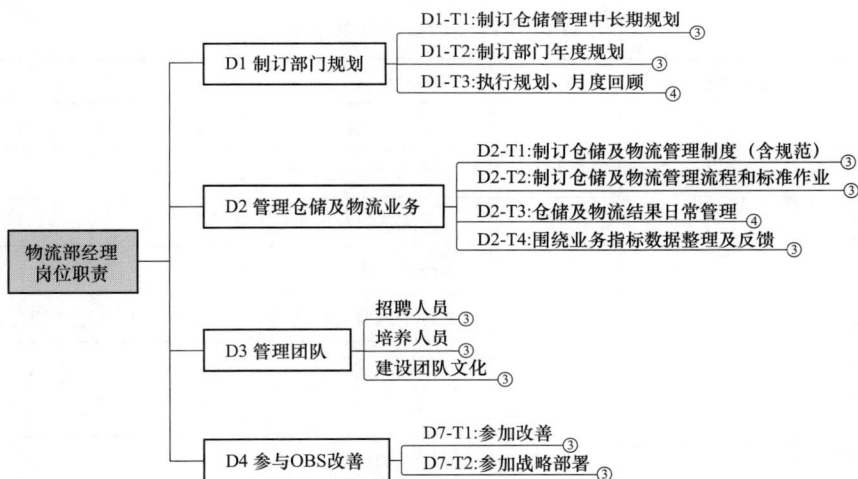

图 3-32　物流管理部经理的工作职责和任务关系图

任务和子任务也可以通过 Excel 模板来整理，方便打印和查询，见表 3-26。

表 3-26　　　　　　　　　任务和子任务表格

任务	任务说明	子任务	子任务目的	子任务动作	子任务输出物	关键点和难点	重要工具和方法

3.6.2　OBS 执行经理岗位职责任务标准化案例分享

OBS 执行经理是东方中科精益管理办公室的核心成员，负责组织和管理改善，推动公司精益转型。如何让 OBS 执行经理对自己的工作职责做到清晰明了，并有工作指引，完善的 OBS 执行经理岗位职责任务标准化是重要的工作材料。OBS 执行经理岗位职责任务见图3-33。

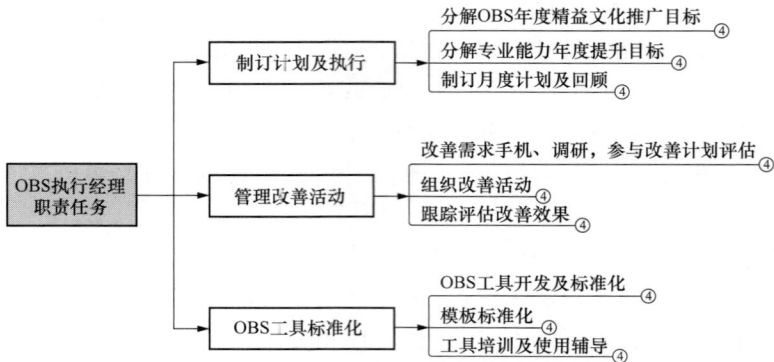

图 3-33　OBS 执行经理岗位职责任务

1．OBS 执行经理职责任务说明

OBS 执行经理职责任务说明见表3-27。

表 3-27　　　　　　　　　　　　OBS 执行经理职责任务说明

工作职责	工作任务	任务说明	说明
制订计划及执行	分解 OBS 年度精益文化推广目标	为什么做	为了落实 OBS 文化推广计划
		子任务	分解部门 OBS 文化年度推广目标
		合格	按时完成目标分解
		不合格	未按时完成目标分解
	分解专业能力年度提升目标	目的	通过个人专业能力的提升，满足部门的整体能力要求
		子任务	分解年度提升目标
			专业水平评估并找到差距
			制订行动计划
		合格	按时完成行动计划，且上一级领导评审通过
		不合格	未按时完成
			行动计划上一级领导评审不通过
	制订月度计划及回顾	为什么做	准确地实施行动计划，保障阶段性目标状态达成，及时发现问题，调整并解决问题，保障部门目标实现
		子任务	制订月度计划
			月度回顾及后续措施执行
		合格	按照行动计划执行且目标达成
		不合格	按照行动计划执行
			按照行动计划执行但目标未达成

续表

工作职责	工作任务	任务说明	说明
管理改善活动	改善需求收集、调研，参与改善计划评估	为什么做	为了满足提出改善需求人员的需求：收集、调研，整理，评估、分析，统筹安排改善计划和资源
		子任务	改善需求收集、调研
			参与改善计划评估
		合格	正确地判断 OBS 工具
		不合格	未正确地判断 OBS 工具
	组织改善活动	为什么做	实现改善目标，人才培养，精益文化宣传，通过实践不断的优化改善工具
			通过积累改善活动，提升教练综合能力
		子任务	组织改善前期准备
			备课
			组织改善活动
			组织改善汇报
			改善过程总结
			改善宣传
			改善成员评估
		合格	改善目标完成
			改善新闻与行动计划可以支持目标达成（行动计划逻辑等）
		不合格	改善目标未完成
			改善新闻与行动计划不能支持目标达成（行动计划逻辑等）
改善活动	改善助教	为什么做	帮助教练顺利完成改善活动，并做好宣传工作
		子任务	按照改善标准作业执行助教相关操作
			按照教练要求进行改善宣传
		合格	按要求完成改善配合
		不合格	未按要求完成改善配合
改善活动	跟踪评估改善效果	为什么做	监控改善项目进度，及时发现问题和协助改善小组解决问题，实现改善目标达成
			效果跟踪评估（效果维持到 3 个月）
		子任务	跟踪改善新闻
			跟踪评估改善效果
		合格	按计划执行且未达标时启动改善需求
		不合格	未按计划执行
			未达标时，没有启动改善需求

续表

工作职责	工作任务	任务说明	说明
OBS 工具标准化	OBS 工具开发	为什么做	完善 OBS 体系，满足公司发展需要
		子任务	根据 OBS 工具开发计划，参加工具改善活动
			整理课件、教案、日程
			OBS 内部试讲，修正，通过
			开课（这次工具的）
			课件及教案标准化
			OBS 工具实施或改善流程标准化
		合格	按时开课，并正确地传递工具课件知识
			课件，教案及流程标准化按时完成
		不合格	未能按时开课
			按时开课，未正确地传递工具课件知识
			课件，教案及流程标准化未按时完成
	模板标准化	为什么做	为了规范改善工具模板的内容、让员工能够按照统一的标准使用，提高效率和正确地使用改善工具
		子任务	根据 OBS 专业知识及标准格式整理模板
			模板发布、培训
		合格	正确使用率 90%以上
		不合格	正确使用率 90%以下
	工具培训及使用辅导	为什么做	帮助员工正确使用工具
		子任务	根据需求制订培训和辅导计划
			培训、辅导及跟踪
		合格	正确使用率 60%以上
		不合格	正确使用率 60%以下

2．OBS 工具开发及标准化子任务案例

以 OBS 工具开发及标准化子任务为例，子任务说明见表3-28。

表3-28　　　　　　　　　OBS 工具开发及标准化子任务说明

子任务	子任务目的	动作	输出物	关键点	工具和方法
根据 OBS 工具开发计划，参加工具改善活动	掌握新工具的适用范围、目的、使用方法，做到可输出	（1）参加培训和改善。 （2）参与老师在改善中的辅导学习方法。 （3）回顾、归纳总结本次学习到的知识（理论的、辅导的），并与老师确认对工具的理解是正确的	工具的说明表	（1）关键点：正确地理解工具使用。 （2）难点：如何快速地掌握工具使用	

续表

子任务	子任务目的	动作	输出物	关键点	工具和方法
整理课件、教案、日程	为了梳理整个工具的逻辑，具体使用方法，然后明确工具的改善流程	（1）熟悉老师的工具课件、改善日程、教案。（2）制订初步课件内容、教案和日程	课件、教案和日程	难点：如何做到对工具的理解和掌握，去制订日程	
OBS 内部试讲，修正，通过	调整课件，教案和日程，加深对工具的理解与掌握	OBS 内部试讲意见反馈，修正课件、教案、日程，并再次试讲	修正后的课件、教案、日程	难点：有价值的意见反馈（讲的人讲不清楚，听的人可能也听不懂）	请熟悉工具的专业老师参加
担任实习教练	验证课件、教案、日程，可以达到开课的预期，能达到改善项目目标	（1）确定改善项目和目标，选择相对可控的改善项目，组织实施改善。（2）复盘改善的过程：修正课件、教案、日程。（3）根据情况再次试跑	改善活动	（1）关键点：正确地传递工具课件知识。（2）难点：如何让改善团队掌握工具的使用	请熟悉工具的专业老师参加并辅导
课件及教案标准化	OBS 统一标准（不能根据每个人的喜好：概念性或实操性等）	（1）整理课件和教案内容。（2）课件格式调整（统一格式）。（3）课件评审和优化	标准课件和教案	（1）关键点：工具的目的、用途、适用范围必须确认正确。（2）难点：怎么样设置课程让参加培训人员易于理解和掌握	
OBS 工具实施或改善流程标准化	正确使用改善工具的方法、流程和步骤，确保改善过程正确完成	（1）确定工具实施或改善流程。（2）确定工具改善活动流程。（3）确定改善日程	标准作业	关键点：通俗易懂，不产生歧义	

3.6.3 地区经理岗位职责标准化案例

地区经理是销售的一线经理，战斗在客户现场。地区经理对市场和客户的把握是最清晰的。那么一个地区经理如何带领团队，发挥团队整体实力，做好地区的销售工作，完成公司业绩十分重要。因此，梳理一份针对地区经理完整的岗位职责工作说明书就非常重要，在工作中可以作为工作指引，新经理也可以学习地区经理管理经验。

地区经理的职责任务包括以下内容，见表 3-29。

表 3-29　　　　　　　　　　　　地区经理的职责任务说明

项目	工作职责	任务	子任务
D1	制订年度地区规划	D1-T1：制订地区规划	现状分析
			目标分解与重点关注项
			资源匹配
		D1-T2：执行规划和季度 Review	制订季度计划分解到月度计划
			月度计划的执行及回顾
			复盘调整地区规划

续表

项目	工作职责	任务	子任务
D2	管理团队	D2-T1：招聘人员	关注行业人才
			面试和吸引人才
		D2-T2：培养人员	对销售人员实施培训
			对销售人员提供实战帮助与指导
			团队员工评价及奖惩
		D2-T3：建设团队文化	深入理解并宣传公司文化
			落地公司文化
D3	管理销售过程	D3-T1：管理漏斗	盘点漏斗情况
			管理新增漏斗
			推进重点项目
		D3-T3：管理超期应收账款和单对单库存	降低超期应收比例
			降低单对单库存在库天数
		D3-T4：协调内部资源	协调 BU 内部 AE 资源
			协调公司市场资源
D4	管理产品	D4-T1：开拓和维护主流产品供应商	维护已合作的供应商关系
			开发主流供应商新资源
		D4-T2：新产品和新方案的早期成功	组织新产品与新方案学习
			定位目标客户群
			合作推进与达成
D5	管理客户	D5-T1：调整客户分配	梳理客户
			销售人员分析及客户匹配

以团队管理为例，培养人员的子任务描述如下，见表 3-30。

表 3-30　　　　　　　　培养人员的子任务描述

子任务	子任务目的	子任务动作	子任务输出物	关键点和难点	重要工具和方法
对销售人员实施培训	提升销售人员的技术、商务、销售等方面的能力	（1）通过收集新员工/销售人员的培训需求，确定培训的目标和内容： 1）新员工的产品技术能力。 2）2～3 年的销售人员的销售技巧等。 3）商务、财务、应收、发票等基础知识培训。 （2）组织相应的资源（培训材料、讲师、培训时间等）进行培训，使业务人员能力提升。 （3）组织培训考核与总结	销售人员培训考试成绩得到提升	（1）关键点：如何能有良好的考核和总结。 （2）难点：组织建立培训体系（合适的培训资源、培训的标准资料、考核题库等）、初级，中级，高级	（1）工具： 1）培训考核评估表。 2）岗位职能标准化作业。 （2）方法： 1）请外部专业人员。 2）公司内部各自领域的内部讲师。 3）中高层的知识输出

续表

子任务	子任务目的	子任务动作	子任务输出物	关键点和难点	重要工具和方法
对销售人员提供实战帮助与指导	在销售实战中传授技巧	（1）指导销售做好拜访计划，写好拜访报告。 （2）有针对性地陪同销售拜访客户。 （3）拜访完毕进行复盘，总结销售过程中的得与失，分享客户分析的思路。 （4）持续观察销售下一阶段的拜访情况	复盘报告（总结拜访过程中的得与失）	（1）关键点：地区经理如何持续地进行复盘（技术能力、商务能力等）。 （2）难点：暂无	（1）工具：暂无。 （2）方法：标准化作业
团队员工评价及奖惩	优胜劣汰，鼓励先进，加强人员的归属感与自信心，保持团队内部良好的竞争氛围	（1）设定部门奖惩标准：确定时间范围、评审目标、奖惩措施等： 1）优秀员工推荐； 2）升职加薪机会； 3）积分奖励； 4）新客户分配； 5）其他方法，跟团队人员沟通。 （2）根据奖惩标准评估团队员工。 （3）根据奖惩措施和时间要求等，发布奖惩结果、鼓舞士气	奖惩结果	（1）关键点：如何设定合适的评判标准达到激励效果。 （2）难点：暂无	（1）工具：暂无。 （2）方法：暂无

3.7 标准化工作（SW）案例分享

标准化工作是一个广泛定义的工具，它可以对任何重复性的工作进行标准化。但是我们根据标准化的特点，将标准化工作的工具拆分成了多个适用不同场景的工具，比如适用于流程操作场景的标准化可以使用标准作业 SOP；适用于定期召开的工作例会会议流程，可以使用会议流程标准化 MSOP。但是针对不在以上范围内的工作，可以使用通用的标准化工作工具，即标准化工作 SW（standard work）把工作标准化下来。SW 工具适用于很多的场景，比如建立工作模板，标准化工作方法或者工作顺序等。

工作标准化的过程跟其他的标准化过程类似，首先也是要明确工作的目的，就是为什么要做这个工作，这个工作的价值是什么？然后再确定这个工作的输出是什么，这个工作达成什么目标、输出什么样的结果？那么围绕着工作的目的和目标，再去考虑这个工作应该怎么去完成，应该用什么样的方式以及什么样的工作顺序来完成，要如何设计工作流程和工作模板、指引等来达成目的。所以标准化工作的实施过程也是围绕着工作的目的目标来进行的。

3.7.1 改善工具标准化分享

为了更好地开展改善活动，提升改善效果，在改善活动标准化的基础上，OBS 办公室针对每个工具进行了梳理，提高改善活动的质量，同时能够让新的教练快速掌握改善过程及要求，使内部教练培养更加标准化。

目前公司一共开发和引入了十几个改善工具，包括：标准作业（SOP）、会议流程标准化（MSOP）、岗位职责标准化（JDSOP）、5S、目视化日常管理（VDM）、问题解决流程（PSP）、流程建模（BPA）、事务性流程改善（TPI）、客户之声（VOC）、销售流程（SP）、战略部署（SD）、目视化项目管理（VPM），以及新员工体验营（BC）。

OBS 办公室分别从这些工具的定义和价值、工具使用评价方法、适用条件、工具负责人进行汇总，并针对每个工具制定不同改善阶段的工作指引。

1．改善工具总览

OBS 工具总览表，见表 3-31。

表 3-31　　　　　　　　　　　OBS 工具总览表

工具名称	工具的定义和价值	工具使用评价指标	适用条件	工具内容	工具负责人
标准作业	以提升工作效率，保障工作质量为目标，通过最优的工作顺序，建立标准工作流程完成工作任务，最终形成标准化文件并执行	（1）部门标准作业完成覆盖率。（2）标准作业培训完成率。（3）部门标准作业执行率。（4）标准作业更新及时率	所有流程节点操作工作流标准化	（1）L3 流程梳理。（2）流程节点工作任务梳理。（3）工作流改善、优化、设计。（4）标准作业 SOP 撰写。（5）标准作业交叉验证。（6）作业培训。（7）标准作业执行和检查	（1）撰写：主管。（2）审核：部门经理。（3）发布：部门经理。（4）培训：主管。（5）执行检查：主管及经理
会议流程标准化	以提升会议效率，保障会议目标达成，通过明确会议准备工作、会议内容及流程，建立会议标准化文件及会议模板，并执行	部门/业务单元会议标准化执行率	定期例会流程标准化	（1）明确会议目的和目标。（2）明确会议议题及关键点。（3）完成会议流程标准文件及模板。（4）发布并执行	会议主持人
岗位职责标准化	以明确岗位职责及工作任务为目标，通过梳理工作任务为什么做、做什么、怎么做建立岗位职责标准化文件，实现工作职责细化和工作指导	部门岗位职责标准化完成率	公司全部工作岗位	（1）明确岗位职责。（2）明确各个职责下的任务，明确任务目的、目标和工作输出。（3）明确各任务下的子任务、活动、难点及关键点。（4）完成标准化文件并发布	（1）撰写：岗位直属上级。（2）审核及发布：部门经理及 BU 经理
5S	通过整理、整顿、清扫、清洁和素养活动的开展，建立并维持高效、安全、整洁的工作环境，形成良好的现场行为准则和习惯，以提升总体工作效率和质量	（1）日常 5S 巡视执行率。（2）5S 问题点复发率	所有公共办公场所（仓库、会议室、实验室、公共活动区等）	（1）1S 及现场整理。（2）2S 及现场布局和目视化标准制定。（3）3S 及执行检查、发掘问题、问题解决、形成区域管理重点。（4）4S 及建立流程、巡检标准化。（5）执行验证及 5S 培训	5S 区域负责人

续表

工具名称	工具的定义和价值	工具使用评价指标	适用条件	工具内容	工具负责人
目视化日常管理	以客户为中心、团队为基础，通过现场目视化快速发现偏差、应用解决问题工具，推动关键指标持续改善	（1）现场目视化管理流程执行率。（2）问题解决流程执行率	全部业务单元	（1）建立管理指标及目标。（2）建立目视化管理平台。（3）建立现场沟通标准流程。（4）日常目标跟进及问题解决	执行：业务单元负责人；检查：上级领导
问题解决流程	以从根本上解决问题为目标，通过执行问题解决流程，针对问题根本原因制定对策，并验证执行，实现问题解决	（1）目标达成率。（2）问题复发率	目标达成出现偏差，或提出更高标准	（1）确定问题及现状。（2）找到问题根本原因。（3）制订定对策及行动计划。（4）计划执行并验证。（5）可能的行动计划修正	需求负责人
流程建模	以完整展现公司业务流程全貌为目标，通过分层结构梳理公司业务流程，建立公司业务流程模型	（1）公司业务流程BPA梳理完成率。（2）BPA流程与实际流程正确匹配率	全部业务流程	（1）完成L1/L2/L3梳理。（2）完成L3流程节点工作职责梳理（输入、输出、主要工作）	（1）L0：CIO。（2）L1：业务域负责人；（3）L2：BU经理、模块负责人；（4）L3：各序列部门经理
流程优化	以提升流程效率和质量、降低成本、缩短交付时长为目标，通过消除浪费等手段，完成事务性流程改善	改善后流程执行率	所有事务性，即非生产加工、非销售、非研发流程优化	（1）完成当前流程图、步骤表、浪费表、面条图。（2）完成流程应该图。（3）数据汇总。（4）标准作业更新。（5）新流程执行	流程负责人
客户之声	以提升开拓客户效率和产出为目标，通过实施客户访谈，验证假定的客户购买流程，建立客户画像及客户采购工作流程	（1）该类客户销售额增长幅度。（2）该类客户新增客户数量增幅	行业客户拓展	（1）讨论完成客户评估表，并绘制假定客户采购流程。（2）划定访谈目标客户，制订访谈计划和问卷设计。（3）实施访谈，收集客户特征及真实采购工作流程。（4）完成客户画像及客户采购工作流程	BU经理
销售流程	以客户为导向，提升总体销售水平为目标，通过客户画像分析，建立特定客户类型下不同销售阶段中的工作任务标准作业，是地区销售日常管理的基础	（1）地区销售流程培训率。（2）新员工培训完成用时	全部销售序列销售流程建立	（1）建立销售流程。（2）确定销售阶段工作任务。（3）完成工作任务标准作业。（4）标准作业发布和培训	（1）撰写：业务员及地区经理。（2）审核及发布：BU经理。（3）培训：地区经理。（4）监督执行：地区经理
战略部署	以推动公司集中资源关注少数关键业务目标为目的，通过标准化、目视化的经营管理流程，实现可持续达成公司突破目标	（1）战略部署目标达成率。（2）战略部署月度回顾流程执行率	年度战略部署	（1）开发高级战略部署矩阵。（2）开发二级战略部署矩阵（可选）。（3）制订行动计划。（4）执行月度回顾会议。（5）年度回顾总结复盘	总裁

续表

工具名称	工具的定义和价值	工具使用评价指标	适用条件	工具内容	工具负责人
目视化项目管理	以提升项目交付质量及团队准时交付能力为目的，确保项目管理有效落地的目视化项目管理工具	（1）项目目标达标率。 （2）项目延期时间	已经完成项目计划制订之后的项目管理过程	（1）完成项目范围和项目目标设定。 （2）完成项目两级团队确定。 （3）完成项目风险评估及对策方案。 （4）完成目视化项目主计划。 （5）完成两级例会标准流程。 （6）执行两级例会，并跟进问题解决进程	项目经理
新员工体验营	学习了解精益思想及 OBS 工具的培训和互动课程，使员工在后续工作中具备基本的 OBS 知识	无	所有未参加过 OBS 体验营的员工	（1）了解精益管理基本知识。 （2）学习 PDCA 和持续改善思想 （3）了解 OBS 基础工具	OBS 办公室主任

2．标准作业（SOP）改善工具标准化分享

针对标准作业（SOP）改善活动，分阶段对教练和组长的工作做了标准化，并建立了各种清单和模板。

（1）改善准备阶段。标准作业 SOP 教练调研重点清单，见表 3-32。

表 3-32　　　　　　　　　　标准作业 SOP 教练调研重点清单

	标准作业改善调研重点	调研反馈及工作指导	调研结果记录
1	本次标准作业改善的流程有没有上两级 L1、L2 BPA 流程	（1）对于业务流程：如没有，暂停本次改善，先进行 BPA　L1、L2 梳理。 （2）对于管理流程：询问需求负责人梳理全流程的意愿	
2	有没有 BPA L3 或者 BPM 的标准流程	如没有，在改善中流程梳理应充分讨论，可能需要相应调整改善日程时间	
3	当前流程执行中的痛点和问题（岗位职责，工作效率低，岗位间投诉和矛盾）	如有，在流程和工作流梳理中要考虑解决这些问题，并在辅导改善目标设定时，从这些方面去考虑	

（2）改善活动阶段。

1）标准作业 SOP 课程讲解方式及改善活动安排，见表 3-33。

表 3-33　　　　　　　　标准作业 SOP 课程讲解方式及改善活动安排

阶段	任务	子阶段	目的	内容
阶段一	工具讲解	第一部分：什么是标准化工作（SW）	为介绍标准作业做铺垫	标准化工作的定义
				标准化工作的价值
				标准化工作同改善的关系

续表

阶段	任务	子阶段	目的	内容
阶段一	工具讲解	第二部分：标准作业的定义及价值	掌握标准作业是什么和为什么做标准作业	标准作业的定义
				标准作业的价值
				标准作业的作用
				标准作业的种类
		第三部分：标准作业改善的步骤一	掌握流程和工作流的梳理、设计方法	L3 流程梳理
				流程节点工作流梳理、设计及优化
	改善活动	L3 流程梳理，工作流梳理		
阶段二	工具讲解	第四部分：标准作业改善的步骤二	掌握标准作业撰写和验证的方法	标准作业撰写
				标准作业验证
	改善活动	标准作业撰写及验证		
阶段三	工具讲解	第五部分：标准作业改善的步骤三	掌握标准作业培训和检查的方法	标准作业培训
				标准作业检查
		第六部分：改善新闻的制定方法和跟进要求	明确和跟踪改善后解决方案的实施	确定改善新闻内容
				改善新闻跟踪要求
	改善活动	制定改善新闻		

2）标准作业改善活动辅导重点清单，见表 3-34。

表 3-34   标准作业改善活动辅导重点清单

序号	关注点	内 容
1	流程梳理	（1）单件流原则。 （2）减少浪费： 1）减少判定点：不必要的审批。 2）清洁：防止出现不良品和等待。 3）减少传递
2	工作流改善、优化、设计	减少浪费： （1）减少多余动作。 （2）信息清洁：减少沟通、等待、不良品。 （3）减少运输
3	标准作业的书写规范	（1）是否按照标准作业模板以及指引来完成标准作业的书写。 （2）关键点及检查点确定
4	改善新闻	（1）改善新闻与行动计划分开。 （2）是否需要行动计划。 （3）明确责任人和完成时间。 （4）强调改善新闻跟进

第4章 建立和执行日常管理体系实践

4.1 日常管理是管理执行基础并驱动结果

4.1.1 了解日常管理

日常管理是目标落地的基础管理保障。不论是战略部署、年度工作计划，最终都需要分解到日常管理指标，通过日常监管、推进，以及问题解决，来确保目标达成。

1. 日常管理的逻辑

日常管理的逻辑符合 PDCA 原则，见图 4-1。

（1）在工作中建立标准。此时需要有工作标准化作为日常管理的基础，清晰定义什么样的工作结果是符合标准的，关键绩效应该是什么标准。

（2）通过现场巡视来对标准作业或者日常工作进行检查，然后通过目视化来暴露、展现问题，让团队一起看见、一起解决问题。

（3）制定临时措施，并找到根本原因，制订行动计划从根本上解决问题。

最终，通过修正标准作业或相关工作标准化，让工作的结果回归标准，或者通过改善，提升工作标准。

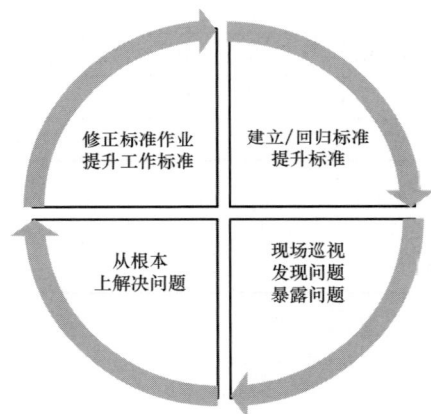

图 4-1 日常管理 PDCA 流程

2. 实施和执行日常管理的价值

（1）支持改善效果的维持。通过日常管理流程，监控和支持改善的过程和结果。如果没有日常管理，已经标准化的工作有可能在执行的过程中由于人们的工作习惯和惯性思维变形，往往会回到改善前的方式。通过日常管理，可以更加有效的让员工按照标准的工作要求来完成相关工作，稳定改善的效果。

（2）支撑公司战略部署。战略部署要解决公司突出的问题，而日常管理可以确保已有的流程和绩效稳定，让后院不起火，让公司集中精力去攻克难关，专心打仗，开天辟地。

（3）从根本上解决问题。日常管理在执行过程中会经常发现问题。有的问题比较小，影响范围在局部，解决起来相对比较容易。有的问题牵扯面比较大，可能是流程的问题，甚至是价值流的问题，这个时候就要从根本上去解决，而不能仅通过临时措施把当前的问题处理完就没有后续了，否则下次相同的问题还会继续出现。比如有的采购订单没有按时交货，这个时候需要先解决当前这个采购订单，然后从标准作业、流程上分析根本原因是什么，如果是标准作业的问题，要确认未执行标准作业的原因是什么；如果是供应商的问题，要考虑从供应商管理体系上去查漏补缺，让供应商管理体系更加完善，这样才能让后续的采购订单不出现同样的问题，至少减少出问题的频率。

（4）推动持续改善。通过日常管理，可以持续地发现问题和改善需求，从而在团队中营造持续改善的文化，不断发掘改善机会，提升工作标准，达成公司业绩目标。

（5）让团队成长。日常管理的实施过程中，问题解决是一个非常重要的环节。在问题解决的过程中，团队首先要有能力发现问题，把问题定义清楚，找到问题的根本原因，确定对策的有效性，进行行动计划的落实实施，再进行工作标准的更新。这个过程能够培养团队发现问题、解决问题的能力。长此以往，整个团队的能力会有整体的提升，并形成与竞争对手差异化的价值。

4.1.2　建立日常管理体系

1．明确日常管理的管理边界和目标

建立日常管理体系，首先要明确日常管理的管理边界，比如说准时交货、产品质量管理、项目交付、团队工作等。

确定好管理边界之后，要明确对应的管理目标。管理目标有几个来源，一个来源是公司的战略部署。如某一创新领域上的业务收入，流程体系上的建设进展，客户交付上的准时率，或者是人效提升等。然后将这些目标逐一拆解到要建立日常管理的管理边界内，这是我们日常管理的结果目标。

2．寻找日常管理指标

（1）日常管理的是活动。结果目标并不能直接进行日常管理，建立日常管理指标首先要区分目标和日常管理的指标之间的区别。涉及结果、影响和活动之间的关系。

在销售管理畅销书《99%的销售指标都用错了》中深入讲解了如何通过识别和利用关键活动和指标来推动商业结果。这套指标关系的理论可以对日常管理指标确定提供可操作的指引。

书中的指标核心逻辑称为"R-O-A"。

R-result，是指最终结果，比如财务指标中的销售收入、市场份额、客户满意度，这些都属于结果指标。结果指标是不可管理的，也就是说无法通过管理过程直接改变结果指标。要追求结果，需要通过能够影响它的指标来进行管理，即 O-object management，管控指标。

例如针对客户满意度这个结果指标，产品的质量和准时交付都会影响到它的结果。又如销售收入结果无法直接被管理，需要通过销售团队的销售能力去影响。如客户的开拓能力，包括新增客户的数量、比例、产生的销售收入等。

但是管控指标依旧不能作为日常管理指标。也就是说无法对准时交货、新增客户数量直接进行日常管理。这些指标只能展示趋势，当指标不达标的时候，无法快速定位问题。

如果想进行日常管理，需要管理影响管控指标的日常活动 A-activity，只有这些日常活动是可以主动管理的。例如管理准时交货率要判断哪些行为是影响准时交货的，准时下单、按时跟单都是日常活动，而销售机会转单率跟客户拜访活动相关。这样从结果到管控再到活动一级一级地拆分，才能让日常管理真正落实。

（2）寻找日常管理指标。

1）部门指标技巧。

a．业务部门（人员绩效、SQDC，S－安全；Q－质量；D－交付；C－成本）。

b．支持部门（人事、行政、内控、IT，部门内部指标）。

2）指标选取原则。

a．简单就能获得的。

b．当天部门内就能解决的。

3）指标质量。

a．先做改善，建立标准作业，把 70%～80%的常出现的问题解决掉，然后再做目视化。

b．当一段时间之后，如果绩效稳定在比较好的绩效水平上，就不用再目视化。

3．设计目视化沟通管理板

标准化工作有三个维持工具：目视化沟通平台、工作现场审核以及问题解决。管理者的工作常被各种会议和救火打扰，要改变过去无序、随意的工作管理，通过建立固定的、标准化的跨部门沟通平台来提升日常管理效率。目视化使得问题容易暴露，每个人都可以轻松理解工作绩效，并营造持续改善的氛围。

（1）标准、标准作业和可视化管理的关系。

1）目视化旨在传达我们目前正在忙碌什么？我们的目标是什么？我们需要传达的信息是什么？

2）可视化管理工具让管理者和团队成员轻而易举地看到实际状况与标准之间的差距。整个团队一起看到，一起了解，一起采取行动。

3）目视管理的本质是暴露问题，看到差距，揭示问题，并逐个解决。

4）当我们能够经常达到标准的时候，应该建立一个新的、更高的目标。

（2）沟通平台运作成功的三个关键。

a．目视化管理，让管理简单化。

b．让主管、经理标准化工作成为日常工作的一部分。

c．获得管理层的支持，上级示范、引导跟踪。

（3）沟通管理板组成。

目视化管理板主要分三个部分：

1）指标达标红绿灯：绩效一目了然，不用问任何人，只需看一眼，就能在 3s 之内看到我们做得怎么样。

2）解决问题：定义问题、对策、负责人及行动计划。让团队看到为达成目标而做的努力。

3）看到趋势：问题是向好，还是更糟糕，对策有没有效？

4．建立日常管理标准化工作流程

标准作业有不同的层级。员工的标准作业是帮助他们按照工作顺序完成任务。主管和经理的标准作业是建立每日的工作流程。

那么为什么要建立主管和经理的标准化作业呢？这是因为发现问题和解决问题的频度是评价主管和经理有效服务的标准。帮助员工解决问题才是主管和经理的价值。

（1）建立流程的 SIPOC 工具。SIPOC 是一个流程范围工具，见图 4-2。它提供了一个高视点的业务或流程定义，包括：

1）流程的边界（开始和结尾）。

2）S—supplier　供应商是流程的开始。

3）I—input　是流程的输入（需要的人、机、料、法、环等）。

4）P—process　是流程的过程。

5）O—output　是流程的产出—增值的产品或指标。

6）C—customer　是流程的结束—使用流程的产出者（客户）。

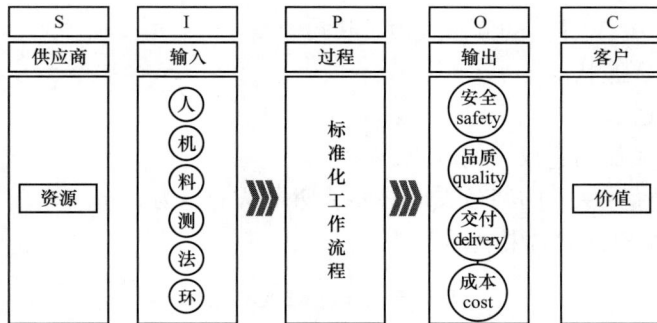

图 4-2　SIPOC 流程范围工具

通常使用 SIPOC 表格来建立流程，见表 4-1。SIPOC 表格有助于展示做好每一步的目的和条件。

表 4-1　　　　　　　　　　　　　　　　SIPOC 表格

供应商（supplier）	输入（input）	流程（process）	输出（output）	客户（customer）
资源提供者	流程需要的资源和条件	流程活动描述	流程结果	流程结果的接收人

（2）利用 SIPOC 建立日常管理标准化工作流程。先梳理工作流程，找出输入和输出，然后再根据输入找出供应商，根据输出找到客户，最后相互验证。

主管和经理的工作标准至少包括以下内容：

1）在一个周期时间内，响应团队的需求，了解工作流程，用经过训练的方法在员工旁边指导工作、即时培训和辅导。

2）通过目视化管理日常工作，检查和沟通团队绩效，通过早晚会和团队及上级沟通。

3）应用解决问题工具定义问题，明确标准和差距，和组织纠偏改善，对解决不了的问题及时上报。

因此，梳理日常管理标准化工作流程应包括每天的工作过程，再找出输入、输出、供应商和客户。工作过程包括早晚会、巡检、问题解决等。

（3）建立现场沟通标准流程。现场沟通也需要有标准的流程，这是团队有效运用沟通平台的秘诀。会议流程可以使用会议流程标准化来制定，也可以利用 SIPOC 表格来梳理。

在工作现场，具体的操作应包含：

1）问候所有团队成员。

a．应用标准议程。

b．回顾前一天的绩效表现 Q、C、D。

c．对未达标的项目需要记进 3C 文件。

d．记录所有问题，确认可能的原因和团队认可的行动。

2）寻求和协同资源解决问题。

a．回顾上次 3C 文件上的问题及改善进度。

b．回顾当日资源状况。

c．新问题的通告。

d．留意团队成员的建议和问题点。

e．对那些达标并保持的绩效表现，要感谢团队的努力。

早会会议流程 SIPOC 表格见表 4-2。

表 4-2 早会会议流程 SIPOC 表

供应商（supplier）	输入（input）	流程（process）	输出（output）	客户（customer）
团队成员	应到人数、状态	整队	实到人员、状态	团队成员
组长	正念/积极的语言表达	问候	传播的团队文化	团队成员
目视化表格	已更新数据的现场目视化表	目视化现状讲解	当日目标	团队成员
团队成员	当前问题/重点工作计划	当前问题询问	问题解决计划/结果	团队成员
团队成员	工作思想、心态、技巧、案例	案例分享	榜样、标准、技能	团队成员

4.1.3 执行日常管理

1．日常目标跟进及问题解决

制订完成日常管理工作流程之后，团队就开始执行。执行过程中有以下要求：

首先要确保及时更新目视化指标达成结果，达标用绿色涂满，未达标用红色涂满，通过红绿灯让绩效一目了然。当出现红灯时，大多数人一开始会不舒服，不适应未达标的情况，觉得不好意思。此时如何看待红灯非常重要，如果处理不好，容易使数字失真，让目视化管理板失去管理意义。看见红灯心里难受，这是人们非常正常的心理反应，因为我们都不愿意面对事实。心里感到难受是因为那是事实，不难受因为那不是事实。以前有个脑筋急转弯是问"粉刺长在哪里最不用担心"？答案是"粉刺长在别人的脸上最不用担心"，因为粉刺长在自己脸上的时候觉得很难看，所以最担心，但是长在别人脸上就不用担心了。因此要鼓励团队敢于面对事实，并创建面对事实的文化，从自我做起。

其次，目视化指标结果跟绩效考核有关系吗？如果有关系，数据可能会隐藏问题。员工可以有多种方法让所有的指标变绿。因此管理者不要拿红灯来责备员工，要认识到业绩不好不是员工的问题，而是主管和经理的问题，管理者要从关注任务到关注结果，而绩效是用来改善的。

最后，要做好现场检查。现场检查的目的是提醒，帮助员工改变工作习惯，对没有流程的工作要先建立流程。同时要建立工作标准，没标准就不能检查。如果某项工作每次检查标准都能达到，就不需要对其再做日常管理。

2．卓越日常管理领导力

日常管理做得好不好跟领导力息息相关。现场领导力包括很多方面，主要总结如下：

（1）创造危机意识，危机感能让团队成长。

（2）创造学习环境，通过讲解和反馈来指导员工。把管理者的角色定义为教练，指导员工按正确的方法工作，并改变工作思路。

（3）确保员工提出问题时感觉安全，愿意参与。放下领导的架子，融入团队，而不是高高在上，否则没人愿意交流。

（4）现场是发挥领导力的关键场所，而办公室不是。管理者应到现场并积极参与。

（5）驱动责任意识，下放指标的责任。

（6）通过提问来检查是否理解。问题讨论时不要直接给答案，因为一方面给员工一个学习和成长的机会，另一方面你的方案未必是最优的。

（7）把和客户相关的指标与日常管理指标和战略部署指标挂钩。要时刻记住精益第一原则是关注客户。

4.1.4　通过解决问题达到目标

解决问题、日常管理和战略部署并称为推动持续改善的三个基本工具。解决问题不仅能让绩效回归标准，也可以提升领导力。

丰田对问题解决制定了八个标准步骤，并使用 A3 报告来展现。虽然日常管理的一般问题通常不需要这么复杂，但过程和思路是一致的，只不过现场比较简单。当在日常管理现场发现需要跨部门或者升维解决的问题时，需要上报部门经理，并组织改善。

1．现场问题解决

现场管理的五个步骤包括：

（1）当出现问题时，首先前往现场。

（2）掌握现状，关注标准作业和流程。

（3）采取临时对策，让工作正常推进。

（4）找到根本原因。如是流程或资源问题，需要组织改善，制订行动计划，并按计划推进。

（5）标准化并预防。

2．复杂问题解决

复杂问题解决包括定义问题、掌握现状、根本原因、制订对策、行动计划几个步骤，见图 4-3。其中定义问题和掌握现状要占到整体处理时间的 70%。也就是说，不仅要把问题定义清楚，还要了解真实情况。

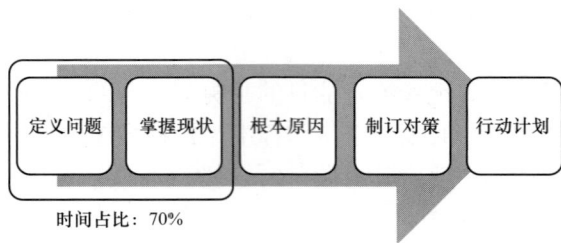

时间占比：70%

图 4-3　问题解决流程

（1）定义问题。定义问题有四个要素：目标、现状、差距和趋势。例如公司资金周转天数 1～4 月数据见图 4-4，问题定义为：截至 4 月底，公司总体资金周转天数是 124 天，目标 111 天，差距为 13 天，趋势逐月向好。

指标	起跳点	计划/达成	1月	2月	3月	4月
公司总体资金周转	110	计划	183	158	133	111
		达成	234	197	154	124
		GAP	−51	−39	−21	−13

图 4-4　公司资金周转天数示例（单位：天）

（2）掌握现状。去现场观察，掌握事实。不论是丰田还是丹纳赫，都非常反对管理者在办公室里看报告、听汇报，要求一定去现场了解真实情况。要去真实的地点、观察真实的事物、来得到真实的事实和数据。在现场要关注流程，了解工作是如何做的，有无标准作业，有标准作业是否已按标准作业执行？管理者要问开放性的问题，鼓励员工说出问题，耐心地倾听，对事不对人。

了解现状后需要定位要解决的问题。根据现状和数据分析，通过 2/8 法则把复杂问题具象到影响较大的问题上。如果分解后问题仍比较复杂，可以继续分解。用数据表、柏拉图等工具帮助定义问题，避免因为主观感觉而放大问题。

例如，某事业部业绩不达标，可以从地区业绩进行分解查看，如果是某一个地区占未达标数据的 80%，那么就把解决问题的重点放在这个地区。如果按照地区不能定位，可以再尝试用其他维度进行分析，例如产品线、客户类别等，最终要定位在影响较大差距的影响因素上。

（3）寻找根因。寻找根因的方法就是问 5 个 WHY。当然也可能不到五个就找到根因了，也可能更多。问五个为什么有以下几个技巧：

1）从简单的"异常"和差异问为什么。

2）考虑原理和流程图，问为什么。

3）困难的问题，或者找不到原因和思路，可以用鱼骨图方法分析。问为什么。

4）去现场验证回答。

5）问多个 WHY，直到确保预防问题再次发生。

6）既要考虑问题如何产生，也要考虑如何流出。

7）根据根本原因采取纠正预防措施。

（4）制订对策。如果问题已经影响客户，那么需要先制订临时措施解决客户问题。但是临时措施不能替代解决方案，还是要从根本上解决问题，避免类似的问题重复发生。

制订对策后要验证对策的有效性，而不是直接就大面积启用新方法。寻找对策的过程体现了精益领导力，应遵循以下步骤：

1）寻找可能的方案。

a. 寻找更多选择。

b. 不要太快，尽可能多的选择（前提是有多种原因）。

c. 仅有一个解决方案是不对的 （可以向团队询问："还有吗？"）。

d. 要先确定对策对解决问题的影响。

e. 收集所有合理的想法，并证实这些想法和事实。

2）确定最佳对策。

a. 考虑问题的本质——对策是否直接解决问题重复发生的源头？

b. 公司整体利益和个人方便之间明确分界线。

c. 向公司展示并评估各个不同的方法，来决定最佳方案。

3）达成共识。

a. 反映出各利益相关方的想法和合理关注。

b. 该利益相关方同意支持负责人去达成目标。

c. 平衡所有人的利益。

4）决策时应避免：

a. 无原则的全体一致通过。

b. 少数服从多数原则。

c. "我同意，因为我就会那样去做"。

d. 顾及抵触情绪而放弃原有对策。

e. 为满足每个人的需求，而放弃自己的主张。

f. 要选择最佳方案。

5）决策过程中应避免：

　　a．没有充分考虑对策，对策不完整。

　　b．在现状的时候没有发现问题的全貌。

　　6）避免追求"结案"。

　　（5）行动计划。什么是计划？在《学习型管理》一书中提到："计划是一个合约，一个在限定时间内达到特定目的的承诺""计划本身没有价值，但编制计划的过程却是一切"。制订计划是体现领导力的过程，是下级向上级学习和沟通的过程。计划包括：任务—交付（里程碑）—执行时间—负责人—检查人。对策和计划的关系如同目标（Do）和任务（Todo）的关系。任务越详细越好。例如：建立地区经理新员工辅导指南，见图 4-5。

　　制订计划包括：

　　1）任务。

　　2）交付/里程碑。

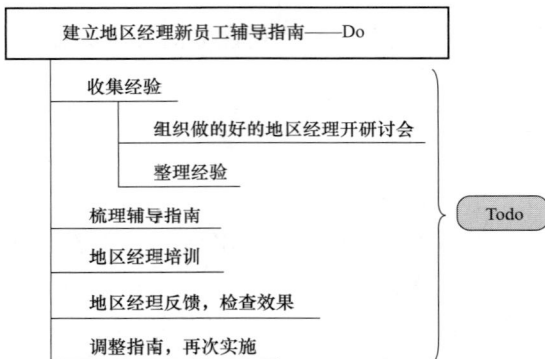

图 4-5　建立地区经理新员工辅导指南

　　3）负责人。

　　4）什么时候完成。

　　5）制订绩效评估指标：效果、成本、工时、风险。

　　（6）计划的实施与跟进。实施与跟进过程还是会回归到 PDCA 的过程，以上过程是"P-plan 计划"和"D-do 尝试"，实施与跟进的过程就是"C-check 检查"和"A-adjust 调整的过程"。

　　1）C-check 检查对策是否有效，从成功和失败中学习。

　　a．为什么事情向坏的方向发展（什么原因导致失败？下次如何避免？）。积极面对问题，而不是将问题隐藏起来。

　　b．为什么事情向好的方向发展？与团队分享过程中学到的经验。

　　2）A-adjust-调整/推广/固化。

　　a．如果成功，则固化并推广。对有效果的内容标准化，并横向展开。

　　b．如果失败，调整行动计划，进入下一个 PDCA 循环。

4.2　建立供应链日常管理案例分享

4.2.1　通过日常管理训练营建立供应链日常管理体系

供应链的采购管理部和物流管理部是最先做标准化工作的两个部门，标准化工作程度比较高，标准作业比较完善，所以有条件在供应链的这两个部门建立日常管理体系。

为了更好地学习和实践日常管理，OBS 办公室组织了一次为期两天的日常管理训练营。本次日常管理训练营的目标是通过建立供应链的日常管理的体系来提升客户的准时交货率，同时通过训练营的形式对经理和主管进行日常管理的培训，学习如何开展日常管理工作，并提升管理能力。

东方中科直销业务总体的客户准时交货率并不高。影响准时交货率的因素有以下有几方面：一方面在业务员签署销售合同的时候，是否能正确地与客户沟通供应商货期，而不过度承诺；另一方面，能否准时交货很大程度上取决于供应商能否按照采购合同约定的货期准时交货，例如疫情期间，由于国际供应链受到比较严重的影响，准时交货率有进一步的下行趋势；除此以外，就是在采购流程中，采购人员是否能够按照标准作业进行操作，及时下单，及时跟单，物流人员及时收货和发货。

本次日常管理重点着眼于公司内部流程标准作业的执行，通过指标结果反向管理业务，并加强与供应商的沟通。

经过两天紧张学习培训、动手实践，改善团队运用所学标准化工作、标准作业、SIPOC、目视化沟通管理板等知识和工具，顺利完成了"客户准时交货"跨部门业务日常管理"目视化管理板"搭建、"日常管理关键绩效指标"确定、主管日常巡视"纸卡系统"等工具制作，以及管理团队日常绩效表现的三层会议标准化流程，开启了东方中科从经验管理到正规化专业日常管理的试点。

这次训练营由于定位在供应链，涉及部门较多，商务、采购、物流、IT、财务部相关主管、经理全体参与。根据各级管理职能，培训分为经理组和主管组两个小组，各小组相互协作，动手实践，深刻理解和掌握了日常管理及相关的精益知识体系、概念及工具使用，实现了从"我觉得如何做"的传统思想逐步过渡到与团队一起思考"应该如何做"的日常管理的逻辑中来，通过目视化板及现场巡视等工具和方法，及时发现问题，并帮助员工解决问题，并在解决问题的过程中，帮助员工成长，建立员工信任，提升领导力。

1．主管级日常管理体系

（1）主管级日常管理目标。主管级日常管理主要围绕着标准作业的执行情况，以及团队工作效率来展开。标准作业是否能够正确地执行通过巡检确认，并通过一次通过率指标来进行监控。

（2）建立主管级日常管理流程。通过 SIPOC 工具梳理主管日常工作流程，确保检查执行和问题解决，见表 4-3。

表 4-3　　　　　　　　　　　　　　　主管日常工作流程

供应商（supplier）	输入（input）	流程（process）		输出（output）	客户（customer）
团队成员	目视化管理板	早会	9:00～9:10	鼓舞士气； 完成当天计划	团队成员
	会议流程				
	团队成员				
团队成员	日常工作清单	日常 工作	9:10～10:00	完成任务（增值）	团队成员 （业务员）
	异常问题				
	系统、网络				
工作相关人员	工作清单	现场 巡查	10:00～ 10:30	发现问题（关键）	工作相关人员
	工具：签字笔、问题/对策 3C 表、纸卡、垫板				
问题相关人员	问题清单	解决 问题	10:30～ 11:30	行动计划； 解决方案	问题相关人员
	解决问题的方法				
	上级领导/其他人员的支持				
团队成员	日常工作清单	日常 工作	13:00～ 15:00	完成任务（增值）	团队成员
	异常问题				
	系统、网络				
工作相关人员	工作清单	现场 巡查	15:00～ 15:30	发现问题（关键）	工作相关人员
	工具：签字笔、问题/对策 3C 表、纸卡、垫板				
问题相关人员	问题清单	解决 问题	15:30～ 16:30	行动计划； 解决方案	问题相关人员
	解决问题的方法				
	上级领导/其他人员的支持				
团队成员	日常工作清单	日常 工作	16:30～ 17:20	完成任务（增值） 维护目视化管理板	团队成员
	异常问题				
	系统、网络				
团队成员	目视化管理板	晚会	17:20～ 17:30	团队凝聚力； 次日工作计划； 待解决问题的清单； 复原制卡	团队成员
	当天工作异常点				
	当天计划完成的情况				
	晚会流程				

（3）主管级目视化管理板的原则：

1）支持经理级 SQDIP 目视化管理板。

2）数据直观且易于调取。

3）试运行中可根据实际情况再调整指标。

（4）目视化指标说明。目视化指标包括：未跟单数量（D）、未生成 PO 的采购处理单量（I）、加班（P），见表 4-4。

表 4-4　　　　　　　　　　　　　　　主管目视化指标说明

	目的	库存指标，工作按时完成情况
未跟单数量（D）	定义	根据月初预计本月采购计划到货表（计划交货日在当月的订单）划分每周跟进订单数量
		每周一早上 8:30 检查上一周的订单跟进情况
		供应商纸面货期与计划交货日期比对
	意义	确保准时交付
	目标	0
	频率	每天
	指标更新时间	当天晚会前
	数据来源	公司运营会报表-采购到货预测表
未生成 PO 的采购处理单量（I）	目的	及时跟进采购处理单
	定义	BPM 采购处理单列表当前状态是"审批中"的数量
	意义	及时下单保证有效交期
	目标	外币组整组 150 个/人民币组整组 250 个
	频率	每天
	指标更新时间	每天 9：00（早会前）
	数据来源	BPM 采购处理单列表＋人民币组每周导出月新入单的订单
加班（P）	目标	完成当天所有待办工作
	定义	加班小时数（总数＝人数×加班小时数）
	目标	0 （人民币采购组员如实填写）
	频率	每天
	指标更新时间	次日早会前

（5）主管级目视化管理板设计。主管级目视化管理板见图 4-6。

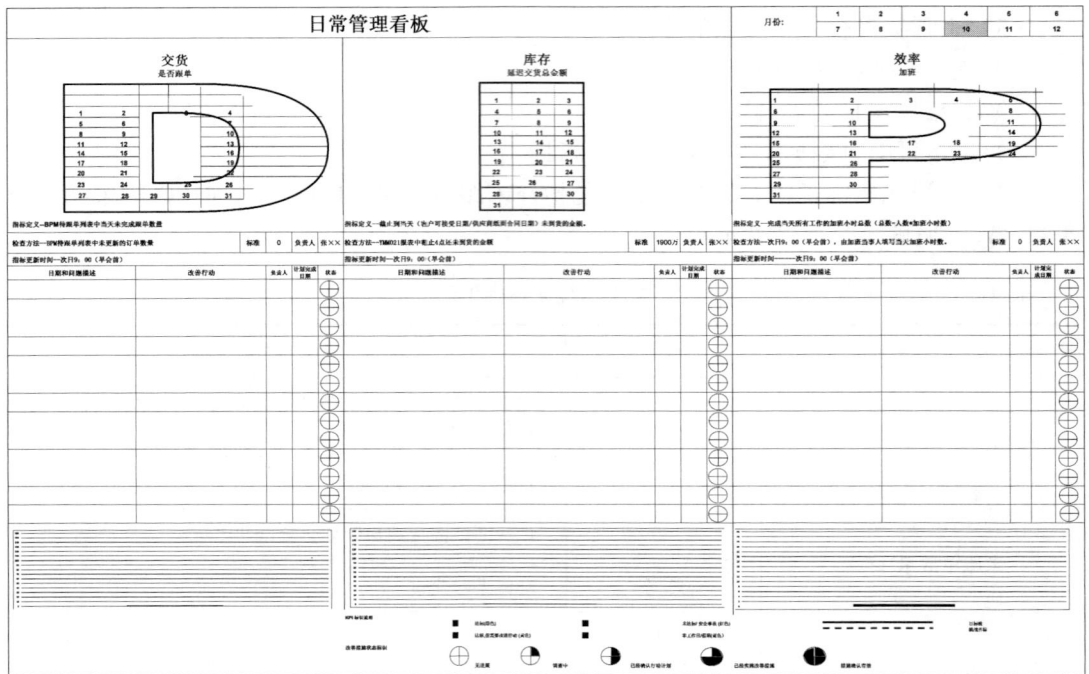

图 4-6　主管级目视化管理板示意图

2．经理级日常管理体系

（1）经理级日常管理目标。经理级日常管理围绕准时交货展开，关注准时交货的管控指标，在指标不达标时分析原因并制订对策。

（2）经理级准时交货日常管理前线站立会议流程，见表 4-5。

表 4-5　　　　　　　　　经理级准时交货日常管理前线站立会议流程

会议名称	准时交货日常管理 前线站立会议
会议目的	通过日常管理，确保准时交货
会议目标	目视化板指标达标
会议时间	每周一上午 10：00
参加人员	采购管理部经理、商务管理部经理、物流管理部经理、会计信息部经理、财务管理部经理、信息技术部经理
会议主持人	采购管理部经理
会议通知发布	无
会议记录	现场更新目视化板
会议要求	（1）纪律要求：站立在目视化板前。准时参会、手机静音、除组织者外会议期间不准许接打手机和使用电脑。 （2）问题解决方式要求： 1）重点说明未达标项产生原因。 2）新增未达标项改善措施及行动计划。 3）其他人补充建议和意见

续表

会议流程					
步骤	内容	要求	负责人	计划时间	标准化要求
备1	更新目视化板	指标红绿灯、问题（如有）	采购部经理	前一天下班前	按目视化板更新要求
备2	突发问题准备	（1）商务管理部经理：准备销售方面信息共享。 （2）采购管理部经理：采购方面整体或特殊情况共享。 （3）财务管理部经理：资金方面问题。 （4）会计信息部经理：会计付款方面的问题。 （5）物流管理部经理：物流、仓储方面问题	各负责人	前一天下班前	
1	回顾红灯未达标项	（1）红灯未达标原因分析：如有需要去主管目视化板查看原因。 （2）绿灯持续达标原因	采购部经理		
2	回顾之前行动计划推进情况	（1）有问题协调解决。 （2）更新目视化板	发言人	10:00～10:10	
3	根据原因做出行动计划	更新目视化板	发言人		
4	突发问题通报	说明突发问题原因，需要行动计划地更新目视化板	发言人		
5	其他事项	需要行动计划地更新目视化板	发言人		
合计				10min	

（3）目视化指标。经理级准时交货日常管理目视化指标定义，见表4-6。

表4-6　　　　　　　　　　经理级准时交货日常管理目视化指标

延迟交货总金额（D）	目的	对比平均销售额，查看平均延迟天数
	定义	按供应商纸面合同交货日期
		每周一统计上周到货金额÷月初计划当周到货金额
	意义	查找延迟交货原因（可控原因或非可控原因）
	目标	每周准时到货率 80%
	频率	每周
	指标更新时间	每周一 9:00（早会前）
	数据来源	采购到货预测表
单对单库存货未到齐金额（I）	目的	因货未到齐影响发货，直接影响准时交货
	定义	单对单库存报表中货未到齐金额

续表

单对单库存货未到齐金额（I）	意义	反向管理零采供应商
	目标	1000 万元
	频率	每周
	指标更新时间	每周一 9:15
	数据来源	SAP 报表
发出商品货未到齐金额（I）	目的	因货未到齐影响客户出票，继而影响销售收入
	定义	发出商品报表中单对单货未到齐金额
	意义	反向管理零采供应商
	目标	1100 万元
	频率	每周
	指标更新时间	每周一 9:15
	数据来源	SAP 报表

（4）经理级准时交货日常管理目视化管理板设计，见图 4-7。

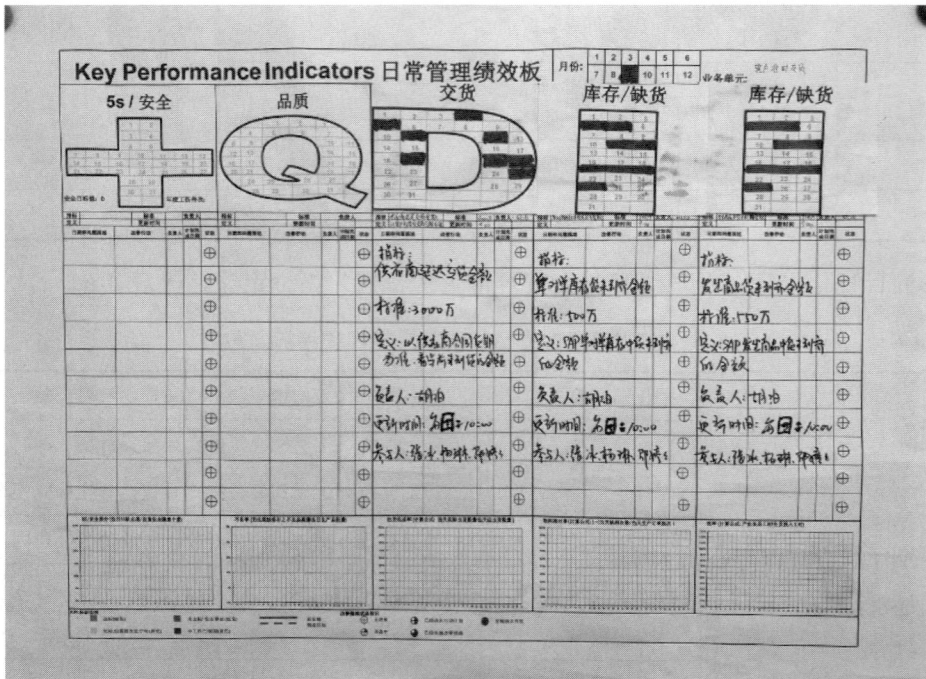

图 4-7　经理级准时交货日常管理目视化管理板设计

3．后续 90 天行动计划

训练营完成了指标确定和目视化管理板的设计，并制订了会议流程。训练营结束后，团队成员共同制订了未来 90 天的行动计划，用未来三个月来试跑，评估日常管理体系执行情况，以及指标是否有效，然后根据实际情况调整指标。

日常管理训练营后续 90 天行动计划如下：

（1）经理级日常管理训练营后续 90 天行动计划，见表 4-7。

表 4-7　　　　　　　　经理级日常管理训练营后续 90 天行动计划

业务区域：准时交货日常管理				区域负责人	采购部经理
回顾团队：采购部经理、商务部经理、会计部经理、物流部经理、财管部经理、信息技术部经理					
序号	行动计划	责任人	交付成果	计划完成日期	预期效果和收益	推进状态
1	目视化日常管理					
1.1	数据来源					
1.1.1	供应商迟交货金额：可直接看 SAP 报表	采购部经理	目视化板	2021 年 8 月 31 日	提高运营效率	
1.1.2	单对单库存货未到齐金额：可直接看 SAP 报表	物流部经理	目视化板	2021 年 8 月 31 日	提高库存周转率	
1.1.3	发出商品货未到齐金额	会计部经理	目视化板	2021 年 8 月 31 日	提高库存周转率	
1.2	红灯后如何找根本原因					
1.2.1	供应商迟交货红灯：从主管日常管理的下单、跟单指标和 3C 表中找主要原因	采购部经理	目视化板的行动计划	2021 年 9 月 6 日	帮助主管日常管理	
1.2.2	主管下单红绿灯：如红灯未及时下单，是否协调解决	采购部经理	目视化板的行动计划	2021 年 9 月 6 日	帮助主管日常管理	
1.2.3	主管跟单红绿灯：看供应商迟交货原因	采购部经理	目视化板的行动计划	2021 年 9 月 6 日	帮助主管日常管理	
1.3	制作目视化板	财管部经理	目视化展板	2021 年 9 月 3 日	3s 看问题	
2	开会标准作业：前线站立会议标准作业					
2.1	开会：一起做开会标准作业。如，每人主要任务和会前准备：重点订单、突发事件等	采购部经理	标准作业	2021 年 9 月 3 日	保证会议和日常管理的质量	
2.2	工作流：SAP 数据导表的标准作业	采购部经理	标准作业	2021 年 9 月 1 日	保证会议和日常管理的质量	
3	参加主管目视化会议	采购部经理		2021 年 9 月 21 日	帮助主管日常管理	

序号	行动计划	责任人	交付成果	计划完成日期	预期效果和收益	推进状态
4	开发需求					
4.1	（1）问题：货已到齐的订单中的备货还未到齐现在无法显示。（2）对策：同一订单有备货未交货的，再看此时此行是否已占用上	采购部经理		2021年9月30日	使报表能直观看到问题	

（2）主管级日常管理训练营后续 90 天行动计划，见表 4-8。

表 4-8　　　　　　　　　　主管级日常管理训练营后续 90 天行动计划

业务区域：准时交货的主管级日常管理-人民币采购组					区域负责人	徐某
回顾团队：张某、赵某、张某、白某						

序号	行动计划	责任人	交付成果	计划完成日期	预期效果和收益	状态
1	主管级目视化管理板					
1.1	目视化管理板内容确认	商务部高级主管	定稿	2021年9月3日	确定关键指标，将影响准时交货的重要指标可视化	
1.1.1	目视化管理板内容、指标讨论	商务部高级主管	脑图初稿确定	2021年8月30日		
1.1.2	思路确认	商务部高级主管	脑图定稿，完成90天行动计划	2021年9月3日		
1.2	制作主管级目视化管理板	物流部经理	D/I/P 三张目视化管理板	2021年9月30日		
1.2.1	目视化管理板更新标准作业	物流部经理		2021年10月30日		
1.3	梳理跟单的标准作业	采购部高级主管		2021年9月30日		
1.3.1	确认跟单的管理原则（包含协议厂商）	采购部高级主管	下单、跟单的管理原则	2021年9月11日	（1）明确跟单的工作职责。（2）协议厂商交期最好能统计后提交技术部从系统里运算	
1.3.2	修改完善现有的跟单标准作业	采购部高级主管	新的跟单标准作业		规范统一跟单的标准作业	
1.3.3	培训现有的跟单标准作业	采购部高级主管				
1.4	现有数据核查、待办清零	采购部高级主管		2021年9月30日		

续表

序号	行动计划	责任人	交付成果	计划完成日期	预期效果和收益	状态
1.4.1	修正 SAP 中供应商纸面合同货期与计划交货日期	采购部高级主管	修正成真实有效的日期	2021 年 9 月 30 日	确保准时交货基准数据正确	
1.4.2	"未完成跟单"的待办数据清零	采购部高级主管	所有未完成跟单都按标准作业结束待办	2021 年 9 月 30 日	确保后续日常管理"从零开始"	
1.5	张贴、试用主管级目视化管理板	采购部高级主管	每天填	2021 年 10 月 29 日		
1.6	总结主管级目视化管理板使用情况	采购部高级主管	目视化板的行动计划	2021 年 11 月 5 日	确认指标设置是否合理及能否提高准时交货	
1.6.1	总结目视化管理板数据	采购部高级主管		2021 年 11 月 5 日		
1.6.2	根据数据制订后续行动计划	采购部经理		2021 年 11 月 5 日		
1.6.3	执行行动计划	采购部高级主管				
1.7	90 天回顾主管级目视化管理板使用情况	采购部高级主管	目视化板的行动计划	2021 年 11 月 29 日		
1.7.1	总结目视化管理板数据	采购部高级主管		2021 年 11 月 29 日		
1.7.2	根据数据制订后续行动计划	采购部经理		2021 年 11 月 29 日		
1.7.3	执行行动计划	采购部高级主管				
2	主管级人民币采购组标准工作流程					
2.1	完成主管级采购岗的日常管理标准作业	采购部高级主管		2021 年 10 月 7 日	主管日常管理的标准化	
2.1.1	编写人民币采购主管工作流程的 SIPOC	采购部高级主管	人民币采购组的主管 SIPOC 表	2021 年 9 月 30 日		
2.1.2	确定早晚会标准流程	采购部高级主管		2021 年 9 月 30 日		
2.1.3	确定纸卡内容	流程管理主管	纸卡及 3C 表	2021 年 9 月 30 日	(1) 关注每个员工的工作是否按标准作业要求完成。(2) 当天可解决的问题通过 3C 表都记录并解决	
2.1.4	编写主管级采购岗的日常管理标准作业	采购部高级主管	主管级采购岗的日常管理标准作业	2021 年 10 月 30 日		

续表

序号	行动计划	责任人	交付成果	计划完成日期	预期效果和收益	状态
2.2	培训人民币采购组标准化日常管理	采购部高级主管		2021年10月8日	提高对准时交货的重视	
2.2.1	介绍本次提升准时交货的采购部日常管理的背景	采购部经理		2021年10月8日		
2.2.2	介绍人民币采购组的标准化日常管理的内容	采购部高级主管		2021年10月8日		
2.3	回顾人民币采购组标准化日常管理	采购部高级主管		2021年11月8日		
2.3.1	总结3C表数据	采购部高级主管		2021年11月8日		
2.3.2	根据数据制订后续行动计划	采购部经理		2021年11月8日		
2.3.3	执行行动计划	采购部高级主管				

4.2.2　供应链日常管理执行

1．两级站立会议执行

主管级站立会议成员为采购全体，周期为每日召开，沟通工作进展，提示近期业务重点和风险。

经理级站立会议成员为供应链及相关部门经理，周期为每周召开，沟通供应链交付问题，讨论问题对策，提示业务风险。

2．主管日常巡检

主管定期巡检，检查标准作业执行情况，并帮助员工解决问题。

3．小结

（1）主管日常工作的变化。原来主管忙什么？忙自己手头上的工作，跟采购员一样操作采购合同下单、跟单，催供应商交货。还要传帮带，要被动救火，处理应急的问题。

现在主管做什么？

首先，主管负责制定和修正目视化指标，对不合适的日常管理指标进行调整，制定目标，当达标率稳定时提升标准。

其次，从被动救火，逐步改变为通过日常工作检查，及早发现问题，并主动帮助员工解决问题。

再次，通过时间管理，并调整工作重点，将服务和领导团队作为主管的工作目标，在工作中帮助团队，通过日常培训提升团队能力。运用学习的培训技巧更快更有效地培养新人。

此外，调整工作职责，管理日常工作。维护可视化管理板，巡视审核，分配任务，提出改善建议，工作职责更加明确。

（2）推动日常管理执行过程回顾。

1）第一阶段，照猫画虎。按照 SQDIP 的维度找指标，按标准目视化、开例会。这个阶段是找感觉的阶段。让大家先熟悉形式，慢慢关注内容。

2）第二阶段，改变策略。当日常管理执行一段时间之后，会发现有些指标不适用，甚至不正确，这个时候根据实际关键点调整指标，继续监控。

如交付的结果指标无法作为主管直接管理的指标，所以后期取消，改为在关键指标中展示：

调整前，见图 4-8。

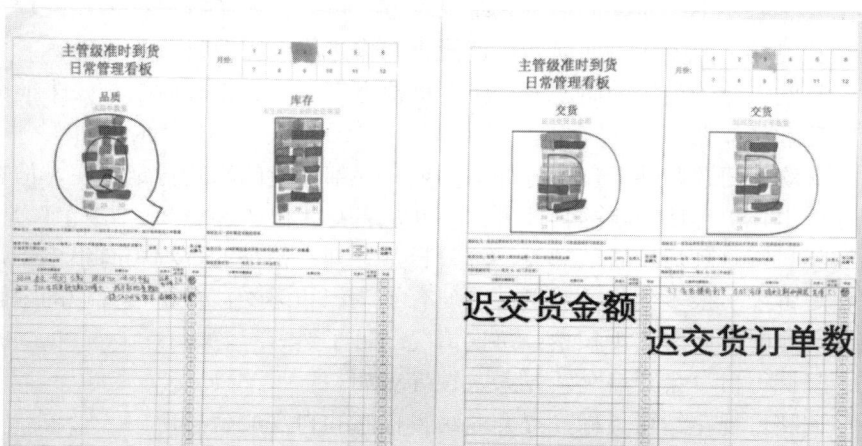

图 4-8　调整前

调整后，见图 4-9。

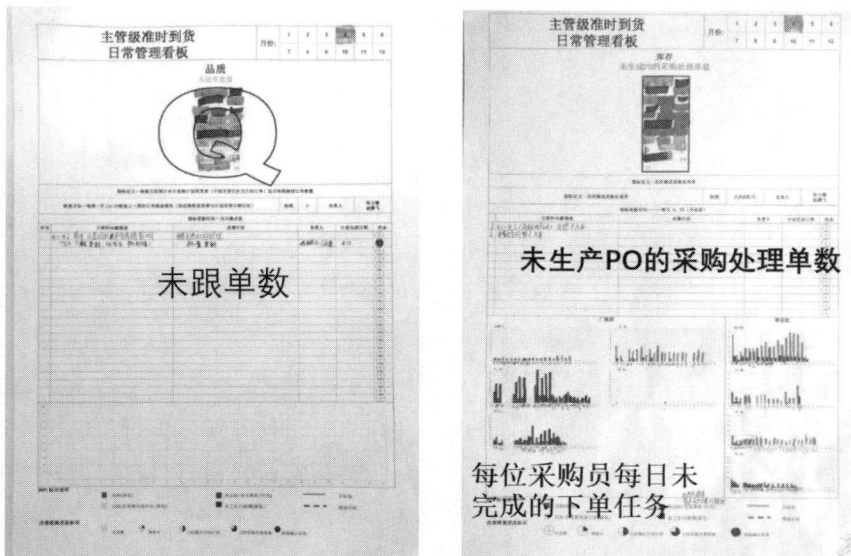

图 4-9　调整后

3）第三阶段，进入角色。在执行一段时间之后，大家对日常管理的目的、为什么这么开、关注什么、流程是什么等都非常熟悉和认同了，这个时候就会慢慢进入角色。早会按时自如地召开，巡视沟通有重点，正激励出现次数更多，也开始提出改善建议。

（3）日常管理改善空间。在6个月的日常管理推动过程中，仍有一些改善空间需要进一步提升。

首先，早会仍有些沉闷，主管宣讲多，团队成员参与反馈少。主管在团队中仍需进一步建立信任，多帮员工解决工作中的实际困难，提升价值。

其次，巡视不足。经常未能按日常工作流程定时巡检，同时巡视有遗漏的情况。对巡检的工作方法需要不断完善，信息系统报表方式可以快速了解流程节点处理情况，但这不能及时发现员工的困扰。如何能快速检查工作进展，需要进一步思考。

再有，问题跟踪表列示的问题要么没有解决方案，要么是临时措施，未能分析根本原因，并制订行动计划。

最后，喜欢将问题归咎于疫情等外部环境。外部环境的影响肯定存在，但在日常管理中，应分析出外部环境影响的具体占比，并从自身找出改善空间。"改善"是改自己。

（4）实施日常管理后主管的感受。尽管日常管理在推动的过程中有很多不足，但对主管来说还是带来了很多变化，对日常管理有了认识和感受，对日常管理的理解包括：

高效：快速解决问题，不积累；每日情况一目了然。

形式：坚持每日早会开启全新一天、领导参加。

创新：调整目视化结果指标，提升业绩目标感和自身成就感。

氛围：员工开始主动反馈问题，积极改善，提出建议更合理科学。

迭代：能在每日会议中发现业务新问题，提出新对策，定出新方案。

第 5 章　实施战略部署实践

5.1　理 解 战 略 部 署

丹纳赫前总裁拉里曾说，如果 DBS 只保留一个工具，那一定是战略部署。

在 DBS 中有三大工具推动持续改善，即战略部署、日常管理以及解决问题流程。日常管理解决的是企业现有业务维持持续、稳定绩效输出的问题，解决的是存量。但要创建可持续的竞争优势，只有日常管理是不够的，必须通过战略部署和具体落地的突破和改进来实现竞争优势。战略部署解决的就是突破问题，是如何通过追求世界级的绩效，创造可持续的竞争优势，解决的是增量。当实现一定增量的突破时，这部分管理仍需转成日常管理来进行跟进，确保绩效的维持。不论日常管理还是战略部署，在推进的过程中如果不达标或者出现偏差的时候，需要通过解决问题流程找到问题的根本原因，推动改善，并赢回差距。

战略部署对标的是世界级的绩效，一流的行业标准。从当前状态看到与世界级绩效之间的差距，会迫使我们突破性思考，驱动企业向卓越迈进。不同于企业以往的年度工作部署，战略部署面向的是高目标，而非企业的年度自然增长。通过设立面向未来的绩效目标，寻找突破的路径，建立新的方法和流程，确保维持可持续的成长，这就是战略部署，需要通过全面改善来实现突破。

例如东方中科在国内属于电子测试测量行业领先的企业，部分品牌的代理销售收入已经超过业绩排在第二位到第七位的收入总和。但是对标世界级同行美国 X 公司，我们在年营业收入、运营效率等方面与其还有非常大的差距。如果对标 X 公司，我们就需要从各个维度思考突破方向，例如公司的业务模式是否有创新的商业模式？审视客户和销售流程，是否能为客户提供其他的增值服务？供应商能否进一步加强合作，能否通过供应商管理和采购优化提升资金效率？哪些支持体系能够通过流程优化提升人效？通过多方面思考，从业务体系到运营体系寻找改善空间，制订全面改善计划并落实。

5.1.1　对战略部署的理解

1．战略部署是战略规划的落地工具

战略部署不是战略规划。战略规划回答的是"我是谁""我在哪""往哪去"的问题，相对目标时间周期较长，通常以 3～5 年为周期，每年会对方向进行回顾。

战略部署是确定了前进的方向之后，如何将规划进行落地，思考要进行哪些突破性改进。战略部署以一年为周期，解决的是在战略规划的方向上"走多远""怎么去""谁

去"的问题。

例如现在要盖一座北京最高的摩天大楼，那么各自分工对应的角色如下，见表 5-1。

表 5-1　　　　　　　　　　　　　　分工对应的角色

任务	对应工作	承担角色
设计师进行大楼设计	战略规划	董事会、集团、高层领导
承包商完成建筑图纸设计	战略部署	高管、中高层经理
施工队完成大楼建设	价值流和改善	中层经理、员工
工程监理	战略部署回顾	高管、中高层经理、员工

可以看到如果要盖一座摩天大楼，从上到下、从设计师到施工的工人，每个人都有各自需要承担的责任。同样在公司如果想完成公司的战略规划，需要从上到下每一个员工都需要为此付出努力。

很多时候，公司的员工并不清楚企业的战略发展目标是什么，或者知道了战略发展规划，又不知道他自己的日常工作跟战略规划有什么样的关系。但实际上，我们从战略规划和战略部署的保龄球图分解和行动计划就可以看出来，员工的每一个操作都跟战略规划是相关的。比如如果想对准时交货做高目标的突破，那么准时交货相关的各个环节、流程和在流程中执行的每一个人，都对这个战略目标的结果有影响。例如一个采购员每天的工作是采购订单的下单、跟单，那这些操作对准时交货有影响吗？答案是肯定的，但是员工并不清楚他的工作跟战略部署的目标是相关的。如果员工非常清楚自己的工作跟战略部署的目标是一致的，并且他的努力是可以影响公司的战略发展目标的，那么员工会有更好地获得感和成就感，也能更好地去理解公司的发展目标。

如果想要让每一个员工都深入理解公司的战略发展的目标，战略部署就是一个非常好的工具。它把公司战略发展目标清晰明了地展现给全体员工。通过指标的分解和行动计划跟员工紧密地联系在一起。这样也可以让中层经理和员工更好地去理解公司的战略是如何通过战略部署的方式落实到行动计划，让战略规划变成一个可行的计划。这样可以提升团队战略规划的执行力，让团队更加凝聚在战略发展的目标上，让公司可以持续地发展。

2．制订年度战略部署的过程不是填表

战略部署的工具是一个标准化工具，它的矩阵、行动计划，以及保龄球图都是通过表格的方式来展现的。在使用战略部署工具的时候，通常会犯一个错误，就是把战略部署的过程当做填表，分解一下年度目标就结束了，这是不对的。

战略部署的过程是一个思考的过程，需要回顾公司的战略规划，思考当下的规划是否有需要调整的地方。在明确战略规划的方向的时候，要去思考公司年度的突破方向，以及如何去达成突破目标。所以当年的战略部署通常在上一年的 7 月就需要启动了。通过走访客户、供应商了解市场情况，分析经济热点，结合公司的情况思考突破方向。

3．优先改善项是建立流程和体系

战略部署的周期虽然为一年，但要确保三年内完成战略目标，并且可持续地保持竞争优势。所以，战略部署的目标是"长肌肉"，是为了增进能力要做的突破。战略部署关注的是建立流程，而不是结果。只有流程才是可持续的，才能与竞争对手之间建立护城河。

因此年度优先改善项通常是建立什么流程或建立什么体系，这样让体系确保后续的业务也能够按照流程按照体系来进行，有一个持续、稳定的收入。

4．制订行动计划要慢思考

制订行动计划的时候，要升维思考。在《思考，快与慢》的这本书中提到，我们大脑的思考方式有两个系统，一个是系统 1，一个是系统 2。系统 1 用得最多，特点是无意识，凭直觉，但会快速做出反应。系统 2 的特点是思考慢，但深入分析，然后做出决定，对比系统 1 更不容易出错。大脑本能的思考方式就是凭直觉和经验快速给结论，而不愿意深度思考。而我们做战略部署、做行动计划，恰恰需要通过横向和纵向的思考，来发现突破点，找到突破方案。

战略部署不仅是高目标，而且结果要可靠、可重复、可信赖，过程要与以往不同，建立新体系、新系统，还要团队成长，流程优化。因此制订行动计划的过程需要多维思考，注定会辛苦。但这个过程可以使团队成长，非常有价值。长此以往，不仅团队能力不断提升，也可以持续达成企业目标。

5．战略部署月度回顾是团队成长的平台

战略部署的推动过程有的时候会忽略月度回顾会。月度回顾会的目的是审视我们的行动计划制订的是否有问题。也就是说在做了计划之后，团队是否按照行动计划执行，如果没有，为什么没有？如果执行了，是否达成了预期的影响？又或者发现应该去做某些工作，但是发现这些工作并没有列入行动计划之中。

这些情况需要在月度回顾的时候评估行动计划。如果是按照计划去做了，但是没有产生相应的影响，就需要从两方面去分析：一方面是行动计划制订的是不是有疏漏，另一方面就是团队对影响的预估是不是过于乐观。那么这个复盘就会影响到团队的认知，使团队有机会去进一步学习如何更科学地去制订计划，并且可以更好地去预估结果。还有一种情况，有可能行动计划制订了，但是并没有按照行动计划去执行，那么这个时候就要去关注为什么没有去执行行动计划？是什么原因？如果是资源的问题，那么月度回顾会的时候就需要去由公司领导来去协调资源，因为战略部署本身就是公司集中资源去做突破的事情。如果是因为时间管理的问题没有去执行，那么对团队来讲，提高团队时间管理的能力，提升工作协同的能力，就是团队成长的价值。

月度回顾会一年可以开 12 次，每一次都是战略部署的团队成员在一起相互学习、相互分享的成长平台，坚持做，对公司的团队发展具有非常重要的价值。

5.1.2 战略部署标准化工具介绍

战略部署的过程是标准化、目视化的经营管理流程，应用标准化模板推动管理部署，通过彻底的、闭环的系统来达成突破目标。战略部署模板由 4 个文件组成，包括：战略部署矩阵、战略部署行动计划、保龄球图和纠偏计划。

1．战略部署矩阵

战略部署矩阵通过一个目视化形式，把三年目标、一年的分解目标、为达成目标要建立的流程、体系及量化的目标，还有每个项目的团队成员五个部分展示一个表格里，通过目视化的方式很清楚地看到未来一年战略突破的方向和目标是什么。

2．战略部署行动计划

优先改善项有了，目标也有了，下一步就是怎么实现这个目标，这时候需要制订行动计划。也就是说需要通过什么样的改善或者建立什么样的流程和体系来达成目标。

行动计划模板。行动计划模板见图5-1。

行动计划																					
改善项目名称：						S		X		C								改善计划完成时间				
组长：		团队成员				2022年													结果评估			
序号		行动/改善事项	责任人	其他成员	里程碑事件	计划完成时间	1月	2月	3月	4月	5月	6月	7月	8月	9月	10月	11月	12月	状态		进展	
1																					
	1.1																				
	1.1.1																				
	1.1.2																				
	1.2																				
2																					
	2.1																				
	2.2																				
3																					
	3.1																				
	3.2																				

图5-1　行动计划模板

3．保龄球图

量化目标之所以会变化，肯定是做了什么改善或活动。在行动计划中，不同的改善和活动是发生在不同的时间，并预估了对目标产生的影响。根据行动计划对目标的影响落实到12个月中，在图5-1中就有12个单元格。这种形式很像保龄球记分卡，因此这种年度绩效跟踪的表格就称为保龄球图。

4．纠偏工具

当月度检查时目标没有达标的时候，需要用纠偏工具来去分析问题，找到未达标的原因，然后制订后续的行动计划。纠偏工具可以使用问题解决工具模板，不再另做模板要求。

5.2　易捷业务流程体系建设实践分享

5.2.1　项目背景

在2021年的战略部署中，确定其中一项优先改善项为"通过建立和实施增值销售标准化流程提升公司运营效率"。增值销售业务主要包括直销业务和易捷业务，此前已经完成直销业务的流程体系建设，因此本次改善重点放在了易捷业务流程体系建设上。目标分解之后，确认了易捷业务总销售额增长30%和人均毛利产出提升15%两项细分目标。

5.2.2 改善团队

改善团队成员包括两个有易捷业务的事业部总经理，负责业务梳理及流程设计决策；流程管理岗和信息技术部的经理，负责流程设计和绘制；商务管理部经理和商务部主管，负责业务流程优化建议；OBS办公室执行经理，辅导战略部署工具使用。

虽然易捷业务是一个销售流程，但是由于易捷业务的标准化程度很高，而且前后台关系密切，所以在这个项目中，由商务部经理来担任改善团队的项目负责人。

5.2.3 制订行动计划

1．现状分析及目标

易捷业务特点包括：大部分客户是分销商，以销售库存产品为主，供货周期相对较短，很多情况下客户当天下单，要求当天发货，发货及时性要求比较高。

易捷业务人员在工作效率上存在比较大的改善空间。易捷业务并没有单独设计流程体系，而是与直销业务共用销售流程，各项表单填写要求与直销客户的要求是一致的，但易捷销售过程比较简单，客户特征明显，风险相对可控，因此在表单填写和审批流程方面都有提升空间。

易捷业务人员的人均效率跟易捷业务流程的操作息息相关。影响易捷业务人员的流程效率的节点，包括与分销商合同条款反复沟通、合同下单审批、发货，以及与分销商对账等。因此，易捷业务的流程重构是提升效率的主要手段。在易捷业务当中，如果分销商可以通过签约的方式，提前约定好合同框架，不再每单进行谈判沟通，则可以大幅提升易捷流程效率。因此，设计符合易捷业务特点的流程体系并对工作标准化是实现战略部署目标的重要途径。

易捷业务的流程体系设计原则包括：

（1）易捷业务要合规，符合公司的规范并控制风险。这一点可以通过签约客户来进行优化。签约客户可以提前约定合同的框架，控制风险。例如账期和货期，以及合同的条约等都可以提前约定，这样就可以在整体上控制业务风险。

（2）针对签约客户重构业务流程，简化签约客户的业务流程，减少反复的沟通，提升流程的效率。

（3）流程要合理高效。通过流程优化提升流程的效率来释放易捷人员的工作时间，让易捷人员有更多的时间推进业务的发展，开发新分销商，多签单、增加销售收入，从而提升易捷业务总体销售收入。

2．行动计划

（1）客户体系和易捷管理政策改善。

首先重新划分易捷客户类型，根据客户特点，将易捷客户类型分为分销商及散户。所谓分销商是指分销渠道，而不是最终用户，而散户指的是非行业内的最终用户。针对签约分销商重新定义了签约分销商的客户信用控制原则。

其次根据业务现状，调整易捷业务员考核指标，从每单利润考核调整为总体利润考核，减少逐笔合同审批条件。增加定价策略管理流程，根据市场、库存、同行竞争给出近期易捷业务价格指导，减少在审批中的沟通，提高效率。

最后根据易捷业务特点，优化和完善《应收账款管理办法》，优化销售业务合同条款及流程，完善销售合同中商务条款，建立销售业务指引并向业务员宣贯。

（2）制订签约计划。梳理签约分销商框架协议模板。确认签约分销商名单，并分解签约任务目标。

（3）易捷业务流程体系建设及销售流程改善。为易捷业务建立全流程体系，重构业务流程，优化支持流程。

（4）客户签约，执行新流程。

（5）定期回顾，跟踪推动进展。

3．制订行动计划目视化管理

利用目视化管理对行动计划进行跟进，并发挥目视化管理的价值，即：

（1）传达团队工作的共同目标。

（2）目视管理的本质是暴露问题，展示问题，并逐个解决。

（3）让团队管理者和团队成员一起看到工作进展，一起了解问题，一起采取行动。

在完成行动计划之后，将其转化为目视化管理表，便于跟踪，见图 5-2。

销售业务流程标准化推进目视化																						
			周一 12/7	12/14	12/21	12/28	1/4	1/11	1/18	1/25	2/1	2/8	2/15	2/22	3/1	3/8	3/15	3/22	3/29		
			周五 12/11	12/18	12/25	1/1	1/8	1/15	1/22	1/29	2/5	2/12	2/19	2/26	3/5	3/12	3/19	3/26	4/2		
客户体系和政策改善	完成签约分销商框架协议模板	销售经理																			
	确定EMBU分销商签约数量	EMBU总经理																			
	确定IMBU分销商签约数量	IMBU总经理																			
	合同样式（PO/报价单）确定	商务管理部经理																			
	根据确认后的签约分销商授信清单	销售经理																			
	框架协议与合同的关系有效性	商务管理部经理																			
改善—易捷销售流程	IT准备	信息技术部经理																			
	流程图确认、需求沟通	商务管理部经理																			
	IT相关开发	信息技术部经理																			
	标准作业关键节点	商务管理部经理																			
	测试、试跑	业务员																			
	培训及上线	商务管理部经理																			
订货计划、订货申请、到货调整	流程、岗位、关键绩效、DM、目视化	OBS执行经理																			
	标准作业完成	OBS执行经理																			
滞销库存管理	流程、岗位、关键绩效、DM、目视化	OBS执行经理																			
	标准作业完成	OBS执行经理																			
下单、跟单、付款	流程、岗位、关键绩效、DM、目视化	采购管理部经理																			
	标准作业完成	采购管理部经理																			
厂商政策、厂商返点和厂商对账	流程、岗位、关键绩效、DM、目视化	OBS执行经理																			
	标准作业完成	OBS执行经理																			
应收账款管理办法	超期应收账款催收流程标准化（TPI）	销售经理																			
	IT相关开发	信息技术部经理																			
	测试、试跑	信息技术部经理																			
	培训及上线	销售经理																			
	《应收账款管理办法》修改初稿	销售经理																			
	《应收账款管理办法》修改定稿	销售经理																			
完善销售合同中商务条款	验收条款流程业务指引思路确认	销售经理																			
	验收条款流程业务指引，初稿	销售经理																			
	验收条款流程系统优化	销售经理																			
	验收条款流程业务指引，定稿发布	销售经理																			
建立销售业务指引及宣贯	初稿	销售经理																			
	定稿、发布、培训	销售经理																			

图 5-2　目视化的行动计划

5.2.4 易捷业务流程体系建设

根据易捷业务的特点和目前工作的痛点，设计易捷业务流程体系。

1. 易捷业务 L1 流程

易捷业务 L1 与直销业务 L1 流程对比有几个不同。首先由于易捷业务主要以快销为主，通常不需要单独制定技术方案，大多数情况下以销售库存产品为主。因此，单对单采购就从业务流程调整为支持流程，此外易捷业务单独设计了签约客户管理，作为易捷业务的一个支持流程。由于易捷业务以销售库存产品为主，因此备货管理是核心的支持流程。易捷业务 L1 流程图见图 5-3。

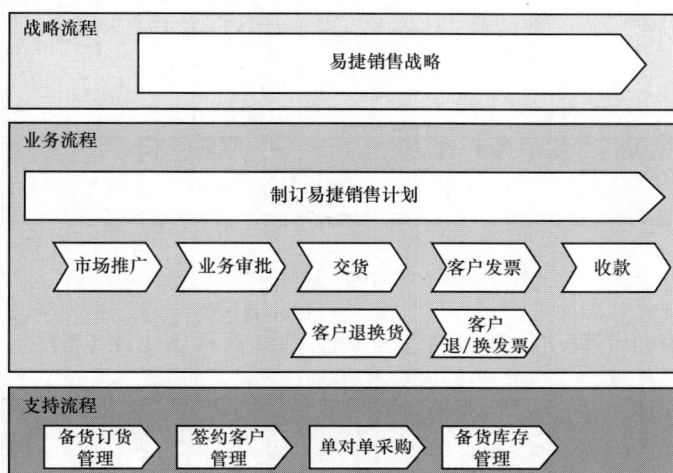

图 5-3　易捷业务 L1 流程

2. 易捷业务 L2 流程

（1）签约客户管理流程包括签约客户的准入、评估和退出流程，L2 流程图见图 5-4。

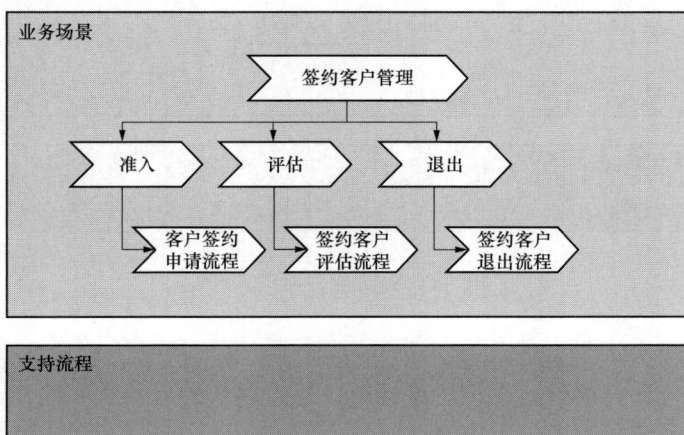

图 5-4　签约客户流程

（2）备货订货流程包括订货决策流程和备货采购管理流程，支持流程包括返点入账流程、返点对账流程和厂商政策管理流程，L2 流程图见图 5-5。

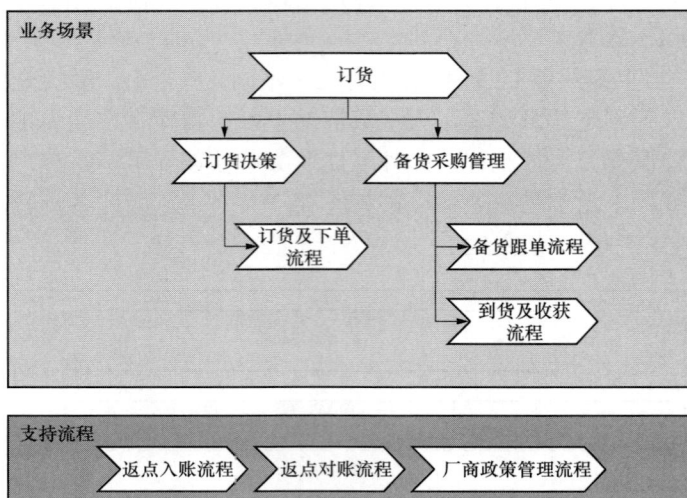

图 5-5　备货订货流程

（3）备货库存滞销管理包括滞销管理流程，L2 流程图见图 5-6。

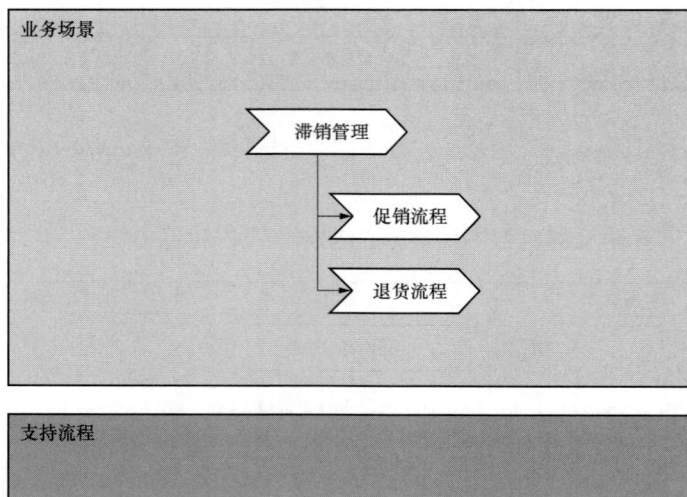

图 5-6　备货库存滞销管理

3．易捷业务 L3 流程重构

（1）总体销售流程调整。在销售过程中，签约客户的流程大幅简化，不仅减少流程节点，而且通过系统集成提高人员效率。

改善前易捷业务流程图见图 5-7。

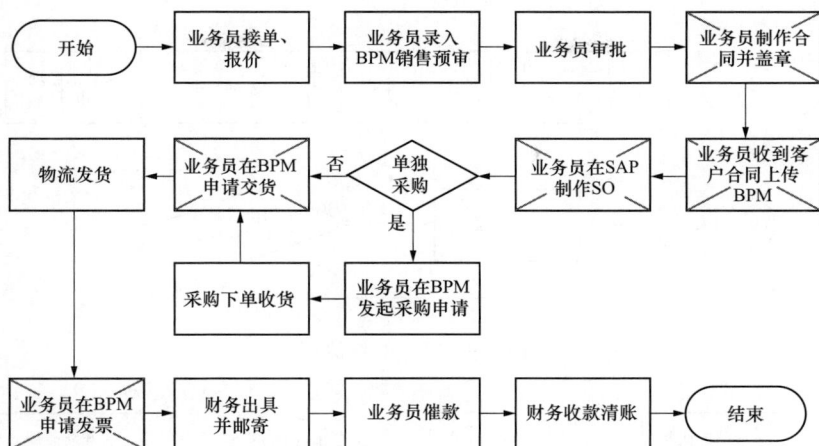

图 5-7　改善前易捷业务流程图

改善后，易捷业务签约客户流程图（蓝色节点为系统集成节点），见图 5-8。

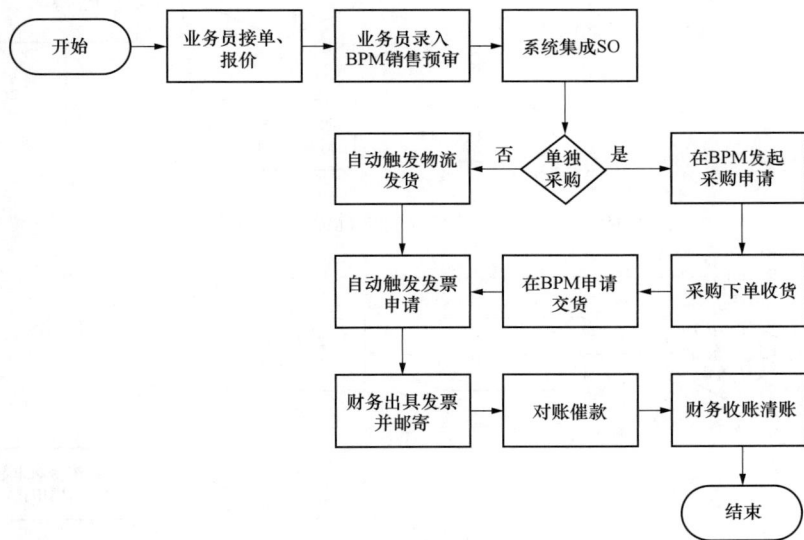

图 5-8　改善后，易捷业务签约客户流程图

（2）签约客户申请流程。提前约定客户合同条款，签约客户的框架协议申请通过后，后续可自动生成本公司模板的合同，签约客户基础信息在后续订单执行中自动带出数据。客户签约流程见图 5-9。

（3）签约客户合同审批流程。原流程审批环节与直销一致，环节较多，后续签约客户的合同审批无特殊情况无需审批。

改善前客户的合同审批流程见图 5-10。

改善后，签约客户合同审批流程见图 5-11。

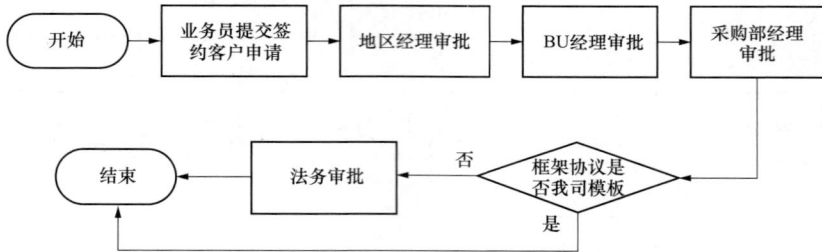

图 5-9　客户签约流程

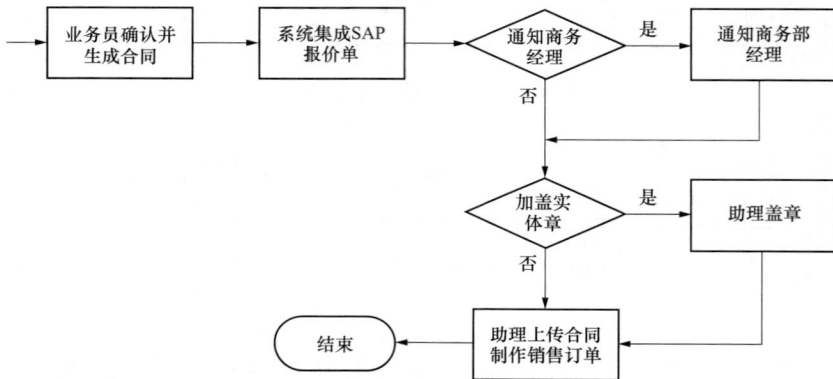

图 5-10　改善前客户的合同审批流程（部分示意）

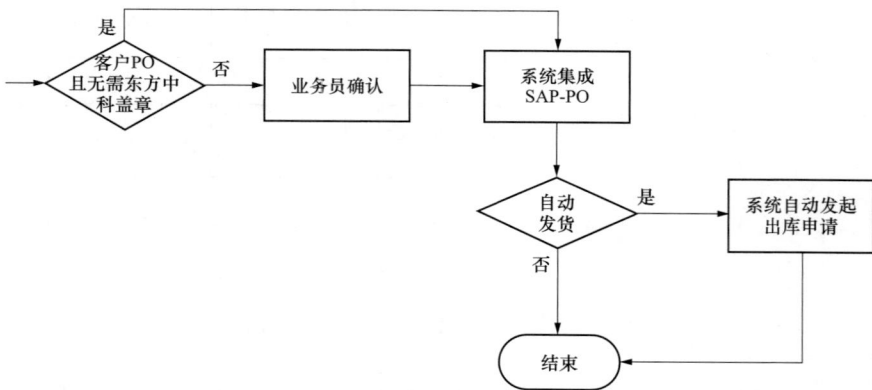

图 5-11　改善后，签约客户合同审批流程图（部分示意）

（4）签约客户发货流程。当签约客户合同中的产品都是备货，且查询库里有"实际可用库存"时，系统可实现自动提交出库申请，无需再填写出库申请，实现"一键发货"。签约客户发货流程见 5-12。

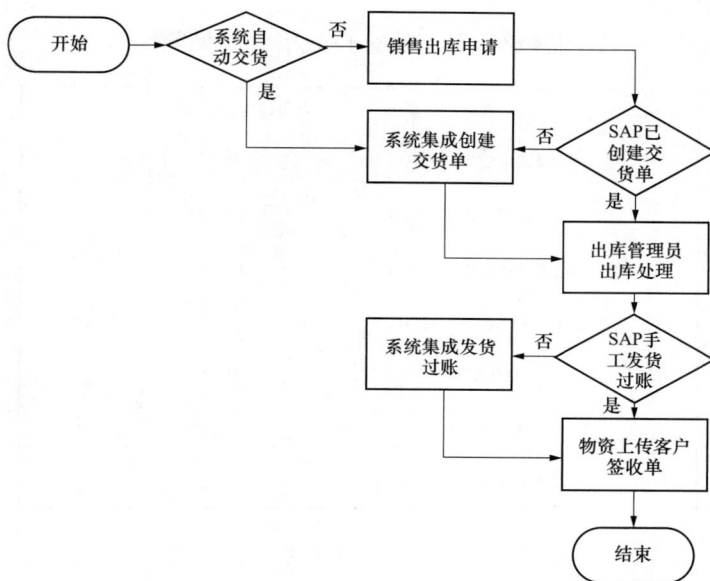

图 5-12 签约客户发货流程

（5）系统对账。系统按框架协议约定，自动生成对账单，发送给负责业务员。业务员不再需要手工核对，大大提升对账效率，流程图见图 5-13。

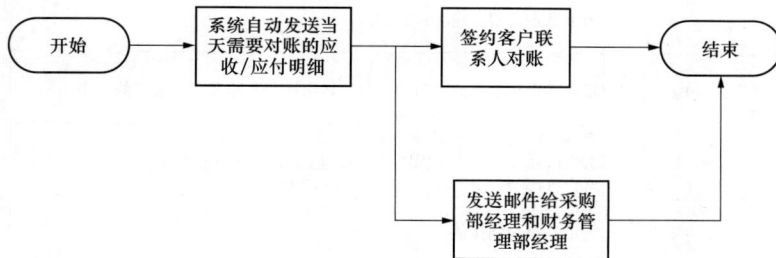

图 5-13 系统对账流程图

5.2.5 结果达成

1. 目标达成

易捷业务工作标准化目标达成结果，见表 5-2。

表 5-2　　　　　　　　　　易捷业务工作标准化目标达成结果

年度目标	实际达成提升（%）
易捷业务总销售额比 2020 年提升 30%	36.30
易捷业务人效比 2020 年提升 15%	33.50

2．改善对比

（1）流程改善后，签约客户和非签约客户效率对比见图 5-14。

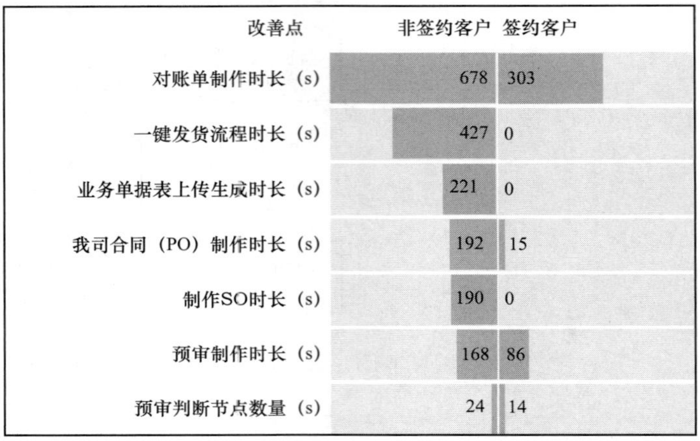

改善点	非签约客户	签约客户
对账单制作时长（s）	678	303
一键发货流程时长（s）	427	0
业务单据表上传生成时长（s）	221	0
我司合同（PO）制作时长（s）	192	15
制作SO时长（s）	190	0
预审制作时长（s）	168	86
预审判断节点数量（s）	24	14

图 5-14　签约客户和非签约客户效率对比

（2）重要改善点改善比例见图 5-15。

改善比例	重要改善点
55%	对账日邮件自动生成对账单附件，下载整理即可发送
100%	预审结束即刻流程流转到物流
100%	预审结束自动生成，节约了打印、扫描、本地保存、上传的动作
92%	我司PO：上传客户回签合同，生成SO 客户PO签章，需要我司签章：自动加盖电子章并生成SO 客户PO签章，不需我司签章：自动生成SO
100%	预审结束自动生成
49%	签约客户预审新界面，自动带入签约信息
42%	不限制合同金额 审批毛利率3%

图 5-15　重要改善点改善比例

3．小结

易捷人效提升是在 OBS 战略部署目标达成共识的前提下，由前后台共同推动项目进展，团队协作，最终达成目标。业务全流程梳理并标准化，再由 IT 落地，极大地提升了流程效率，最终释放了易捷业务人员的时间，使业务员得以承接更多客户需求，提升总体销售收入。

第6章 构建并推广精益文化实践

优秀的企业文化是企业发展的精神动力，对企业持续、稳定、健康发展起着重大推动作用。优秀的企业文化有助于企业形成凝聚力，提高企业的核心竞争力，与同行之间形成不可逾越的竞争壁垒。一个企业的企业文化与企业的价值观、发展战略、竞争策略、管理风格息息相关。构建卓越的企业文化是企业快速、稳健、高效发展的重要途径。

精益文化是企业文化的一部分，通过学习实践精益思想和工具，从看得见的行为方式上的变化，逐步影响看不见的思维方式和价值观，最终对精益思想不断实践，达到知行合一。

6.1 实施和构建精益文化的套路

精益文化的建立不是一蹴而就的，它的形成有认知过程，从熟悉精益工具，到相信精益原则，再到认识到长期实践才有效，最终构建精益企业文化。精益文化既包含有形的精益工具和实践，同时也包括不可见的管理思想和行为模式。

可见的是学习精益工具并实践，用精益的工具和方法发现问题解决问题，如目视化、PSP、5S 等；用精益的语言沟通，包括保龄球图、CVDS 等；用精益的套路思考，A3 思考法、精益原则、消除浪费等。

不可见的是推动改善活动，使员工成长，包括持续改善的思想、领导力、管理思想和行为模式的变化等。

那么思维模式如何才能发生改变呢？首先要学习精益知识，转变员工思考和行为的方式才是取得成功的真正关键；其次是参加改善活动，最好的想法都是来自员工，通过改善提升员工发现问题解决问题的能力，增强团队的战斗力，形成竞争壁垒；然后运用 A3 思维解决问题，通过目标-现状-差距-行动方案的套路进行解决问题思维的训练，找到根本原因，从根本原因上解决问题；最后鼓励尝试新想法，多问为什么。

6.1.1 构建精益文化

构建精益文化是一个长期的过程，在其中通常经历以下几个步骤：

（1）思想冲击。构建精益文化的过程需要从现有企业文化开始。通常，员工对现有企业文化与精益文化的理解有偏差，在推进过程中形成掣肘。在精益文化构建初期，员工需要精益文化的强烈冲击，以对精益思想和文化有一个快速认知。这时，可以通过OBS训练营的方式让员工加深对精益的理解。

（2）快速组织改善。组织改善不仅能让员工看到变化并从中获益，也让员工认识到公司改变的决心。大野耐一曾指出，依靠强硬管理团队才能让企业走向新的发展道路，改革势在必行，新方法不可替代。

（3）建立先遣队。精益转型需要有一部分人先行，获得个人经验，受到公司鼓励。在面对强烈阻碍变革的员工时要尽早地解决，避免对组织造成坏的影响❶。

（4）从上到下推行精益。高层管理团队需要以身作则。公司需要对高层管理者提出要求，提高高层领导的精益实践经验水平，可以采取浸润式学习等方式提升认知，例如每年至少保证两次改善活动，而针对新高管，至少应该参加四次改善活动。我们认为最深入、最有效的学习方式是参加改善，发现并消除浪费。其他提升精益知识有效的方法还包括：读精益书籍、定期讨论、与外部老师定期进行研讨等。个人的改善经验是成功精益转型的组成基础，需要使每个人提升解决问题的能力。

（5）持续推进日常改善。帮助企业目标达成、加快企业精益文化建设、使精益思想实践扩大到全公司范围、让更多人参与。日常改善关键构成包括：OBS训练营、全面实施工作标准化、建立可视化管理板、运用"目标-现状-差距-行动计划"步骤思考问题等。

6.1.2　精益文化推动经验

从东方中科实践经验总结来看，OBS办公室推动精益文化经验总结以下：

（1）首先要自己先学会，提升OBS执行经理对精益思想的认知。多组织改善，通过加强对精益工具的理解增强对精益转型的信心。

（2）建立改善先遣队。除OBS办公室成员之外，吸收对OBS抱有期望并对OBS实践有热情的人员组成OBS先遣队。先遣队需要从外部聘请资深教练，参加流程改善，学习改善工具并建立改善流程，逐步建立起第一支企业内部改善教练。

（3）规范教练的工作职责。除了改善工具指导，教练更重要的职责是引导改善团队成员用"目标-现状-差距-行动计划"步骤来思考并行动，同时评估学员的表现并给出改善建议。

（4）督促高层管理人员尽早使用"目标-现状-差距-行动计划"方式做工作回顾，使下属中层经理得到刻意练习的机会，实现行为方式上的改变，继续向员工传递。

（5）更多地实施改善并培养教练。通过组织实施改善，让更多的员工参与到改善活动中来，在活动过程中学习精益工具，并接受教练的辅导，逐步改变思考问题的方式。同时，通过组织改善活动，让内部教练有更多实践的机会，学习并成长，不断加深对OBS的理解，坚定信念，成为企业内部精益文化的传道者。

---

❶　乔治·科尼塞克. 企业精益转型的领导之道. 北京：机械工业出版社，2016.

6.2　东方中科精益文化实施实践

6.2.1　OBS 办公室是文化推广的策划者和推动者

1．通过宣传语认识 OBS 办公室

2023 年年初，OBS 办公室共同讨论制定了 OBS 宣传语，不仅让 OBS 成员有清晰的工作定位和目标，也使员工更好地了解 OBS 办公室的价值和使命。

（1）OBS 办公室宣言。通过践行 OBS 体系并持续改善，我们将在未来三年内，对至少一半的子公司输出人才并复制体系，因为公司需要大量的人才和卓越的管理体系支持企业长期快速发展。

（2）OBS 办公室关键特征。

专业：公司和员工的成就取决于我们的专业水平。

坚定：克服种种困难，坚定不移地推动改善。

积极：动机至善，终身成长，以身作则，知行合一。

（3）OBS 办公室每日关键行动。

学习：每天读书 1h。

执行：每天检查工作清单。

发现：随时发现改善机会。

2．OBS 办公室精益文化推进的关键词

（1）坚定不移。任何变革都有质疑和抗拒。所谓"不怕慢，就怕站"。在推动精益变革的路上，绝对不能停下改善的脚步，否则来之不易的改善成果将快速地消失不见。刚开始实施精益的时候，经常"前进两步、后退一步"，因为精益知识和经验不足，常常缺乏后续跟进手段，改善经常不能保持和持续。有时候员工会对改善的价值有所质疑，发生抗拒，拿 OBS 执行经理犯错说事。这个时候 OBS 办公室需要努力提升自身的专业水平，部门内部组织读书学习，通过多种学习平台补充大量基础知识，包括管理知识、基础理论、思维模式、自身修养等。在疫情期间，也坚持推动改善。同时调整自己的心态，用"送礼物"的心态帮助组织改善，从"你应该""我为你好"的心态转变为"我愿意帮助你解决你的困难"。同时 OBS 办公室并没有停下改善的脚步，坚定地推进改善计划，积极应对挑战，消除对抗。

正是因为不断地学习、不断地调整，不松懈、不放弃、不躺平，用积极努力的态度推进 OBS 工作，才能在今天看到精益文化在公司的展现。

（2）积极应对挑战。2019 年是推进 OBS 工作的第一年。因为新的工作方法和 OBS 工具的学习和实施，有很多比较容易实现的改善效果明显。例如一些流程上的优化，减少不必要的传递、反复沟通、单据优化等，虽然涉及的流程不多，但改善的效果比较明显。另外，第一次接触 OBS 改善工具，大家还是相对积极地学习和实践。随着改善的深入，所涉及的范围越来越接近业务的核心，OBS 变革逐步进入深水区，推动的难度不断加大，遇到的阻力也不断增加。这时候需要 OBS 办公室团结一致，以积极的心态应对每天的挑战，不妥协、不后撤，坚守改善的初心，让改善的步伐持续向前。

（3）关注员工思想和行为的变化。人、团队才是企业高速发展的发动机，精益文化带动的是员工的成长，是企业储备的人才。因此，OBS 办公室始终把员工成长放在首位，不过度计算短期收益，更关注员工行为的变化和文化的传递，培养员工改善意识，学习精益思想和工具，推动全员参与。相信只要坚持做，就会有收益。

3．将精益文化相关指标纳入 OBS 办公室日常管理

在 OBS 办公室的日常管理指标中，改善相关的指标每年都有所增加。

2019 年只关注了"改善活动数量"和"改善覆盖人次"两个指标。2020 年和 2021年增加了"新增组长"指标，以关注员工成长。2022 年又增加了"首次参加改善员工覆盖人数"以及"总部以外地区进行改善次数"，此外还增加了高管参加改善和改善汇报的次数、读书分享的次数等。

4．不断拓展文化宣传的渠道并加以实践

除了参与改善，文化推广还需要多种途径反复宣传。OBS 办公室致力于不断开发新的渠道做好 OBS 文化宣传的工作。目前除了持续改善、目视化、标准化推广、公众号、读书分享等方式，还设置了 OBS 奖项，用于表彰和宣传优秀改善员工。OBS 奖项合并纳入员工绩效评估和股权激励评价体系当中，为 OBS 持续推进做好激励机制。

6.2.2　持续推动改善

1．改善活动的价值

经过 OBS 办公室实践证实，改善活动是最佳的精益活动方式，在改善教练的指导下，不仅可以更好地达成改善目标，还可以保持 OBS 文化。

在 OBS 文化建设的过程中，员工的关键是参与改善。在改善活动中，团队成员可以从改善团队和改善教练中学习经验，通过参加改善，员工可以建立新的态度和行为，参加改善数量越多，员工对企业认同感越强。

改善可以使经营业绩提高，通过精益工具、原则和方法的学习和实践，建立一个持续改善的学习型组织文化。

通过改善活动有利于员工领导力培养和评估，有利于发掘有潜力的青年员工，同时有利于改善文化传播与落地。

2．设计改善团队

改善团队是改善活动的主要成员，是改善能否成功的基础。一个组织合理的改善团队不仅可以让改善效率提升，还可以针对性地培养人才。

（1）改善团队组成。

1）改善组长 1 名，尽量避免选择本区域部门经理，以减少改善阻力，尽量选择公司人才培养计划的员工，与公司人力资源培养计划相结合。组长需要以往参加过改善活动，对本区域业务非常了解，最好是该区域的主管，改善后可从中获益。

2）改善团队成员 2～5 名。业务域相关的参与者。

3）改善相关方成员不定，与改善业务域部分相关，这些成员不必全程参加改善活动，但要求在改善活动组织期间，确保可以随时沟通。

4）流程及 IT 专家 1～2 名。这些专家可能需要全程参与改善活动，协助改善过程流程的绘制、记录信息系统改善需求，但不算为改善团队成员。

5）如果高管参加改善活动，一般不担任组长，要求保证出席时间，参与至少 70% 的改善过程。改善过程中，就事论事，参与讨论，不要直接给结论。

（2）组长职责和成长。组长是改善活动中团队的组织者，是一个临时的管理者。通过担任组长，员工可以收获很多益处，在改善过程中可以脱离日常的岗位工作，从流程上认识业务，从根本上解决问题；深入理解 OBS 工具与改善活动；通过组织和领导改善团队，接触更多的同事和岗位，扩展职场社交圈；通过改善中锻炼能力，崭露头角，成为公司后备人才。

组长在改善各个环节的工作内容和职责见表 6-2。

表 6-2 组长在改善各个环节的工作内容和职责

阶段	工作内容	工作职责
改善准备阶段	改善活动正式开始前团队、知识、数据、物资等准备阶段	（1）建立改善团队。 （2）完成改善前的准备工作
改善活动阶段	以团队活动的形式实施工具培训和应用，以产生对应的改善结果的阶段	（1）改善活动中的团队管理。 （2）改善活动计划的组织实施
改善汇报	在公司内汇报和宣传改善活动，以促进改善文化的传播	改善汇报准备、团队组织
改善新闻跟进	跟进在改善活动结束后仍需继续推进的改善工作，以确保改善彻底完成	（1）组织制订改善新闻及行动计划。 （2）跟进改善新闻推进进度，确保完成

3. 改善管理系统

为了便于管理改善，更方便地收集员工的需求和建议，OBS 实施了改善管理系统。改善管理系统包括改善【需求管理】、【改善管理】、【改善总结】、【工具管理】及【教练管理】几个功能模块。改善管理系统 BPM 界面见图 6-1。

图 6-1 改善管理系统 BPM 界面

（1）改善需求管理。员工可以在【改善需求】中提出改善建议，改善建议分为 6 类，分别是：

1）员工建议：日常工作中出现问题，或发现的改善空间。

2）战略部署：根据战略部署优先改善项的改善计划或改善项目连续两个月未达标问题解决，战略部署项目负责人提出改善建议。

3）公司及部门年度改善计划：根据公司及部门目标要求制订的改善计划，以及公司或部门目标未达成，相关负责人需要提交改善建议。

4）日常管理：日常管理绩效目标或业绩连续三个月未达标时问题解决，上一级负责人提出改善建议。

5）BPR 改善建议：在 BPR 日常工作中提出的改善建议，BPR 负责人提交改善需求。

6）OBS 改善工具推广：OBS 办公室根据公司年度目标、日常管理目标提升或存在的问题。

其中“员工建议”面向全体员工，大家如果在日常工作遇到问题，或发现改善空间，都可以提出改善建议，由归口部门评估后，自动形成改善计划。改善建议界面见图 6-2。

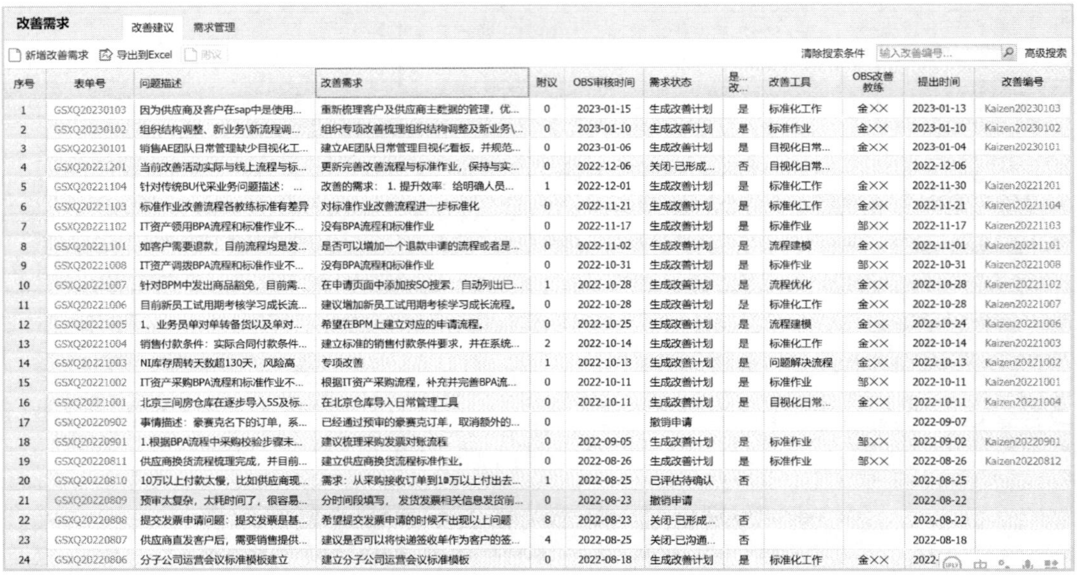

序号	表单号	问题描述	改善需求	附议	OBS审核时间	需求状态	是...改...	改善工具	OBS改善教练	提出时间	改善编号
1	GSXQ20230103	因为供应商及客户在sap中是使用...	重新梳理客户及供应商主数据的管理，优...	0	2023-01-15	生成改善计划	是	标准化工作	金XX	2023-01-13	Kaizen20230103
2	GSXQ20230102	组织结构调整、新业务\新流程调...	组织专项改善梳理组织结构调整及新业务\...	0	2023-01-10	生成改善计划	是	标准作业	金XX	2023-01-10	Kaizen20230102
3	GSXQ20230101	销售AE团队日常管理缺少目视化工...	建立AE团队日常管理目视化看板，并规范...	0	2023-01-06	生成改善计划	是	目视化日常...	金XX	2023-01-04	Kaizen20230101
4	GSXQ20221201	当前改善活动实际与线上流程与标...	更新完善改善流程与标准作业，保持与实...	0	2022-12-06	关闭-已形成...	否	目视化日常...		2022-12-06	
5	GSXQ20221104	针对传统BU代采业务问题描述： ...	改善的需求： 1. 提升效率 给明确人员...	1	2022-12-01	生成改善计划	是	标准化工作	金XX	2022-11-30	Kaizen20221201
6	GSXQ20221103	标准作业改善流程各教练标准有差异	对标准作业改善流程进一步标准化	0	2022-11-21	生成改善计划	是	标准化工作	金XX	2022-11-21	Kaizen20221104
7	GSXQ20221102	IT资产领用BPA流程和标准作业不...	没有BPA流程和标准作业	0	2022-11-17	生成改善计划	是	标准作业	邹XX	2022-11-17	Kaizen20221103
8	GSXQ20221101	如客户需要退款，目前流程均是发...	是否可以增加一个退款申请的流程或者是...	0	2022-11-02	生成改善计划	是	流程建模	金XX	2022-11-01	Kaizen20221101
9	GSXQ20221008	IT资产调拨BPA流程和标准作业不...	没有BPA流程和标准作业	0	2022-10-31	生成改善计划	是	标准作业	邹XX	2022-10-31	Kaizen20221008
10	GSXQ20221007	针对BPM中发出商品豁免，目前需...	在申请页面中添加按SO搜索，自动列出已...	1	2022-10-28	生成改善计划	是	流程优化	金XX	2022-10-28	Kaizen20221102
11	GSXQ20221006	目前新员工试用期考核学习成长流...	建议增加新员工试用期考核学习成长流程。	0	2022-10-28	生成改善计划	是	标准化工作	金XX	2022-10-28	Kaizen20221007
12	GSXQ20221005	1、业务员单对单转备货以及单对...	希望在BPM上建立对应的申请流程。	0	2022-10-25	生成改善计划	是	流程建模	金XX	2022-10-24	Kaizen20221006
13	GSXQ20221004	销售付款条件：实际合同付款条件...	建立标准的销售付款条件要求，并在系统...	2	2022-10-14	生成改善计划	是	标准化工作	金XX	2022-10-14	Kaizen20221003
14	GSXQ20221003	NI库存周转天数超130天，风险高	专项改善	1	2022-10-13	生成改善计划	是	问题解决流程	金XX	2022-10-13	Kaizen20221002
15	GSXQ20221002	IT资产采购BPA流程和标准作业不...	根据IT资产采购流程，补充并完善BPA流...	0	2022-10-11	生成改善计划	是	标准作业	邹XX	2022-10-11	Kaizen20221001
16	GSXQ20221001	北京三间房仓库在逐步导入5S及标...	在北京仓库导入日常管理工具	0	2022-10-11	生成改善计划	是	目视化日常...	金XX	2022-10-11	Kaizen20221004
17	GSXQ20220902	事情描述：豪赛克名下的订单，系...	已经通过预审的豪赛克订单，取消额外的...	0		撤销申请				2022-09-07	
18	GSXQ20220901	1.根据BPA流程中采购校验步骤未...	建议梳理采购发票对账流程	0	2022-09-05	生成改善计划	是	标准作业	邹XX	2022-09-02	Kaizen20220901
19	GSXQ20220811	供应商换货流程梳理完成，并目前...	建立供应商换货流程标准作业。	0	2022-08-26	生成改善计划	是	标准作业	邹XX	2022-08-26	Kaizen20220812
20	GSXQ20220810	10万以上付款太慢，比如供应商现...	需求：从采购接收订单到10万以上付出去...	1	2022-08-25	已评估待确认	否			2022-08-25	
21	GSXQ20220809	预审太复杂，太耗时间了，很容易...	分时间段填写， 发货发票相关信息发货前...	0	2022-08-23	撤销申请				2022-08-22	
22	GSXQ20220808	提交发票申请问题：提交发票是基...	希望提交发票申请的时候不出现以上问题	8	2022-08-23	关闭-已形成...	否			2022-08-22	
23	GSXQ20220807	供应商直发客户后，需要销售提供...	建议是否可以将快递签收单作为客户的签...	4	2022-08-25	关闭-已沟通...	否			2022-08-18	
24	GSXQ20220806	分子公司运营会议标准模板建立	建立分子公司运营会议标准模板	0	2022-08-18	生成改善计划	是	标准化工作	金XX	2022-	

图 6-2　改善建议界面

（2）改善活动管理。【改善管理】模块对所有的改善活动做全流程管理。OBS 办公室人员可以在这个模块安排改善活动时间计划。改善团队成员可以在改善前在线填写改善准备表；改善过程中下载工具相关文档模板；改善后跟进改善新闻的完成进度，协同完成相关工作；改善汇报后上传改善汇报文件。全体员工可以在【改善管理】模块中学习所有改善案例，包括改善准备表、改善汇报文件，以及改善发表文件等。改善管理界面见图 6-3。

（3）改善总结。【改善总结】是每次 OBS 改善后 OBS 办公室的总结和评估，推选优秀组员和组长，并记录获奖情况。改善总结界面见图 6-4。

改善管理	改善管理	阶段维护											

OBS排期　编辑改善备表　改善新闻　改善总结　改善评价　优秀组员推荐　导出到Excel　　　　清除搜索条件　输入

序号	改善编号	改善项目名称	使用工具	改善教练	改善组长	实习教练	计划月份	周	开始时间	结束时间	改善新闻明细	改善新闻完成状态	改善汇报文件查看
1	Kaizen20221103	建立IT资产领用BPA流程和标...	SOP	邹××	李××		12	2	2022-11-21	2022-11-21			下载
2	Kaizen20221102	发出商品豁免申请优化	TPI	金××									
3	Kaizen20221101	建立客户退票、退款申请流程	BPA	金××									
4	Kaizen20221008	建立IT资产调拨BPA流程和标...	SOP	邹××	李××		12	3	2022-11-23	2022-11-23			
5	Kaizen20221006	建立单对单异常处理标准流程	BPA	金××			12	3					
6	Kaizen20221003	销售付款条件标准化	SW	金××			12	3					
7	Kaizen20221001	IT资产采购流程标准作业	SOP	邹××	李××		10	3	2022-10-18	2022-10-19			
8	Kaizen20220901	采购发票对账流程标准作业	TPI	邹××	王××		11	2	2022-11-08	2022-11-09	查看		
9	Kaizen20220812	供应商换货流程标准作业	SOP	邹××	胡××	李×	11	2	2022-11-15	2022-11-16	查看		下载
10	Kaizen20220810	北京库房5S推进-四阶段	5S	李×	张×		9	2	2022-09-02	2022-09-02	查看	进行中	下载
11	Kaizen20220806	建立背靠背执行检查标准作业	SOP	邹××	石××		9	1	2022-09-14	2022-09-14			
12	Kaizen20220804	返点对账流程改善	SOP	邹××	黄××		9	1	2022-09-19	2022-09-20		进行中	下载
13	Kaizen20220803	客户退换货流程标准作业	SOP	邹××	李×		8	4	2022-08-23	2022-08-24	查看	已完成	下载
14	Kaizen20220802	供应商退货流程标准作业	SOP	邹××	李×	李×	8	1	2022-09-22	2022-09-23	查看	已完成	下载
15	Kaizen20220801	建立新员工应知应会学习平台	SW	金××	金××		8	1	2022-08-09	2022-08-09	查看	已完成	下载

图 6-3　改善管理界面

序号	表单号	改善项目名称	使用工具	推荐区间(年)	推荐区间(季度)	优秀组员推荐	推荐理由	获奖
1	YXZY22090001	北京库房5S推进-四阶段	5S-5S	2022	Q3		主动与教练和...	是
2	YXZY22090001	北京库房5S推进-四阶段	5S-5S	2022	Q3		深入理解改善...	是
3	YXZY22090002	客户退换货流程标准作业	SOP-标准作业	2022	Q3		因为疫情影响...	是
4	YXZY22090003	返点对账流程改善	SOP-标准作业	2022	Q3		在改善期间不...	是
5	YXZY22100001	供应商退货流程标准作业	SOP-标准作业	2022	Q3		高效完成了本...	是
6	YXZY22110001	采购发票对账流程标准作业	TPI-流程优化	2022	Q4		在改善过程中...	是

图 6-4　改善总结界面

（4）改善工具。【改善工具】展示了 OBS 工具的详细说明，包括工具的定义、使用场景、工具使用评价等，大家可以在这里学习和了解 OBS 改善工具。改善工具列表见图 6-5。

工具管理	工具清单						

添加　编辑　通用工具包　　　　　　　　　　　　　　清除搜索条件　输入工具名称

排序	序号	工具名称	简称	工具的定义和价值	工具使用评价指标	适用条件	工具负责人
1	100	改善活动	KEB	为达成改善目标组织的不同形式的全脱产OBS活动，通过不同OBS工具的应用和导入，实现改善目标	1、改善完成率 2、改善达标率	所有持续改善需求	改善教练
2	101	标准化工作	SW	以提升工作效率或质量为目标，对工作建立标准的过程	1、工作标准执行率	所有事务性工作	工作负责人
3	102	标准作业	SOP	以提升工作效率、保障工作质量为目标，通过最优的工作顺序，建立标准工作流程完成工作任务，最终形成标准化文件并执行	1、部门标准作业完成覆盖率 2、标准作业培训完成率 3、标准作业执行率 4、标准作业更新及时率	所有重复性工作的...	撰写：主管 审核：部门经理 发布：部门经理 培训：主管 执行检查：主管及经理
4	103	会议流程标准化	MSOP	以提升会议效率、保障会议目标达成，通过明确会议准备工作、会议内容及流程，建立会议标准化文件及会议模板，并执行	1、部门/业务单元会议标准化执...	定期例会流程标准...	会议主持人
5	104	岗位职责标准化	JDSOP	以明确岗位职责及工作任务为目标，通过梳理工作任务为什么做、做什么、怎么做建立岗位职责标准化文件，实现工作职责细化和工作指导	1、部门岗位职责标准化完成率	公司全部工作岗位	撰写：岗位直属上级 审核及发布：部门经理...
6	105	5S	5S	通过整理、整顿、清扫、清洁和素养活动的开展，建立安全、整洁的工作环境，形成良好的现场行为准则和习惯，以提升总体工作效率和质量	1、日常5S巡视执行率 2、5S问题点复发率	所有公共办公场所	5S区域负责人
7	106	目视化日常管理	VDM	以客户为中心、团队为基础，通过现场目视化快速发现偏差、应用解决问题，推动关键指标持续改善	1、现场目视化管理流程执行率 2、问题解决流程执行率	全部业务单元	执行：业务单元负责人 指导：上级领导
8	107	问题解决流程	PSP	以从根本上解决问题为目标，通过执行问题解决流程，针对问题根本原因制定对策，并验证执行，实现问题解决	1、目标达成率 2、问题解决率	目标达成出现偏差...	需求负责人
9	108	流程建模	BPA	以完整展现公司业务流程全貌为目标，通过分层结构梳理公司业务流程，建立公司业务流程模型	1、公司业务流程BPA管理完成率 2、BPA流程与实际流程正确匹配率	全部业务流程	L0：CIO L1：业务或负责人 L2：BU经理、模块负责人 L3：各部门/部门经理
10	109	流程优化	TPI	以提升流程效率和质量、降低成本、缩短交付时长为目标，通过消除浪费等手段，完成事务性流程改善	1、改善后流程执行率	所有事务性，更非...	流程负责人
11	110	客户之声	VOC	以提升开拓客户效率和产出为目标，通过实施客户访谈，验证设定的客户购买流程，建立客户画像及客户采购工作流程	1、该类客户销售增长幅度 2、该类客户新增客户数量增幅	行业客户拓展	BU经理
12	111	销售流程	SP	以客户为导向，提升总体销售水平为目标，通过客户画像，建立特定客户类型不同销售阶段工作任务标准化，是地区销售管理的基础	1、地区销售流程培训完成时 2、新员工培训完成时	全部销售序列销售...	撰写：业务员及地区经...
13	112	战略部署	SD	以推动公司集中资源关注少数关键业务及目标为目标，通过标准化、目视化的经营管理流程，实现可持续发展的公司突破目标	1、战略部署流程执行率 2、战略部署月度回顾流程执行率	年度战略部署	总裁

图 6-5　改善工具列表

（5）改善教练。【改善教练】模块列出了所有获得认证 OBS 改善工具教练，只有获得认证的教练才能担任该项工具的改善教练。改善教练列表见图 6-6。

OBS 改善管理模块上线让改善更加直观，目视化改善过程，分享改善案例，并让员工便捷地提出改善建议，减少员工创意的浪费。

教练管理 　　教练列表

　□ 添加　🖊 编辑

序号	工具文本	姓名	认证时间	当前状态
1	5S	李××	2022-01-01	正常
2	会议流程标准化MSCP	金××	2022-01-01	正常
3	会议流程标准化MSCP	邹××	2022-01-01	正常
4	会议流程标准化MSCP	邹××	2023-01-09	正常
5	岗位职责标准化JDSOP	金××	2022-01-01	正常
6	改善活动KEB	金××	2022-08-15	正常
7	教练培训辅导技能训练营…	李××	2022-01-01	正常
8	新员工体验营BC	金××	2022-01-01	正常
9	标准作业SOP	金××	2022-01-01	正常
10	标准作业SOP	邹××	2022-01-01	正常
11	标准作业SOP	李××	2023-01-10	正常
12	标准化工作SW	金××	2022-08-18	正常
13	标准化工作SW	邹××	2022-08-18	正常
14	流程优化TPI	金××	2022-01-01	正常
15	流程优化TPI	邹××	2022-01-01	正常
16	流程建模BPA	金××	2022-01-01	正常
17	目视化日常管理VDM	金××	2022-01-01	正常
18	目视化项目管理VPM	金××	2022-01-01	正常

图 6-6　改善教练列表

6.2.3　培养改善教练

推动持续改善，需要大量的改善教练。改善教练是为了更好地帮助改善团队完成改善目标，不是只有 OBS 办公室的执行经理才能担任，所有员工都可以通过教练培养的流程来进行认证。OBS 教练是按照改善工具来认证，一个人可以认证多个教练。

东方中科教练划分为五个等级，分别是入门级、初级、中级、高级和大师级，他们的标准如下：

（1）入门级：完成任意 1 科认证，授予银质徽章。

（2）初级：完成任意 1 科标准化相关工具，并完成教练培训课程，授予金质黄带徽章。

（3）中级：在初级认证基础之上，完成包括日常管理及问题解决工具认证，授予金质绿带徽章。

（4）高级：在中级认证基础之上，完成包括战略部署工具认证，授予金质黑带徽章。

（5）大师级：担任高级教练持续五年以上，授予纯金徽章。

教练认证有效期为两年，在有效期内应至少完成一次本工具改善教练工作，完成教练工作自动获得教练资格延续。如未能在有效期年内完成一次改善教练工作的，再次担任教练前，需重新通过 OBS 办公室考评。

教练认证学习流程见表 6-3。

表 6-3   **教练认证学习流程**

参加改善活动并观摩学习，不少于 2 次	目的	掌握工具的适用范围、目的、使用方法
	动作	(1) 全程参加改善活动。 (2) 学习老师在改善中的辅导方法，参与辅导。 (3) 回顾，归纳总结本次学习到的知识（理论的、辅导的），并与老师确认：对工具的理解是正确的
	输出物	(1) "工具的说明表"。 (2) 工具的目的。 (3) 适用范围：在什么情景下（保龄球图是连续红灯），工具的区分。 (4) 老师是怎么组织的：组织过程。 (5) 老师的点评（为什么点评，点评侧重点）。 (6) 工具改善活动步骤（例：岗位职责梳理这个改善活动）。 (7) 再补充细化
	关键点或难点	(1) 关键点：正确地理解工具使用。 (2) 难点：如何快速地掌握工具
	重要工具&方法	工具标准化文件
完成试讲，并通过考评	目的	深入学习课件，教案和日程，加深对工具的理解与掌握
	动作	(1) 准备：完成工具标准化文件培训；根据试讲的改善项目的目的，确定课件内容，教案和日程。 (2) 组织课件试讲。 (3) 试讲评估。 (4) 讲课意见反馈。 (5) 如未通过，改进后重新试讲
	输出物	评估结果及改善意见
	关键点或难点	如何做到：对工具的理解和掌握，去制定日程
		讲解通俗易懂，不产生歧义
		难点：有价值的意见反馈（讲的人讲不清楚，听的人可能也听不懂）
	重要工具&方法	请熟悉工具的专业老师参加
担任改善实习教练，并有一名资深教练全程辅导和考评	目的	教练实战演练，考察工具讲解是否正确，现场组织是否到位
	输出物	考评通过，授予该工具教练资格
	关键点或难点	改善现场突发情况能否应对
	重要工具&方法	提前制定预案，或寻求教练帮助

6.2.4　OBS 语言

全公司上下用统一的 OBS 语言不仅能够提升沟通的效率，也可以潜移默化地将 OBS 文化融入每个人的工作当中。常见的 OBS 语言有以下几种：

（1）红绿灯。红绿灯是比较常月的词汇。所有实际与计划的对比结果都可以用红绿灯来表示，绿灯代表达标，而红灯代表未达标。红绿灯可以结合目视化管理，也可以用于数据报表。

（2）保龄球图。保龄球图通常用于年度目标计划分解和追踪，并通过红绿灯来表示达标的结果。通过保龄球图，可以将年度目标分解到 12 个月，并且每个月做记录，对比与目标的差距。公司年度计划非常多，因此保龄球图应用也非常广泛。

（3）"做个改善吧"。当员工发现改善机会、并通过改善达成改善目标后，就会对精益改善增强信心，相信通过改善可以优化工作成果。当再次发现改善机会时，员工会提出改善需求。久而久之，"做个改善吧"成为企业精益文化变化的一个重要风向标。

（4）"目的是什么？"。任何行动首先要思考"价值"，没有价值的行动就是浪费。通过先问"目的是什么？"来思考为什么要做这个事情，价值和意义是什么。第一个问题先问为什么做，是提高企业效率，减少浪费的入门问题。

（5）"现状是什么？"。遇到问题首先要明确现状是什么，才能根据目标进而分析差距，再制订行动计划。现状不是简单的数字，也不是分析报告，而是一个状态，包括流程、制度、标准作业的制订情况和执行情况、员工状态、团队情况、领导风格等等。了解现状需要走入现场，掌握真实的情况。"现状是什么？"是从根本上解决问题的基础。

（6）"有标准作业吗？"，"有按照标准作业执行吗？"。这两个问题可以反映出企业标准化工作推动情况。如果标准化工作推动覆盖程度比较高，在日常管理中使用标准作业来进行工作指导，在出现问题的时候就会提出上述两个问题。对于日常管理中出现的问题大体可以归结为两类原因：一个是没有标准作业，另一个是有标准作业却没有按标准作业执行。通过这两个问题可以推动公司标准化工作建设，并持续改善。

6.2.5　公众号运营

从公司启动 OBS 工作开始，OBS 办公室就注册了"东方精益"公众号，见图 6-7。

图 6-7　"东方精益"公众号

一开始，公众号只是对改善活动做一些宣传，如改善汇报、新员工训练营等。随着精益文化宣传的力度不断加强，公众号的需求不断增加，如何写好公众号文章，需要做好规划。

经过探讨，公众号文章确定分为三类：知识类、文化类和行动类。

（1）知识类文章的目的是让大家方便地学习精益知识，理解精益工具，并对精益工具推广起到辅助作用。知识类的文章内容包括工具介绍、名词解释、其他企业见闻分享及知识答疑等。

（2）文化类的文章目的是通过文章转变思考方式，改变文化，营造氛围。文化类的文章类型比较多，包括改善汇报、改善分享、读书分享活动介绍、图书推荐、改善简讯、管理层寄语等。

（3）行动类的文章的目的是激发员工参与 OBS 的兴趣，鼓励员工参与 OBS。这类文章主要是应用案例和改善成果发表。

为了让每篇文章都尽可能达成宣传的目标，我们对不同文章类别的重点内容做了模板要求，见表 6-4。

表 6-4　　　　　　　　　　公 众 号 模 板

知识类				
	工具	目的	（1）让读者了解工具的价值及适用条件。（2）在工作中遇到问题时，主动寻找改善的工具	
		内容	坡道 5%～10%	工具的适用条件和价值
			内容 80%～85%	（1）工具定义。（2）工具步骤和内容，穿插案例
			甜点 10%	总结
		素材		无
	名词解释	目的	让读者了解精益基本知识，为推动精益转变打下理论基础	
		内容	坡道 5%～10%	名词背景介绍
			内容 80%～85%	（1）名词定义和具体内容。（2）案例说明
			甜点 10%	总结
		素材		无
	其他企业见闻分享	目的	如恒泰、丹纳赫、丰田等	
			（1）开拓视野，学习其他企业先进经验	
			（2）引发员工积极思考	
		内容	坡道 10%	（1）我看到了什么。（2）触动是什么。（3）有什么价值
			亮点介绍 80%	（1）取得了哪些成绩/有何吸引人之处。（2）他们是怎么做的，他们克服了哪些挑战。（3）体现了哪些思想和原则
			结尾 10%	东方中科的改善机会

续表

知识类	其他企业见闻分享	素材	必须包含	亮点说明材料
			尽可能包含	与工具应用相关的企业现场照片
				在对方企业 LOGO 处合影
文化推广类	图书推荐	目的	（1）吸引读者阅读精益相关书籍。（2）为读者阅读本书提供方向指引	
		内容	坡道 10%	（1）作者为什么要写这本书；解决什么问题。（2）我为什么要推荐这本书
			书籍介绍 20%	（1）作者介绍。（2）书籍影响力
			主要内容 30%	（1）书籍结构。（2）内容
			推荐理由 30%	（1）我们的推荐理由。（2）大咖的推荐语
			结尾 10%	在哪些地方能学以致用
		素材	必须包含	书籍封面
	人物（包括传记及奖项及新教练等）	目的	（1）树立榜样	
			（2）为读者提供行动指导	
		内容	坡道 10%	（1）为何要介绍该人物。（2）该人物有什么品质
			人物介绍 30%	（1）职业生涯介绍。（2）主要贡献/业绩
			宣传点介绍 50%	（1）说明宣传点。（2）支持案例
			结尾 10%	鼓励读者学习和践行本宣传点
		素材	必须包含	本人在岗工作照片
			尽可能包含	与案例相关的实际照片
	改善汇报（改善活动）	强调改善过程		
		目的	改善过程介绍	
			改善团队成员心得分享	
		内容	坡道 5%～10%	改善背景
			内容 80%～85%	（1）改善目标。（2）改善工具和步骤。（3）活动花絮。（4）改善分享
			甜点 10%	总结

续表

文化推广类	改善汇报（改善活动）	素材	必须具有	团队合影
			不要放田字格照片，应单张使用	
	读书分享活动介绍	目的	（1）分享过程介绍。（2）活动宣传	
		内容	坡道 5%～10%	为什么要做这本书的分享
			内容 80%～85%	（1）书籍主要内容介绍。（2）讲师和参加人员介绍。（3）活动过程介绍。（4）活动花絮。（5）活动参与分享
			甜点 10%	总结
		素材	必须具有	（1）讲师演讲照片。（2）现场听众照片（或网络会议截屏）
			不要放田字格照片，应单张使用	
行动类	案例含日常应用案例	强调工具应用的亮点		
		目的	介绍优秀改善过程和应用中的亮点	
		内容	坡道 10%	工具应用和改善过程中有可能遇到什么问题
			案例 80%	（1）案例背景。（2）他们是怎么做的：1）案例过程。2）他们克服了哪些挑战。3）解决了哪些问题
			甜点 10%	（1）提供应用场景。（2）鼓励大家学习和应用该案例经验
		素材	必须包含	案例说明材料
	改善发表	目的	（1）宣传改善效果。（2）提升员工参与改善的信心	
		内容	坡道 10%	改善效果实绩
			改善过程简介 20%	（1）改善背景。（2）问题分析及工具选择。（3）改善过程：做了什么，步骤是什么。注：不要写成日程表
			改善效果 40%	（1）成果展示和影响。（2）本次改善成功的关键经验

续表

行动类	改善发表	内容	成员感想 20%	（1）改善本身有什么感想。 （2）改善受益人的感想。 （3）相关领导的感想
			甜点 10%	（1）时间，团队，新闻，教练等简述。 （2）改善工具的价值
		素材	必须包含	效果展示： 改善前后问题点统计对比图 成果实物或文档等
				改善活动花絮
			尽可能包含	团队成员合影

6.2.6 读书分享活动

读书分享活动是非常好的学习精益理念和方法的途径，是精益文化推广的一个渠道。通常由 OBS 办公室选取经典的书籍，整理之后为员工进行分享，组织和讲解的方式是把这本书的理念和核心内容做讲解，最后组织大家互动讨论，加深理解。

读书分享活动作为 OBS 办公室的日常管理指标，每年会制六到八次的读书分享活动计划，通过这样的形式来让更多的人了解精益工具，了解精益故事，了解精益的思想。

读书分享的书籍一般分为三类：精益知识类、管理实践类、思维拓展类。

（1）精益知识类是为了宣传精益知识、分享优秀精益转型企业的发展故事，从而通过通俗易懂的方式将书中的内容和故事分享给员工，让大家更多了解精益知识，并了解优秀精益转型企业的优秀案例和实践。

（2）管理实践类主要是为了提升教练和管理者的管理技巧，包括提升沟通技巧、解决冲突技巧、时间管理等。

（3）思想拓展类主要是拓宽员工思考问题的边界，从医学、哲学、心理学等方面拓展知识面，帮助员工提升认知水平。

后　　记

由于疫情和个人手术的关系，在延迟了大约半年后终于完成了本书文稿的整理工作。本书全部是真实案例总结，是这几年东方中科推动精益工作经验的沉淀。

在成文的过程中，回看这些工作过程中的点点滴滴，心中感慨万分。在2018年年底接手OBS工作时，完全没有想到OBS的推动是如此的艰难。但是在勇于面对自己的无知之后，通过大量的深入学习，坚定地推进改善，才看到OBS工作开始慢慢步入正轨。

现在，员工在遇到流程出错时会第一时间提问"有标准作业吗？""是不是没按标准作业做？""我们是不是要修正标准作业？"。面对一个工作任务或需求时，首先讨论的是"这件事的目的是什么？""希望达成的目标是什么？"。在面对一个挑战时，会提出"我们的目标是什么？现状是什么？差距是什么？"。在看到员工这些行为和思考方式的变化时，感觉之前付出的辛苦都是值得的。

这几年OBS的工作得到了集团领导、公司同事和精益老师的帮助。首先要感谢集团领导予以东方中科试点推动精益管理的机会，让东方中科在建立精益管理体系的过程中获益；然后要感谢公司总裁及高层领导对OBS推动工作的支持，积极参与改善活动，为员工做出表率；还要感谢公司所有同事对改善活动的支持，并积极参与，对OBS办公室经验不足予以包容，让OBS办公室团队可以不断成长。此外，要衷心感谢精益老师对OBS工作启动所做的重要工作，以及在后续工作中的专业指导和支持。在这几年OBS工作还受到了其他兄弟单位、相关人士的帮助和支持，在此一并表示感谢。

此刻，我想将此书致敬我的父亲，中国科学院力学研究所流体力学专家金哲学。在我很小的时候，父亲曾利用业余时间撰写出版了面向中小学生的科普书籍《生活中的物理》。此书全文以朝鲜语撰写，由延边出版社出版，至今由国家图书馆收藏。正是此事让我对写书成册心存敬畏，对待本书的写作小心谨慎，尽量言之有物，避免夸夸其谈。此时此刻，父亲刚刚经历新冠疫情，身体正在慢慢康复。祝愿父亲早日康复！

最后，谨以此书献给我的母亲，同样在中国科学院力学研究所工作的固体力学专家崔民子女士。就在本书出版之际，母亲因病与世长辞。愿母亲安息！